女性ホームレスとして生きる

増補新装版

貧困と排除の社会学

丸山里美
Satomi Maruyama

世界思想社

はじめに

「あんたがいつその話を切り出すかと思って、待ってたんだ。」

深夜の駅の雑踏のなかにしゃがみ込んで、彼女は私に説教した。女性ホームレスのことで修士論文を書いている、だから話を聞かせてほしい、とようやくお願いしたときのことだった。「話があるだろうなと思ったから、ここまで送ってきたんだ。それならそうと、はじめのうちに言うのが筋だろ。あんた、そんな様子では、先生になりたいったってなれないよ。取材ならなぜメモを取らん？」私は自分の煮え切らなさを、ただ詫びるしかなかった。

その女性は六〇代で、二年間野宿生活をしたあと、生活保護を受給してアパートで暮らしていた。私はこの二日前、訪問した女性野宿者のテントではじめて彼女に会った。彼女はかつて暮らした公園で、友人の女性野宿者と繕いものをしながらおしゃべりしていた。しばらくしてカメラを持った学生が顔見知りらしい友人の方の女性を訪ねてきたが、そこへ彼女は割って入って「取材はだめだよ」とぴしゃりと言った。調査をしているとは言い出せずにいた私は、その様子にうろたえ、ただ世間話に徹するしかなかった。そんな私に彼女は、「時間があったら訪ねてください」と言って、自宅の住所を手渡してくれた。それは、調査のことを言い出せずにいた私の罪悪感をますます重いものにした。

そのあと、会話のなかで話題に出たノビルを彼女と二人で摘みに行くことになった。そこは大都会にありながら自然あふれる公園で、イタドリやノビルなど、食べられる植物が自生していた。公園で暮らすことの、思いがけない豊かな一面を見た気がした。野草摘みの楽しい時間は、うまくいかない調査に対する私の重苦しいあせりを、一瞬忘れさせてくれた。翌日、公園で開かれた女性野宿者の集まりで、元料理人だったという彼女は、二人で摘んだノビルを料理してふるまってくれた。そしてその翌日、私は住所を頼りに彼女の家を訪れ、その帰り道にようやく調査の話を切り出したのだった。

ホームレスの女性の話を聞きたい、そう思いはじめてから、一年あまりが経過していた。しかし野宿者の大半は男性で、女性野宿者の割合はわずか三%、出会うことがそもそも難しかった。それまで三年間釜ヶ崎[1]に炊き出しボランティアに通っていた私は、ときどき女性の野宿者を見かけてはいたが、彼女たちがどのような生活をしているのかは、うかがい知ることができなかった。そこで私は、女性野宿者に出会えそうな夜まわりなどの野宿者支援活動に参加しはじめた。そのなかで幾人かの女性たちに出会ったが、事情があるのだろう、人とのかかわりを警戒するかのような様子に、話を聞かせてほしいと頼むことはとてもできなかった。支援活動に参加したのは、困っている女性の力になりたいと考えてもいたからだが、研究という目的がある限り、しょせんは彼女たちを自分の調査の道具にしようとしているにすぎない。そんな後ろめたさは拭いきれなかった。そんななかで顔見知りになったり、連絡先を交換するようになった元野宿者の女性も何人かいたが、研究のために話を聞かせてほしいとお願いする勇気はやはり出なかった。世間話は重ねるものの、肝心なことはなにもわからず、私は女性野宿者の実態になかなか近づけないでいた。

ホームレスに関する調査や研究を読んでも、女性のことはわからなかった。そもそも女性ホームレスの存在にすら触れられておらず、当時私が知りたかったこと——どのようにして女性がホームレスになるのか、圧倒的多数の男性のなかでどのように生活をしているのか、どんなジェンダー・アイデンティティを持っている女性たちなのかなど——には、ほとんど言及がなかった。それ以上に、当時の調査研究には、そもそも女性の声が聞かれる枠組みさえないように感じられた。大規模な野宿者調査で使われていた調査票は、女性の経験がとらえられるようなものではなく、ホームレス研究や運動の言説も、男性を前提にしたもののように思われた。研究や運動のなかでは、ホームレスは怠け者という世間一般のまなざしに対して、ホームレスも働いているということが強調されてきたが、そこで前提とされているのは一枚岩の「労働する男性ホームレス」という表象で、ここにはそれ以外の働いていない人や女性が入っていない。女性野宿者の存在を理解し、位置づける枠組みは、既存の研究のどこにもないような気がした。

そのころの私は、調査をすることに対して、完全に自信を喪失していたと思う。女性野宿者の話をうまく聞けないまま、時間ばかりが経っていた。当時私は、山谷のドヤに泊まりながら福祉施設の職員として働き調査を続けていたが、野宿者には嫌われがちな施設で働いているとは言えず、ドヤに泊まっているのも不審に思われると考え、近くに住む姉の家に泊まっていると、公園で出会う野宿者たちには嘘をついていた。しかし駅にしゃがみ込んだ彼女を前にして、もう嘘は通らないと観念した私は、今までついていた嘘を洗いざらい白状した。そして迫ってくる終電の時間を気にしながら、もう一度お願いした。「いい論文を書くので、話を聞かせてください。」彼女は、「それが違うっちゅうんだ。いいのを書くやない。書けないかもわかりませんけど、精一杯やりますから、お願いしますって頼むんだ。それが人にものを頼むっていうことだ」と言った。涙が出た。そんな私に向かって彼女は言った。「明日から泊まりに来なさい。今日はもう帰って、ぐっすり寝て、明日は荷物を全部持って家に来なさい。なにもいらないから、明日はガスボンベを持って来て。ガスもとめられてるしお金も全然ない。ほんとはこんな姿見せたくなかったけど。」その日を境に、私は多くの時間を彼女とともに過ごすようになった。

しかし何度話を聞いても、彼女がなぜ野宿生活をするにいたったのかは、よくわからないままだった。繰り返し同じ思い出が語られ、野宿生活の様子やつらさが語られ、だんだん生活史は明らかになっていく。しかしなぜ彼女が最終的に野宿をすることになったのかは、何度聞いても腑に落ちなかった。そこだけは隠しておきたい過去だったのかもしれない。「お金取られたんだよ。そのとき一〇〇万ぐらい持ってたんだよ。それが一文無しになった。それでそういう生活になったんだよ。駅で、時間聞かれてね。そう、時間聞かれて、頭の中わーっとなって、なにかのしかかってくるようでね。若い男だったよ。それと眼鏡かけた女の人。」

同様の、肝心のところがわからないという印象は、彼女に対してだけではなく、ほかの多くの女性野宿者にも抱いていた。彼女との出会いを契機に、女性野宿者たちの話は少しずつ聞けるようになっていったが、いくら話を聞いても、どこか腑に落ちない部分が残った。ある女性野宿者は、野宿生活をやめたいと言った直後、やはりホームレスのままがいいという、両立しえない矛盾したことを語る。また別の女性野宿者は、野宿生活中に声をかけてきた通行人の男性の誘いに応じて売春したという経験を、

「ちょっといたぶってやるか」と思って応じたと、楽しい思い出であるかのように語る。ほかにも、幼少のころの性的虐待の記憶、何度もトラブルになった異性関係など、さまざまなエピソードについてはとりとめなく話をする。しかし知りあって数年が過ぎ、何度話を聞いても、そういった矛盾や断片的なエピソードは切れ切れのままで、それらのあいだのつながりを読み取り、一人の女性の生きてきた軌跡として、合理的に理解することができないのだった。調査をはじめた当初に抱いていた、出会ってはいても女性野宿者の実態には近づけないという印象は、話が聞けるようになっても変わらなかった。女性たちが野宿生活にいたるまでの理解しやすいストーリーを組み立てること、女性ホームレスというひとつの集団として共通点を指摘すること、社会構造の犠牲者なのか主体的に自らの生を生きているのかを判断することは、難しいように思われた。

むしろ、そのように理解したいと考える私自身に問題があるのではないか、私はしだいにそう考えるようになっていった。彼女たちは、私にとって合理的に理解可能な、今ある研究枠組みに回収される生を生きているわけではない。そのような人間像しか想定できないことの方が、問題にされなければならないのだろう。そしてそうした人間像しか想定できていなかったからこそ、合理的には理解することが難しいと感じる女性野宿者のような存在のあり方が、これまでの研究から排除されてしまったのではないか。そうだとすれば、ここでなにが排除されてしまったのかを問い、別様の人間の理解可能性を考えることが必要なのではないか。そうでなければ、女性野宿者を描こうとする本書のこころみによって、従来のホームレス研究が女性を排除してきたのとまったく同様に、またさらなる排除を生み出すことになってしまう。これこそが、女性ホームレスを対象とする本書が最終的に取り組むべき問いだと考えた。

本書の第一の目的は、これまでほとんど研究されることがなかった女性ホームレスについて、その存在様態と生活世界をとらえることである。女性の野宿者と、より広い意味でのホームレスの両方を対象に、女性がホームレスになるメカニズムと、彼女たちの固有の経験を描き出していく。このことは、本書の第二の目的、すなわち、男性を前提にして成立してきたホームレス研究全体を、ジェンダーを分析視角として持ち込むことによって再検討し、男性だけではなく女性をもあつかうことができるものにまで、その枠組みを鍛えあげていくこととつながっている。さらに本書では、女性ホームレスたちの日常的な実践に焦点化することを通じて、男性を中心にしてとらえられてきた人間の主体性について、どのような別様の理解可能性が見いだされるのかを検討することが、第三の目的である。

女性ホームレスとして生きる〔増補新装版〕目次

第1章　女性ホームレスのエスノグラフィに向けて

1　ホームレス論の現在

　大都市においては、路上で生活する野宿者の存在は、いまやごくありふれたものになっている。道端や駅にダンボールを敷いて眠る姿や、公園や河川敷に建てられたブルーシートのテントは、地方都市も含めて、日本各地で見られるようになった。バブル経済の崩壊を機に都市部に現れはじめたその姿は、豊かな社会における貧困を象徴する存在として、とりわけ人目をひいただろう。しかし一九九〇年代の不況期を通じて、野宿者の数はとどまることなく増加していき、一時期には三万人を超えるほどに膨れあがっていた。

　この状況に対処しようと、政府は本格的に野宿者対策に乗り出すようになり、支援団体による活動も活発化して、その後、野宿者の数は減少に転じていた。しかし二〇〇八年に起こったリーマン・ショックに端を発する世界的不況は、ふたたびその数を増大させている。最近では仕事を失って寮を退去させられた非正規労働者や、ネットカフェに寝泊りする若者など、野宿一歩手前のような生活をする人についても、メディアで頻繁に報道されるようになった。ここからは、住居の喪失をともなう貧困が、さらに身近に広がってきていることが感じられるだろう。

本書は、この住居の喪失をともなう貧困、つまりホームレスをあつかうが、まずはその用語の定義をしておきたい。ホームレスとは、一般的には路上で生活している野宿者のことを指すことが多い。二〇〇二年に制定された「ホームレスの自立の支援等に関する特別措置法」(以下、ホームレス自立支援法)にも、「「ホームレス」とは、都市公園、河川、道路、駅舎その他の施設を故なく起居の場所とし、日常生活を営んでいる者をいう」とあり、ホームレスとは野宿者のことを指すと定義されている。しかしホームレス、すなわちホームがないという状態には、野宿以外にもさまざまな形態がありうる。たとえばネットカフェ難民、寮を追い出された非正規労働者や、DVから逃げてきてシェルターに身を寄せている女性なども、定まった住居を持たないという意味では、ホームレスといえるだろう。本書では野宿者だけではなく、こうした住居の喪失をともなう貧困を広くあつかう。そしてこうした住居の喪失をともなう貧困の総体を指すときには「ホームレス」という言葉を、路上で生活している人だけを指すときには「野宿者」という言葉を、それぞれ区別して用いることにする。

ホームレスを対象とする研究は、社会学をはじめ、社会福祉学、法学、建築学、医学など多様な分野で展開されているが、一般的なホームレスの定義が野宿者に限定されていることからもわかるように、住居のない貧困の総体、つまり本書でいうホームレス全体をとらえようとする研究は、日本においてはまだ数少ない。その先駆的な成果は、住居を持たない貧困に対応する政策を歴史的に検討した岩田正美の研究（1995）だろう。全国民を平等にあつかうはずの一般的な貧困政策が戦後に確立されていくなかで、野宿者を含むホームレスがそこからとり残されて特殊な貧困層として構築されていく過程を、岩田は福祉政策を歴史的に検討することで明らかにしている。野宿者以外にもホームレスといえる状態が存在することが知られるようになってきた最近になって、さまざまな住居のない状態を整理し概観した日本住宅会議の白書（2004）や、野宿経験者の野宿生活脱却後の生活をも対象にした大規模調査（虹の連合 2007；ホームレス支援全国ネットワーク 2011）など、ホームレスの広い概念を用いた調査研究も少しずつ行われるようになっている。またこうしたホームレスの一形態である、ネットカフェで夜を過ごす若者を対象にした調査（厚生労働省職業安定局 2007；大阪市立大学創造都市研究科・釜ヶ崎支援機構 2008）も、見えにくいホームレスの実態を明らかにする試みのひとつといえるだろう。

一方、ホームレスのなかでも野宿者のみをとりあげた研究には、野宿者がより可視的なこともあって、はるかに多くの成果がある。とくに社会学においては、寄せ場を対象とした研究が、早い段階から野宿者について言及していた。寄せ場とは日雇労働者を集める市場のことで、よく知られているのは大阪の釜ヶ崎、東京の山谷、横浜の寿、名古屋の笹島だろう。とくに大きな寄せ場周辺にはドヤと呼ばれる簡易宿泊所が林立しており、仕事を終えた日雇労働者が日々そこに宿泊するという生活を送っていた。しかし仕事が減少する時期を中心に、けがや病気などで仕事に就けない日雇労働者が、宿泊代を払えずに野宿をすることも少なくなく、そのためバブル経済の絶頂だった一九八〇年代でさえも、寄せ場には野宿者が見られたという。

そのころから寄せ場に焦点をあて、のちの研究動向に大きな影響を与えた重要な著作として、青木秀男の研究を挙げることができる（青木 1989）。青木は、それ以前に寄せ場を対象化していた社会病理学や労働経済学の研究が、寄せ場の問題を把握しそれを解決することを志向するあまりに、そこで暮らす労働者たちを改良されるべき存在と見て、その「低位性」を強調することになってしまったと批判する（青木 1989）。そして寄せ場の問題を把握し分析するだけではなく、寄せ場労働者自身の状況変革へ向けた主体性をとらえる必要があると主張して、人びとの意味世界に接近していった。この青木の研究視座は、客観的に社会問題を把握しその処方箋を提示しようとする従来の寄せ場研究に、革新的な転回をもたらしたといえる。寄せ場を社会病理とみなすその視点こそが、差別を追認し再生産するものであるとしてしりぞけ、かわって社会の周辺部にある人びと自身の意志や、彼らによる社会への抵抗の様子に目を向けるという視点を提起したのである。当時の青木の主要な関心は寄せ場の日雇労働者にあったものの、野宿者についても高齢や病気になった寄せ場労働者の末路として、研究の対象にしていた。

しかし一九九一年にバブル経済が崩壊すると日雇労働の数は激減し、野宿は寄せ場労働者の一時的な状態や行く末ではなくなり、働きざかりの労働者のなかにも野宿が常態化する人びとが増加していった。その後さらに不況が深刻化していくと、日雇労働者だけではなく常用雇用者のなかからも野宿をする人が現れ、野宿者の姿は寄せ場周辺を越えて都市の広い地域で見られるようになっていく。これにともなって一九九〇年代半ばごろから、大阪府や東京都など野宿者を多く抱えるようになった自治体で、独自の野宿者対策や調査が行われるようになっていった（都市生活研究会 2000；大阪市立大学都市環境問題研究会 2001 など）。

二〇〇二年には国政レベルでのはじめての野宿者対策として、「ホームレス自立支援法」が制定された。これは野宿者に雇用の機会や職業訓練、宿泊場所などを提供することを定めた、一〇年間の時限立法だった[1]。この前後から大都市では、稼働能力のある野宿者が数カ月間滞在して求職活動をするための自立支援センターなど、野宿者を対象とした入居施設がつくられるようになった。しかし就労支援が行われても、仕事の数自体が減少しているなかでは滞在期限までに就職先が見つからない人も少なくなく、また就職しても安定した仕事ではない場合もあって、ふたたび野宿生活に戻る人もいる。それでもセンターの再利用は制限されているなど、支援策はなお限定的なものにとどまっている。さらにこのホームレス自立支援法では、野宿者によって公園などの適切な利用が妨げられるときには、「必要な措置をとる」ことが明記されており、これが強制排除の根拠となることも危惧されてきた。とくにこの法の基本方針で、野宿者が「就労する意欲はあるが仕事が無く失業状態にある者」「医療や福祉等の援助が必要な者」「一般社会生活から逃避している者」の三つのタイプに分類されたことで、行政の用意する「自立」のルートに乗らない人が「一般社会生活から逃避している」とされ、排除が正当化される危険性が指摘されている。それでもこの法の制定以降、民間の支援団体による取り組みは劇的に増加し、また生活保護を受給する道が野宿者にもしだいに開かれてきたことによって、本人が望めば野宿生活から脱却できる可能性は広がっているといえるだろう。

二〇〇三年には、厚生労働省によって初の野宿者の全国的な実態調査が行われる（厚生労働省 2003）。その調査結果によれば、野宿者の数は全国で二万五二九六人だった。この調査によって、野宿者の数や生活実態を全国的に把握することがはじめて可能になり、それが支援の取り組みにも反映されていった。それでもしばらくは野宿者の数は横ばいを続けていたが、二〇〇五年ごろから野宿者対策の効果が本格的に現れはじめ、その数が減少に転じるようになる。そして二〇〇七年に行われた二度目の生活実態調査では、野宿者の数は一万八五六四人と一回目に比べて約三割減（厚生労働省 2007a）、二〇一二年に行われた三度目の生活実態調査の年には、その数は九五七六人と一回目に比べて約六割減となっていた。さらにこの調査からは、野宿者の平均年齢は五九・三歳、四割以上が常用雇用から野宿生活に陥っていることなどが明らかになっている（厚生労働省 2012）。

2　ホームレス論における女性の存在

ところで、以上のようなホームレスをめぐる議論では、ホームレスは男性であることがほとんど自明の前提とされている。現に二〇一二年に行われた厚生労働省による概数調査では、目視によって確認された九五七六人の野宿者のうち、女性は三〇七人と全体のわずか三・二％にすぎず[2]、大半は単身の男性だった（厚生労働省 2012）。野宿者の数にこのような圧倒的な男女差があることは、貧困の発生メカニズムが男性と女性とでは異なっており、それが社会のジェンダー構造と切り離せないことを示しているだろう。しかしながら従来のホームレス研究では、ジェンダーに着目するという視点はきわめてうすく、このこと自体が検討の対象として十分に受けとめられるよりも、むしろ少数の女性の存在には目をつぶり、ホームレスは男性であることを前提として進められてきた。

たとえば各自治体や厚生労働省によって行われた野宿者の大規模調査では、野宿生活にいたるまでの階層移動を把握するために、本人の職歴の変化をたずねる設問がある。学業を終えて最初に就く仕事、もっとも長く従事した仕事、野宿生活の直前にしていた仕事を見ることによって、階層が下降していく過程をとらえるのである。しかしそれは職業を持つ男性をモデルに設計された項目であり、本人の職業だけではなくパートナーの有無やその職業がこうした過程に大きく影響する女性の経験をとらえられるものになっていない。またこれらの調査では集計も男女別にはなされておらず、女性について知ることができるのは、数やパートナーの有無など、わずかな項目に限られている。厚生労働省による二度目の野宿者調査の検討会の分析において、はじめて男女別の集計が一部の項目についてのみ公表されたが（ホームレスの実態に関する全国調査検討会 2007）、女性野宿者についてわかるのは平均年齢と年齢分布、野宿生活をはじめてから屋根のある場所に滞在したかという三点のみにとどまっている。

さらに、厚生労働省が行った概数調査から（厚生労働省 2012）、地域別の女性野宿者の割合を知ることができる。それによれば、野宿者を多数抱える大都市地域では野宿者のなかでの女性の割合は低く、大阪府一・九%、東京都二・九%、神奈川県二・九%、地方では岐阜県三二・〇%、長野県二八・六%、徳島県二五・〇%など、高い傾向があることがわかる（表1）。地方では野宿者の数自体が少ないため、女性の割合の信憑性には疑問が残るが、大阪府や東京都などの大都市で女性の割合が低い理由としては、住民の多くが以前から男性日雇労働者であった寄せ場があることが考えられる。

しかしながら以上のような調査からは、圧倒的多数の男性のなかでより困難な生活状況を生きていると思われる女性ホームレスの声は聞こえてこない。女性には男性と比べて野宿生活に陥りにくい固有の回路が存在すると考えられるが、そのメカニズムについて理解する手がかりも含まれていない。男性のみを前提にした調査研究では、ジェンダーの視点は埋もれてしまい、女性ホームレスの実態については

表１　都道府県別女性野宿者の割合

	男	女	不明	計	女性の割合（%）		男	女	不明	計	女性の割合（%）
北海道	52	9	10	71	12.7	滋賀県	9	0	2	11	0.0
青森県	3	0	0	3	0.0	京都府	134	8	34	176	4.5
岩手県	4	1	0	5	20.0	大阪府	2366	47	4	2417	1.9
宮城県	82	9	1	92	9.8	兵庫県	245	9	19	273	3.3
秋田県	11	0	0	11	0.0	奈良県	3	0	0	3	0.0
山形県	4	0	0	4	0.0	和歌山県	20	1	0	21	4.8
福島県	17	1	1	19	5.3	鳥取県	3	0	0	3	0.0
茨城県	31	4	9	44	9.1	島根県	—	—	—	—	—
栃木県	47	0	1	48	0.0	岡山県	21	0	3	24	0.0
群馬県	58	2	2	62	3.2	広島県	81	9	0	90	10.0
埼玉県	374	11	42	427	2.6	山口県	6	0	0	6	0.0
千葉県	325	17	13	355	4.8	徳島県	3	1	0	4	25.0
東京都	2299	69	0	2368	2.9	香川県	16	0	0	16	0.0
神奈川県	1431	44	34	1509	2.9	愛媛県	22	0	2	24	0.0
新潟県	5	1	0	6	16.7	高知県	4	0	1	5	0.0
富山県	14	0	0	14	0.0	福岡県	395	16	12	423	3.8
石川県	11	0	0	11	0.0	佐賀県	10	0	1	11	0.0
福井県	1	0	0	1	0.0	長崎県	7	0	0	7	0.0
山梨県	18	0	4	22	0.0	熊本県	44	3	2	49	6.1
長野県	5	2	0	7	28.6	大分県	18	1	1	20	5.0
岐阜県	16	8	1	25	32.0	宮崎県	6	0	0	6	0.0
静岡県	149	9	24	182	4.9	鹿児島県	39	2	0	41	4.9
愛知県	401	17	100	518	3.3	沖縄県	88	1	14	103	1.0
三重県	35	2	2	39	5.1	合　計	8933	304	339	9576	3.2

出所：厚生労働省（2012）より作成

ほとんどわからないのである。

女性のホームレスについて知る手がかりは、ホームレス一般を対象にしたものではなく、女性だけに焦点をあてた数少ない研究に求められる。日本においては、川原恵子が社会福祉学の立場から、広い意味でのホームレス状態にある女性に福祉政策がどのように対応してきたのかを整理している（川原 2005; 2008; 2011 など）。また女性野宿者については、文貞實が女性が野宿生活にいたる過程や女性野宿者が置かれた構造的位置について考察している（文 2003; 2006）ほか、麦倉哲は一人の女性野宿者を長期間支援しながら、居宅生活を維持していくときの課題を丁寧に記述している（麦倉 2006）。また研究以外では、山谷にある福祉機関で長く相談員をしてきた宮下忠子による、女性野宿者との交流を綴った読みごたえのあるノンフィクションがある（宮下 2008）ほか、代々木公園に長く暮らすアーティストのいちむらみさこが、当事者の立場から、女性野宿者の生活実感や仲間づくりの実践経験にもとづいて、労働の意味や女性性の理解について、重要な問題提起を行っている（いちむら 2006；2008a；2008b；2009など）。このように日本においても女性ホームレスに関する記述は少しずつ蓄積されてきているが、[3] その生活実態や女性ホームレスが生み出されるメカニズムを総体的に把握するには、いまだ質も量も十分とはいいがたい状況にある。

北米やヨーロッパの先進諸国においても、ホームレスの大半は男性が占めていることもあり、研究もほとんどが男性中心のものになっている。しかし後述するが、ホームレスの概念が日本よりも広いために全体の人数も多く、研究も一九六〇年代から蓄積されており、女性を対象にした研究も日本よりもはるかに多い。その大半は、シェルターにいる女性を対象にした研究であるという特徴がある（Russell 1991；Waterston 1999；Bridgeman 2003；Williams 2003など）。その理由として、欧米における一般的なホームレスの定義はシェルター居住者を含んでおり、女性は男性と比べてシェルターに入る傾向があること、シェルターには女性ホームレスが集まっているために調査がしやすいことがあると考えられる。そうした成果のひとつに、シェルターでの女性ホームレスの日常生活をエスノグラフィックに描いたエリオット・リーボウの研究があり、日本語にも翻訳されている（Liebow 1993＝1999）。女性野宿者を対象とした研究は、女性野宿者自体が少ないこともあってほとんど見当たらないが、地理学者を中心に空間使用についての研究が行われている（Rowe and Wolch 1990；May, Cloke and Johnsen 2007；Huey and Berndt 2008）。

本書にもかかわる興味深い知見としては、男性と女性のホームレスの違いについて、女性は男性に比べて結婚経験が多く、精神疾患を持つ割合が高いなどの特徴を明らかにした量的調査にもとづく研究(4)(Burt and Cohen 1989)や、女性がホームレスへと排除されるメカニズムについて、住宅市場や福祉政策のなかに見られる望ましい家族観や女性像が大きく影響していることを明らかにした研究(Watson and Austerberry 1986; Watson 1999; Edgar and Doherty 2001)などがあり、日本においても同様の傾向を指摘することができると考えられる。またアメリカの人類学者ジョアン・パサロによる研究(Passaro 1996)は、なぜ女性のホームレスが路上には少ないのかという問いを起点に、インタビューや政策分析を行い、男性と女性のホームレス、女性のなかでも路上にいる女性とシェルターにいる女性とを対比させて考察しており、その問題意識には本書も多くを負っている。

しかし「なぜ女性の野宿者が少ないのか」と問うたパサロのようなごく一部の研究をのぞいて、女性ホームレスについての研究は、概してフェミニズムが提起してきた重要な視点を欠いているように思われる。それは、フェミニスト研究者であるジョーン・スコットがいうように、「女についての研究はたんに新しい研究主題を追加するにとどまらず、既存の学問分野がもつ前提や基準の批判的再検討を余儀なくさせる」(Scott 1999 = 2004: 75)という点である。女性のホームレスについて研究することは、男性のホームレスについて把握されていたことと同様のことを、女性についても把握するということではない。従来の研究は、調査や分析の方法が暗黙のうちに男性を前提にしてつくられているため、多くの男性のように賃労働をしているとは限らず、そのため社会保障制度も男性とは大きく異なる女性にそのまま適用することはできないのである。ホームレスの定義をとっても、従来は野宿者のことを指すのが一般的だったが、女性は野宿者ではなく隠れたホームレスになりやすいことは欧米の研究でも指摘されていることであり、女性を視野に入れるならば、より広い定義が採用されなければならない必然性が出てくる。このように女性のホームレスをとらえるということは、女性を単に研究の対象にするというだけではなく、男性を中心にして成り立ってきたホームレス研究全体を、根底から問い直すものでなければならないだろう。このことは、女性のホームレスが早くから一定の割合で確認され、それゆえ女性のみを対象にしたホームレス研究が成り立つ環境があったと考えられる欧米とは異なり、日本においては、とりわけ欠かすことのできない問いであるように思われる。

女性ホームレスをとりあげることによって、男性を中心に成り立ってきたホームレス研究全体になにをつけ加えるのかを問うことは、ホームレスの定義や調査項目の設定を検討するという、いわば操作的なことがらだけに及ぶものではない。それは、従来の研究が持つ、より認識論的な問題ともつながっているように思われる。いいかえれば、これまでの研究で女性があつかわれてこなかったことには、単に女性のホームレスが少ないということ以上の、研究が拠って立つ基盤に骨がらみの問題があるように思われるのである。それは、ホームレスの主体性や抵抗に目を向けるという研究の視点そのものが、男性を前提にして成立してきたものであり、そこにすでに女性の排除が胚胎されていたのではないか、ということである。

3　抵抗の主体と女性の排除

野宿者の数が急増しはじめた当初、その多くは寄せ場での日雇労働の経験がある人びとだった。そのため寄せ場研究は、排除された日雇労働者たちの視点から現代社会を問い直すという青木が提起した研究視座を維持したまま、研究の対象を日雇労働者から野宿者にシフトさせていった。

それ以降の社会学における野宿者研究でも、この視座は引き継がれていく。たとえば中根光敏は、野宿者たちの「主体的側面」や「個人レベルでの抵抗」に着目することが、野宿者を排除しようとする社会のイデオロギーに対抗し、社会変革をもたらすのではないかと述べる（中根 2001: 16-17）。そしてかつて新宿駅に出現した鮮やかな絵が描かれたダンボールハウス群をとりあげ、困難な野宿生活のなかでも、それは「行政の手で隔離・収容される生活よりも、生活者にとって望ましい生活が存在している」ということとの表明であるとする（中根 1999: 92）。このように変革の要因として中根が期待しているのは、野宿者の主体的な意志にもとづく社会への抵抗である。一方、たとえ当人に明確な抵抗の意志はなかったとしても、弱者が日常を生きていくための手段に着目することで、社会に規定されるだけではない弱者の主体的側面をとらえようとする立場が存在する。山口恵子は、野宿者が困難な日常のなかで行う「生きぬき戦略」に着目することによって、課せられた制約の意味を組み替えていく野宿者の主体性や創造性をすくいあげ、そこに国家に抗する都市の可能性を見いだそうとしている（山口 1998）。

ほかにも、長年営まれてきた慣習的な生活が、当人の意志にかかわらず、抵抗の根拠となりうるとする立場もある。妻木進吾は、行政の示す「自立」のルートに乗らずに野宿を続けている人が、「社会生活から逃避している」と規定されかねない状況にかんがみて、必ずしもそうではないと述べる。むしろ逆に、一定のパターンをもって営まれてきた生活のなかに、労働によって自立するという市民社会的な価値が組み込まれているために、「誰の世話にもならず自前で生きていくこと」を志向する結果、かえって「生活構造の抵抗」として野宿が続けられてしまう可能性を、量的調査にもとづいて指摘した（妻木 2003）。これは野宿者が市民社会的な価値から逸脱した「他者」なのではないことを示した、重要な指摘だろう。

しかし妻木が、労働によって自立するという価値が生活のなかに構造化されているというとき、そこで想定していた野宿にいたる以前の生活とは、寄せ場労働者のそれである。この労働によって自立するという野宿者のイメージこそ、男性を前提につくられてきたものにほかならない。だが野宿者のなかには働いていない人も、そして女性も少数ながら存在する。それにもかかわらず、野宿者は働いて自立していると主張すれば、野宿者を排除するまなざしに対抗しようとなされたその主張によって、野宿者のなかでもさらに周辺化された人びとの存在を、ふたたび排除してしまうことになる。

そして妻木だけではなく、中根や山口のように野宿者の主体性にもとづく抵抗に着目しようとする立場もまた、同様の問題を抱えているように思われる。というのも、このとき想定されているのは、一貫した自立的な意志のもとに、合理的に行為を選択していく主体像だからである。だが野宿者の生活世界の実相に迫っていく以前に、あらかじめ自立した主体を想定し、野宿生活のなかに変革の意志や抵抗を見いだそうとする研究者の構えは、関係性のなかにある主体のありようを見落とすとともに、あるときは野宿をし、あるときは福祉施設でホームレス状態を過ごすことを繰り返すような人びとの、ときに偶発的な生活実践の一連のプロセスから、野宿をしているという場面だけを切り取ることになってしまう。

こうした社会に抵抗する自立的な野宿者像は、野宿者が改良されるべき客体とされていたそれまでの研究を批判して主張されるようになったものであり、そのことの意義は繰り返し確認しておかなければならない。しかし構造に規定される客体としての人間像と、それに対抗して主張された自立的な主体という人間像、この二者択一のいずれかの見方では、すくいとることのできない現実があるのではないか。そして同様の構図は、ホームレス研究だけではなく、ホームレスの女性と地続きの下層の女性を対象にした研究にも、あてはまるように思われる。

4 フェミニズム研究における女性ホームレスの位置

先述したように、ホームレス研究のなかで女性をあつかったものは、ごくわずかしか存在しなかった。しかしホームレスを、定まった住居を持たないという意味で広くとらえれば、こうしたホームレスの一形態として、居住場所がないために福祉施設に滞在している人の存在を考えることができ、そのような福祉制度を利用する女性をあつかった、「女性福祉」といわれる社会福祉学の一群の研究がある。

この女性福祉研究を牽引してきた林千代は、「女性福祉」について、「女性であるという性を理由に幾重にも重なって生活を脅かす差別をとらえ、支援策を検討しつつ人権の確立をめざすことである」（林 2008：190）と説明している。その問題意識には、児童や高齢者、障害者といった対象者別の「縦割り」

になった福祉制度では、性差別的な社会構造から発生する「女性問題」が共通したものとしてとらえられていないという苛立ちがある。そして自身の研究の出発点を売買春問題だと位置づけ、売買春に福祉的な対応をしてきた婦人保護事業を中核に据えて、「女性問題」に総合的に対応する「女性福祉法」を新たに確立する必要性を提唱している。女性のホームレスには性産業にかかわりのある人が少なからずおり、行き場所のない女性ホームレスが福祉制度を利用するときによく利用されているのが、この婦人保護事業であることから、女性福祉研究が対象とする女性のなかには、女性ホームレスも含まれていると考えられる。

林は、自身の研究の出発点だとする売買春について、以下のように述べている。「売買春は、性の交流に金銭を介入させて最も人間的側面である性、精神的な要素を含む相互一体化、両者の人格を問う性関係を否定するものである。……それは、人格の損なわれた状態と言える。……売春は、交換価値を生むとはいえ労働ではなく、職業とも言えない」（林 1990：9）。さらに林は、売春を行う女性の意志について、「女性を売春に追い込んでいるのは「職なく、金なく、住居なし」の状況をもたらす社会構造であり、……本人もそう言っているからそうだと言い切るのは、あまりに短絡的であり、全体的視野を見失っていると言えるのではないだろうか。本人の意志は何らかの強制の結果なのである」（林 1990：10）という。つまり林にとって、女性差別が蔓延する社会構造から生み出される売春は、すべて「何らかの強制の結果」であり、そこに売春を行う本人の意志や主体性を認めないのである。このような林の主張は、女性を従属させる社会構造から生み出された性奴隷だと売春をとらえる、売春をめぐる議論の「人権派」と呼ばれるものである。

しかしながら、この女性福祉論は、フェミニズムが目標とする女性の人権侵害や性差別に着目し、そこから女性を解放しようとするものだったはずであるにもかかわらず、そこに到達するには、女性福祉の対象となる「女」のとらえ方に問題があるように思われる。女性福祉論の基盤となる「女性である性」とは、林の説明では、「生物学的にいえば」「女性の性は、妊娠し出産する生である」（林 2008：191）。しかしこの「生物学的な女性の性」——セックスを指しているのかセクシュアリティを指しているのかは定かではないが——こそが、社会的に構築されてきたものであることを、一九九〇年代以降のフェミニズム研究は暴いてきた。つまり、生物学的に「男」と「女」は二つに分けられると考えることや、家庭内の男女のあいだでかわされる生殖中心のものこそが正当なセクシュアリティであると考えることが、文化的・社会的に生産されてきたものであるという指摘である。こうしたフェミニズム理論が出てきた背景には、セクシュアル・マイノリティの／による研究の隆盛があり、いまや単純に「生物学的な女性の性」を、一枚岩の実態として想定することは難しくなっているだろう。それにもかかわらず、「生物学的な女性の性」を無批判に受け入れ、こうした「性」にもとづく差別に対応しようと構想される女性福祉は、当初の目論見に反して、女性を一様に保護的にあつかうとともに、排除される存在を生み出すものになってしまうのではないだろうか。

それが端的に表れているように思われるのが、林が女性野宿者について言及しながら、自身の立脚する女性福祉を説明したつぎの一文である。「この春、仲間たちの誘いで隅田川べりの青テント村を歩きました。女性のホームレスが少ないのは何故か、男性のホームレス化と女性のホームレス化には相違があるのではないかという私の問題意識に返ってきたのは、「ホームレスの女性は一人ではいられない。

男性と一緒に暮らすんですよ」との話でした。このことがすべてを物語っているように思えます。女性は依存的だとか、自立性がないとかではなく、女性としての性の危機への本能的な回避をするのではないでしょうか。私の女性福祉は、ここから出発します」（林・堀 2000：269）。林は支配的なセクシュアリティをそのまま受け入れ、女性を「性の危機への本能的回避」をするものとして本質主義的にとらえている。その結果、男性とともに暮らす女性野宿者だけで「すべてを物語っている」と考え、三〜四割を占める単身の女性野宿者[5]やセクシュアル・マイノリティ[6]の存在には思い及ばず、そうした人びとを「性の危機への本能」がないかのようにあつかってしまっていることに、気づいていないのである。こうした視点に立って、すべてを強制の結果だと考えるような売春を中心に据える女性福祉は、女性を一様に保護的にあつかうものであり、すべてを性による支配関係に還元し、女性を従属的な位置に固定化してしまうとともに、男性や福祉の保護を受けないような女性の存在を、視野の外に追いやってしまう。

一方、売春を強制の結果と考える林のような立場に対抗する形で、性産業で働く当事者たちの運動から出てきたのが、セックスワーク論である。「権利派」と呼ばれるこの立場の人びとは、性労働以外に十分な生活の糧を得る手段を持たない人びとにとって、売春をすることは、その状況のなかでなんとか生きていくための手段となっており、売春に人を押しやる社会構造がすぐには変わらない以上、単に売春をやめさせればよいということにはならないと考える。また、性産業で働く以外の選択肢があっても、本人の自由意志にもとづいて性労働を選択したのだと主張する、セックスワーカー当事者も出てきている（南他 2000 など）。当事者にとって問題なのは、売春が犯罪とされているということである。売春が犯罪である以上、たとえ労働現場で暴力的行為があったとしても、処罰を恐れて訴えることができないことになる。そのため「権利派」の人びとは、売春を労働としてとらえ、非犯罪化することによって労働条件を改善しようとする、労働者としての権利の主張を行っている。

しかしながら、「権利派」の主張のなかには、売春は悪いと思うという人びとに対して、「結局、この人も個人的な好き嫌いで否定しているだけだ。だったら、売買春を好きと主張する人たちに介入する権利などあるはずもない」（松沢他 2000：344）という言葉に見られるように、他者からの影響や介入を排除するような言説があるように思われる。こうした主張は本来、セックスワーカーの主体性が否定されることへの抵抗としてなされたものであり、現に売春が存在し、多くの人がそれに従事していることを踏まえて、そこに生じる暴力や不払い、搾取などをなくしていこうとする当事者の主張の切実さや重要さは、誰しも認めるところだろう。しかし、他者から切断された自己を過剰なまでに強調することは、「私の意志」なるものが容易には同定できなかったり、矛盾を抱えていたり、他者に依存していたりするという状態を覆い隠し、それらをすべて個人の自由意志による選択に還元してしまうのではないだろうか。[7]

この売買春をめぐる「人権派」と「権利派」の議論は、ホームレス研究のなかに見られた、人間像をめぐる二つの見方と同様の構図であるように思われる。構造に規定される客体としての人間像では、行為する人びと自身の意志や、状況を変革していく可能性がとらえられない。しかしそれに対抗して主張された自立的な主体という人間像においても、排除されてしまうものがあるだろう。本書では、こうした対立的な二つの見方に特徴づけられる従来のホームレス研究のなかで、なにがどのようにして見落とされてきたのかを、ホームレスの女性たちの日常生活のなかで具体的に検討していくことになるが、その際に取る視点として本書で着眼するのが、生物学的性差（セックス）の社会的構築性を理論的に徹底させたジュディス・バトラーが、主体という概念に投げかけた問いである（Butler 1990）。

5　ポスト構造主義のジェンダーと主体

バトラーの研究は、ジェンダーの概念に変更を迫るものであったことでよく知られている。それ以前のジェンダーという概念は、「男」と「女」という二極分化された生物学的性差（セックス）を反映して構築された、社会的な「男らしさ」「女らしさ」ということであった。しかしバトラーをはじめとするポスト構造主義のジェンダー研究では、セックスがジェンダーを規定するのではなく、ジェンダーがセックスを規定すると考えられている。すなわち、さまざまな身体的差異を、「男」と「女」の二極化された生物学的性差と理解させるセックスという概念こそが、社会的な構築物であるというのである。ここではセックスは、身体や人格に備わった実体ではなく、身体や人格に意味を与える言説の作用ととらえられているのである。

言説の作用に着目するこうしたポスト構造主義の視点を、ジェンダー研究の領域で理論的に確立させたバトラーは、確固とした女という主体の存在そのものにも疑義をさし挟む。バトラーによれば、ジェンダーは、文化的に人びとにとって理解可能な規則を絶えず繰り返し発動させる意味づけの実践であり、そうした意味づけの実践以前に主体は存在せず、意味づけの実践の効果として、主体が産出されると考える。というのも、言説実践以前に主体が存在するのなら、主体は「これこれのジェンダーであれ」という言説にしたがうか、それに背くかをあたかも選んでいるかのように理解されることになるが、ジェンダーとはそのように選んで身につけていくものではないからである。

主体にかわってバトラーが採用したのが、エイジェンシーという概念である。エイジェンシーは行為体、行為遂行体、行為媒体などと訳され、言語によって形成され、言語を使用する媒体という意味である。主体が言語を語るのではなく、エイジェンシーの言説実践の効果として文化的に理解可能なものが、主体として事後的に析出されるのである。エイジェンシーが利用可能な言説実践の言語的資源は、社会的世界に広く流布している諸言説である。そして言語行為の遂行の場では、そうしたあらかじめ限られた目録のなかから、誰かの言葉を「引用」するしかないのだが、しかし言語は誤用や濫用される可能性もあるとバトラーは考える。そうすることで、言語によって決定されるだけではなく、言語使用そのものを変革していく可能性もまた、考慮に入れるのである。つまりエイジェンシーという、完全な能動性でも完全な受動性でもない言説実践の媒体である概念を導入することで、構造に規定されながら、構造に働きかけてもいく実践の過程をとらえる視点が得られるのである。

このようなポスト構造主義のジェンダー研究の視点を、日本においていち早く経験的な研究にとりいれたものとして参考になるものに、子どもがジェンダー化される過程を検討した教育社会学の一群の研究がある（西躰 1998；中西 2004；片田 2006 など）。たとえば片田孫朝日によれば、従来の研究では、子どもは性役割を内面化すると考えられてきた。しかしジェンダーをあらかじめ二項対立的なものとして本質主義的に想定し、子どもをそれによって社会化されていく受動的存在ととらえるこの立場は、ジェンダーのステレオタイプを強化してしまうおそれがある。それにかわってポスト構造主義的な視点では、ジェンダーを、子ども自身が性別カテゴリーを参照する実践によって、不断に性別主体と権力関係を構成する過程としてとらえる。つまり、ジェンダーをある時点での知識の獲得と人格形成として固定化せず、絶えざる過程ととらえるのである。この視点は、そのつどの流動的で文脈的な実践のありようや、主体・権力構成の多様性を見ていくのに適しているという（片田 2006）。

本書においてもこのような視点にしたがい、ホームレスの女性たちの個別の生を見ていく第4章以降の章では基本的に、ジェンダーを所与の前提としない、つまりあらかじめ二分された「男」「女」という性別カテゴリーを想定しないこととする。かわってジェンダーを、性別カテゴリーが用いられる場面ごとに、そこで展開される言説の実践としてとらえ、相互行為のなかで性別カテゴリーがどのように持ち出され利用されているのかを見ていくことになる。そして女性ホームレスを、性別カテゴリーを用いながら持ち出される「女らしさ」などの規範と交渉していく、エイジェンシーとして考察する。そうすることで、女性ホームレスたちが、女性であることを利用したり、「女らしさ」を再定義していく、その実践の過程そのものに照準化する。

このような視点を取ることによって、なにが見えるようになるのか。それを検討するのに、ホームレスとジェンダーについて興味深い研究を行ったアメリカの人類学者、ジョアン・パサロの研究を見ておきたい。というのもパサロは、バトラーのジェンダー研究の視点を「強力な分析視角」だと評価しながらも（Passaro 1996: 11）、自身の議論のなかに十分に取り込むことができなかったように思われるからである。

パサロは、アメリカのホームレスには黒人男性が多いということに着目する。そして特定のジェンダーと人種の人がホームレスにとどまり続けるのは、「社会福祉の法制度や、福祉職従事者の評価実践、どのホームレスが税金と共感を受けるに値するかを決めるわれわれの日々の評価実践」(Passaro 1996: 29)に、ジェンダーと人種に関するステレオタイプが反映されているためだと考えた。それゆえ支配的なジェンダー役割に背くことは、公的サポートや人びとの共感に依存して生きざるをえないホームレスの人にとっては危険なのだという。

パサロは四〇〇人近くのホームレスに聞き取りを行い、男性と女性の違いを検討する。そして女性ホームレスには男性にはない福祉的な選択肢が用意されているために、男性が路上にとどまらざるをえないのに対して、女性のホームレスは望ましい女性像を体現する限りで生きぬくことができる、と結論づけた。さらにこうした制度があるにもかかわらず、女性ホームレスのなかで「野宿生活にとどまり続けるのは、ジェンダーに背く者、つまり保護されること、害のある家庭をふたたびつくること、役所の恩着せがましさやパターナリズムに慎重な女性に限られる」(Passaro 1996: 63)という。つまりパサロは、野宿生活を続ける女性と福祉の保護を受ける女性の違いを、支配的な女性役割に適合的か否かの違いとして解釈したのである。

このときジェンダーは、ポスト構造主義的な視点とは異なり、福祉制度の体系に埋め込まれた静態的な規範であるとともに、人に恒常的に備わった性質として本質主義的にとらえられている。それゆえにパサロは、福祉制度を利用する女性としない女性の違いを、「支配的なジェンダー規範に沿って行動できるアイデンティティを備えた人か否か」として理解したのである。その結果、男性と女性のホームレスの違いを示すことを優先するあまりに、個々の女性ホームレスのあいだの差異や、路上に残された女性野宿者たちが抱える個別の困難をとらえそこなってしまう。女性ホームレスのなかでも個人差の大きいジェンダー・アイデンティティや、つねに一貫しているとは限らないそのありようを見落とし、路上の女性たちを性的な逸脱者としてあつかってしまっているのである。そうして少数しかいないホームレスの女性に目を向けた数少ない貴重な研究でありながら、福祉制度を利用せずに路上にとどまり続ける女性野宿者を、例外的な存在として、ふたたび理解の範疇から排除してしまう。

実際パサロがいうように、福祉制度は性別役割分業を行う近代家族を優遇するという形で、支配的な女性役割に沿って女性を方向づける規範的な体系として現れており、女性たちは福祉制度を利用する以上、それから逃れることはできない。しかし個別の制度が運用される実際の場面では、自治体やケースワーカーの裁量が大きく、こうした規範的な体系が個別の女性たちの生につねに影響を与えているわけではない。そしてそれぞれの場面によって行われる方向づけは異なっており、ジェンダーはしたがうことを期待される複数ある規範のなかのひとつにすぎず、ジェンダーを引きあいに出しながら持ち出されるこうした規範も、制度を運用する人や時代や地域を通じて一定であるわけではない。社会福祉制度のなかに埋め込まれている望ましい女性像とはなにかを検討しようとした須藤八千代が、福祉制度が存在していることと、それが現実に行使される実施面とを区別し、実施面すなわち福祉事務所での相談の場面の相互行為に着目する必要があると述べているように（須藤 2000：97）、個々の女性ホームレスが福祉制度を利用することと引き換えになにを期待されるのかは、制度の体系に埋め込まれた規範だけではなく、それが行使される場面にそくして具体的に見ていく必要があるだろう。

ポスト構造主義のジェンダー研究の視点は、こうした具体的場面にこそ焦点をあて、そこで繰り広げられる言説実践の過程としてジェンダーをとらえるものである。つまり、福祉制度に内包されている望ましい女性像を一枚岩のものとしてとらえる必要はなく、それが持ち出される運用の具体的な場面ごとに、性別カテゴリーがどのように用いられているかを見ていくのである。さらにこうした視点を取ることによって、同一人物がつねに一定のジェンダー・アイデンティティを持っているわけではないという、そのときどきで異なる、首尾一貫しているとは限らないジェンダーの様相をもとらえられることになる。また女性を共通性を持つひとつの集団とするのではなく、それぞれ差異を持つものとしてあつかえることにもなる。それは、女性ホームレスたちの一人ひとり異なるジェンダーのありようや生の個別性を描こうとする本書のようなエスノグラフィに、適した方法であると考える。そしてそれ以上に、従来のホームレス研究が女性を排除してきたことを出発点とする本書が、女性ホームレスのなかでさらなる排除を生まないために、個別的な生をあつかえるジェンダーの視点を取ることは、その立脚する出発点から導き出される、本書の根幹にかかわる必然的な設定であるように思う。

このことはまた、女性ホームレスたちの行為が、構造に規定されているのか、それへの主体的な抵抗なのかを、他者たる研究者が解釈し、二者択一のいずれかにあてはめてしまうことよりも、行為が構造に規定され、そうした行為がまた構造を変えていく可能性を持つことを重視することで、女性たちをホームレスにする社会構造のさまざまな諸条件と、こうした制約のなかで「選びとられる」彼女たちの行為の固有の論理を、詳細に見ていくことにもつながる。そうすることで本書では、自立した主体を前提としてきた従来のホームレス研究がなにを見落としてきたのか、そしてそれがなぜ女性ホームレスを研究の対象から排除することと結びついてきたのかを、時間の幅を持ったプロセスとして女性たちの生を見ていくことで、具体的に検討していきたい。

6　調査の方法

本論に入る前に、本書のベースとなる調査をどのように行ったのかを述べておきたい。本書では、女性ホームレスについて、おもに四種類の調査を行っている。

一つめは、女性ホームレスが利用している福祉制度にかかわる専門職従事者への聞き取りである。東京都と大阪府において、福祉職従事者（ケースワーカー、婦人相談員）と女性施設の職員を対象として、制度の運用や利用の状況などについてうかがった。

二つめは、福祉制度を利用している女性を対象とした調査である。本書では、女性の野宿者だけではなく、住居のない女性ホームレスをより広く対象にしているが、そのうち、こうした女性たちが滞在する福祉施設のひとつである東京都内にあるA宿泊所において、参与観察・聞き取りを行った。

A宿泊所は、もともと野宿者支援を行っていたあるNPOが、生活困窮者の居住場所として開設した無料低額宿泊所(8)と呼ばれる種別の福祉施設である。私が調査をはじめた二〇〇二年当時、女性のホームレスを支援対象と明言していた数少ない施設であり、施設を運営するNPOにお願いして、二〇〇二年の年末から年始にかけて、二週間泊まり込みのボランティアをさせていただいた。そのときの私自身の宿泊所内での位置づけは、利用者でもなく職員でもない「居候」だったが、職員しか入れない事務所内の立ち入りを自由に許されていたことから、利用者から見れば、職員に近い立場の人間として理解されていたと思う。その後、二〇〇三年一月から九ヵ月間は、アルバイト職員として雇っていただき、月に数回働きながら参与観察を行った。したがってA宿泊所での調査期間は、ボランティア期間とあわせて計一〇ヵ月になる。二〇〇三年七月には、宿泊所の利用者一五名に対して、個別に一〜三時間ずつの聞き取りを行った。この聞き取りは、普段の働きながらの参与観察とは異なり、メモを取りながら行い、許可が得られた場合には録音をした。

三つめに、このA宿泊所の調査と並行しながら、東京都内にあるB公園においても参与観察・聞き取りを行った。B公園には女性野宿者の支援組織があり、その集まりに何度か参加したあと、そこで知りあった女性野宿者を訪ねて、二〇〇三年一月から一〇ヵ月間、断続的に公園に通った。個人的に訪問するようになって人間関係ができたころ調査の趣旨を話し、了解が得られた女性たちを中心に話を聞いた。B公園に通うなかで知りあった野宿者に、他の女性野宿者を紹介してもらうこともあった。二〇〇三年九月には一週間、B公園で暮らす女性野宿者のテントに泊まり込んで、生活をともにした。

このような調査方法を取ったため、私が関係を持つことができたのは、B公園にいる女性野宿者のなかでも、テントに定住し、野宿者支援団体や他の野宿者と関係を持っている人に限定されてしまっている。野宿者には大きく分けて、公園や河川敷にテントや小屋を張って暮らす定住型の生活を送る人と、駅や道路などに毎晩寝場所をつくり朝には片付ける放浪型の生活を送る人がおり[9]、それぞれによって生活スタイルや人間関係のつくり方は大きく異なっている。私が調査をした二〇〇三年当時、B公園には二五〇人ほどの野宿者がテントを張って定住していたが、それ以外にも炊き出しの時間や夜にだけB公園を訪れる放浪型の生活を送る人がおり、そうした女性たちを中心に、私がかかわりを持つことができ

テントが立ち並ぶＢ公園。

なかった女性野宿者もいた。

Ｂ公園では二〇〇三年の調査時以降、東京都が行った地域生活移行支援事業[10]によってテントの数が激減し、野宿生活の様子は当時と随分変わった。Ｂ公園に限らず、現在では野宿者がテントや小屋を建てて定住できる場所は、都市空間から減少してきている。このように野宿者の生活は、時期や立地など外的条件の影響を強く受けたものとなっており、当然ながら本書での記述が、女性野宿者の生活の一般を表しているわけではない。聞き取りの多くは雑談のなかで行ったが、生活史などは一人につき二〜十数回、別に時間を取って聞いた。語りはほとんどは許可を得て録音したが、一部語られたことをあとで思い出しながらメモにしたものも含まれている。

四つめとして、女性野宿者の支援団体の活動を自ら中心的に担いながら、調査を行った。このグループは女性野宿者と、それまで野宿者支援にかかわっていた女性たちによって、二〇〇三年に大阪で結成された。女性野宿者が、一般的な野宿者支援から排除される状況を改善するという具体的な目標を掲げてはじまったグループは、月一回お互いの近況や悩みなどを話しあうという集まりを軸に、アウトリーチをしたり、少額の金銭を貸したり、求めがあれば生活保護受給の手助けをするなどの活動を行っている。また女性野宿者が野宿生活を終え、施設での生活や居宅生活に移ってからも、日常生活の手続き上の手助けをしたり、交流の場をもうけており、この活動に支援者として参与するなかで、見聞きしたことを記述している。

私自身は、このグループにおいては基本的に、自分自身のことを調査者としてよりも支援者として位置づけている。したがってときには女性たちの生活に介入することがあり、単に観察するということを超えて、私自身が女性たちの生活や行動に影響を及ぼすことも大きく、この点で同じ野宿者を対象としたものでありながら、調査者として位置づけていたB公園での私自身のかかわり方とは異なっており、その結果できる関係性も異なったものになっている。しかしこのグループにおいても、私が女性ホームレスについて調査研究をしているということはことあるごとに話しており、また個別に聞き取りをするときには、あらためて調査の目的を説明し、了承を得た場合に行った。許可が得られた場合は話を録音している。なお、登場する人物はすべて名前を伏せてある。聞き取りデータ中の〔 〕は調査者の発言、……は中略を示す。

7　本書の構成

つぎに本書の構成を簡単に示しておく。第2章では、女性ホームレスについての論を進めていく前提となる、日本の状況を概観している。まず本書で用いるホームレスの定義を、欧米の研究を参照しつつ定めたうえで、なぜ女性は野宿者ではなく「隠れたホームレス」になりやすいのかを、労働市場と社会福祉制度のあり方から説明する。さらに女性がホームレスにいたるまでの排除の過程を、三三人の女性ホームレスの生活史から検討し、その特徴を男性ホームレスと比較して把握する。

第3章では、貧困政策のなかで女性がどのようにあつかわれてきたのかを、二〇世紀初頭の社会事業成立期から現在にいたるまで、大阪府を事例に、歴史的に検討した。ここで明らかになったのは、貧困女性は伝統的に、売春婦か母子世帯の母かのいずれかとして保護されるしかなく、その体制が現在までも続いているということである。

第4章では、女性ホームレスが暮らす福祉施設である東京都内にあるA宿泊所の調査から、福祉制度を利用する際に、女性がしたがうことを求められる規範とはどのようなものかを検討した。第3章で見るように、貧困女性を対象にした福祉制度は、近代家族の規範に沿った体系として存在している。しかしそれらの規範は、女性たちにそのまま受け入れられているわけではなく、個々の場面において女性たちは絶えずそれらと交渉をしており、その具体的な過程を、実際の福祉制度の運用場面において見ていく。

第5章からは、女性野宿者の生活実態に焦点をあてる。東京都内のB公園における女性野宿者の生活の様子を、どのように衣食住を確保しているのか、男性が多数の公園のなかでどのような生活上の制約を経験しているのか、どのような人間関係を築いているのかを中心に記述する。

第6章では、従来の野宿者研究が女性をあつかってこなかったことで、野宿者たちのどのような実践が見落とされてきたのかを、B公園の女性野宿者たちを事例に、具体的に描いている。女性野宿者たちが、野宿生活をどのように意味づけているかを見たうえで、彼女たちが野宿を続けるか、野宿生活を脱するかを決めていく場面に着目する。それにもとづいて、これまでの男性を中心とした野宿者研究がなにを見落としてきたのかを、具体的な場面において検討する。

第7章では、大阪市内における女性野宿者の支援グループの事例を見る。長期間にわたるかかわりや支援のはたらきかけのなかでは、女性野宿者たちの生活の様子も変化していき、それにともなって野宿を続けるか否かを決める彼女たちの「意志」も変わっていく。本章では、その変化のプロセスを見ていくことを通して、自由意志を持った主体を想定することが、どのような実践を見えなくしてきたかを検討する。

第8章では、抵抗や主体性に着目する研究の視点が、なぜ女性の排除につながってきたか、そこでなにが見落とされてきたかを、キャロル・ギリガンの「ケアの倫理」論を軸に、整理を行う。そしてこれまでの議論のまとめと、現在広がりつつある女性の貧困の実態、それへの政策課題について、若干の言及を行いたい。

第2章　女性ホームレスとは

1　隠れた女性のホームレス

ホームレスというと、たいがいイメージされるのは中高年の男性だろう。実際日本では、ホームレスのほとんどは単身の男性である。しかし数は少ないが、女性のホームレスも存在する。その数はホームレス全体のわずか三・二％（厚生労働省 2012）で、しかも女性たちは危険を避けようと物陰に隠れるようにして暮らしているために、なかなか目にとまることはなく、その数は実際よりさらに低く見積もられている。

しかしなぜ、女性のホームレスは男性と比べて圧倒的に少ないのだろうか。これまでの研究では、ホームレスは男性であることが当然の前提とされていたため、こうした点が問われることはなかった。また女性ホームレスの存在自体とりあげられることがほとんどなく、女性に固有の特徴があるのかどうかも知られていない。

本章では、女性ホームレスを対象にして、その存在を男性と対比させる形で見ていく。そして女性は貧困に陥りやすいにもかかわらず、ホームレスとして路上に現れるのは大半が男性になっている、その理由を考察する。続いて女性のホームレスの特徴と、ホームレスにいたるまでの排除のプロセスを具体的な事例を挙げて検討し、女性にはたらく固有の社会的排除のあり方について考察していきたい。

1-1 先進諸国のホームレス

日本でホームレスの姿が頻繁に見られるようになったのは、バブル経済が終わりを迎えた一九九〇年代はじめのことである。しかし北米やヨーロッパなど他の先進諸国の多くでは、それより以前から、ホームレスの増加が問題になっていた。

たとえばアメリカでは、一九五〇〜六〇年代、ホームレスの大半は白人で高齢の男性単身者で、多くは日雇労働者が集まるスキッド・ロウと呼ばれる、寄せ場のような地域に集住していた。当時のホームレスの平均年齢は五〇歳近く、白人が九〇%以上で、女性の割合は三%だった（Bogue 1963）というから、そのイメージは、一九九〇年代半ばごろまでの日本のホームレスの様子に近いだろう。しかし一九七〇年代半ば以降、ホームレスの数は爆発的に増加しはじめ、スキッド・ロウ周辺を越えて、都市の広い範囲でその姿が見られるようになる。さらにこの時期増えたのは、「新しいホームレス」（Rossi 1989）と呼ばれる、それまでのホームレスとは異なる特徴を持つ人びとだった。それは二〇代〜三〇代の若者や、黒人をはじめとするエスニック・マイノリティ、女性であり、こうした人びとがホームレスのうちかなりの割合を占めるよう、質的にも変化したのである。それ以来、女性のホームレスは増加し、全体のおよそ三割を占めるまでになっているという（Urban Institute et al. 1999）。日本でも近年、若者や女性のホームレスが増えているといわれており（生田 2007：81）、欧米が経験したものと同様の変化のきざしが見られる。

しかし、日本と比べて他の先進国で女性のホームレスが高い割合を占めているのは、欧米諸国で野宿生活している女性が多いというよりも、ホームレスの定義の違いによると考えられる。日本の場合、ホームレスという言葉は一般的に、路上生活をしている人を指している。ホームレス自立支援法でも、「「ホームレス」とは、都市公園、河川、道路、駅舎その他の施設を故なく起居の場所とし、日常生活を営んでいる者をいう」とあり、ホームレスという言葉は野宿者のみを指すと定義されている。だがホームレスを文字どおり家のないことと解釈すれば、路上生活以外にも、さまざまな状態を考えることができる。たとえばネットカフェやファスト・フード店で夜を過ごしている人は、その典型的な例だろう。そして欧米諸国では一般的に、ホームレスというとき、こうした状態の人びとも含めることが多い。つまり、ホームレスの定義が日本よりも広いのである。

本書において重要なのは、このようにホームレスの対象範囲を広げると、そこに女性が多く含まれてくるということである。ある女性ホームレス研究者は、女性はしばしば「隠れたホームレス」になっていて、路上やシェルターだけを見ていては問題の本当の大きさを見そこなう、と述べている（Edgar and Doherry 2001：4）。つまり女性は、安定した居住場所を持たないホームレスのなかでも、野宿生活ではない形で存在しやすいのである。したがって女性のホームレスをとらえるためには、この「隠れたホームレス」の存在を見ていく必要があるだろう。

1-2 「ホームレス」とは

欧米ではこうした「隠れたホームレス」を含めて、さまざまなホームレス状態を整理する枠組みが精緻化されている。そのなかで一般的なのは、ホームレスの状態を(1)屋根なし（roofless）、(2)家なし（houseless）、(3)不安定、(4)不適切の大きく四つに分類するものである。(1)の屋根なしとは、文字どおり路上生活をしている野宿者、(2)の家なしは、野宿をしているわけではないが定まった住居がなく、施設などに一時的に滞在している人、(3)の不安定とは、家には住んでいるが居候状態だったり、DVなどに遭っていて安全な住居とはいえない人、(4)の不適切とは、自分の家には住んでいるが、そこが過密だったり一般的には住居と考えられないようなところにいる人を指す。(1)から(4)にいくにしたがって、ホームレスの定義はより広いものになっている。そしてホームレスについて議論するときには、(1)から(4)のどの範囲までを含めるのかを、最初に定義するのである。この分類にしたがえば、日本の場合には、(1)の定義がおもに採用されていることになる。[1] しかし「隠れたホームレス」になりやすい女性を対象とする本書では、より広く、(2)までをホームレスと考えることにしたい。

この(2)の定義まで含む広い意味でのホームレスの状態を、日本の状況にそくして整理したものが図1である。中心にはホームレスの極限の形である野宿状態があり、そのまわりに知人の家に居候している、安宿や深夜営業している店などの商業施設に滞在している、寮や飯場など職場と住居とが一体になった労働住宅に滞在している、[2] 病院や刑務所、福祉施設などの社会施設に滞在しているという、四とおりのホームレスの形態があることを示している。これら異なるホームレスの形態は明確に区別できるものではなく、野宿者でもその日の体調や懐事情、人間関係によって、ネットカフェや知人宅に泊まったりと、

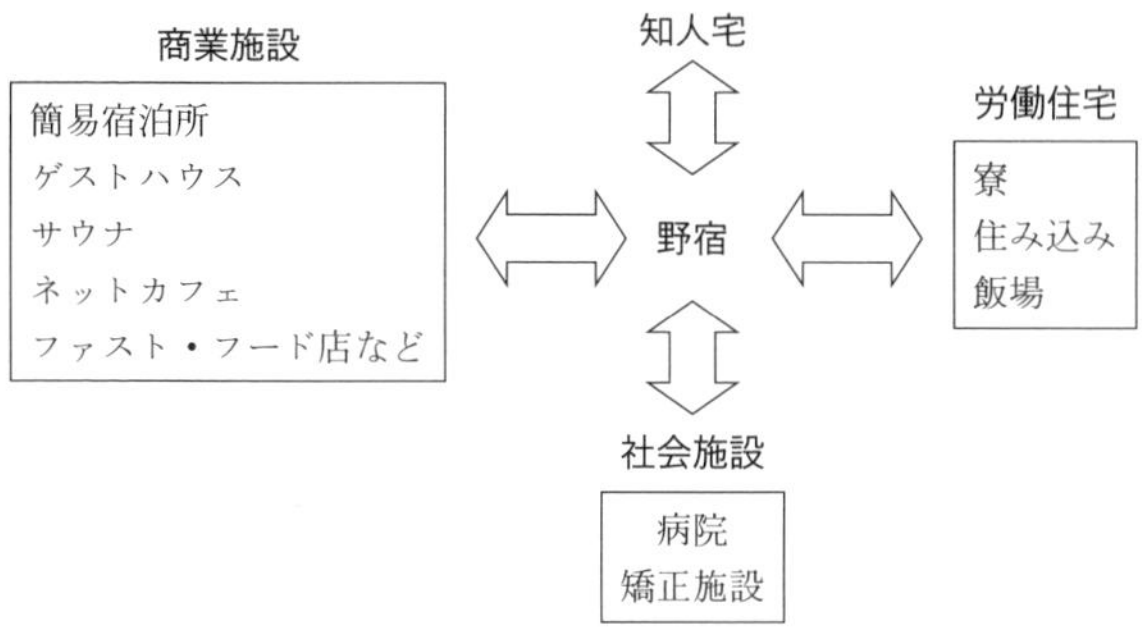

出所：岩田（2009: 96）を修正

図1　広い意味でのホームレスの概念図

複数の寝場所を使い分けている人が少なくない[3]。またこの模式図は、こうした場所に滞在している人のすべてが帰宅する家がないホームレスということを意味しているわけではない。

ではこのようなホームレス状態にある人びとは、どれくらいの規模で存在するのだろうか。そしてそのうち女性は、どの程度の割合を占めているのだろうか。ホームレスの極限形態である野宿者の数は、二〇一二年の全国調査によれば、九五七六人が目視によって確認されている。そのほとんどが男性で、女性は三〇七人とわずか三・二%を占めるにすぎない（厚生労働省 2012）。一方、広い意味でのホームレス状態にある人の数は、前述したようにホームレスを定義することそのものが困難ではあるが、一説では、毎年一〇万人ほどが新たに住居喪失状態に陥っているといわれている。

図1に示した広い意味でのホームレス状態のなかでは、知人宅への居候、商業施設への滞在についてはその人数を把握することは困難であるが、福祉施設については、厚生労働省から毎年出ている全国の社会福祉施設の調査から入所をともなう施設のみを抜き出してみると、その定員数は約五九万人となってい

表2　全国の入所をともなう社会福祉施設

	入所をともなう社会福祉施設	種類	定員（人）
第一種社会福祉事業	保護施設	4	1万9818
	老人福祉施設	5	14万6152
	障害者支援施設等	2	7万1750
	身体障害者更生援護施設	6	1万6182
	知的障害者援護施設	3	5万5833
	精神障害者社会復帰施設	3	6240
	婦人保護施設	1	1363
	児童福祉施設	12	6万5100
	その他の社会福祉施設など	2	20万3565
合計			58万6003
第二種社会福祉事業・その他	無料低額宿泊所 無届施設 ホームレス自立支援センター・一時保護所		

出所：厚生労働省（2011d）より作成

る（表2）。これらは公的性格の強い第一種社会福祉事業の施設であるが、(4)最近では、「貧困ビジネス」という言葉で有名になった低所得者向きの福祉施設である無料低額宿泊所などの第二種社会福祉事業の施設や、施設開設の届出さえしていない状態で運営されている無届施設も急増しており、ここにも野宿者をはじめ、広い意味でのホームレスの人びとが多く入所している。厚生労働省は増加する無料低額宿泊所や無届施設の実態を把握しようと、二〇一〇年に緊急の調査を行っているが、それによれば、全国で無料低額宿泊所の定員は一万四九六四人、無届施設は入所者のうち生活保護受給をしている人が一万六六一四人と、他の第一種社会福祉事業にもとづく施設と比べてもかなりの規模であることがわかっている。また生活保護受給者がいる無届施設一三一四カ所の入所対象者はさまざまであるが（表3）、高齢者や元野宿者を入所させているところが多い（厚生労働省 2011a）。これらの福祉施設のうち、とくに本書でいう広い意味でのホームレスの人が入所していると考えられるのは、表4のとおりである。このように、あいりん対策・生活保護・婦人保護・母子福祉・高齢者福祉など、設置目的も対象者もさまざまな異なる種類の施設のなかに、低所得で家がないことを理由として入所している人が、共通して存在しているのである。

ここまで見てきたような、さまざまな形で広がる住居喪失状態にある人をとらえようと行われた調査では、つぎの三つの異なる状態にある人の調査の組み合わせから、その実態を把握しようとしている。すなわち、(1)全国のホームレス支援団体の支援によりホームレス状態を脱却し、居宅や施設に移行した者（移行者調査）、(2)ホームレス支援団体名義で運営されている居住場所の入所者（入所者調査）、(3)全国の福祉事務所においてホームレス状態の人に生活保護開始を決定したケース（福祉事務所調査）の三つである。そしてそれぞれの調査のなかでの女性の割合は、(1)が七・六%、(2)が六・五%、(3)が一一・九%であった（ホームレス支援全国ネットワーク 2011）。したがって広い意味でのホームレスのなかでの女性の割合は、野宿者に限定したときの三・二%と比べて、(1)(2)(3)のいずれの場合にも高くなっていることがわかる。つまり女性は、広い意味でのホームレスのなかでは、野宿生活ではない形で存在しやすいのである。したがって野宿生活にとどまらない広い範囲の住居喪失者にまで視野を広げると、ホームレスは男性だけの問題ではなく、相当数の女性の問題でもあるということになる(5)。

表3　生活保護受給者がいる無届施設の利用者

無届施設の利用対象者	%
高齢者	48.9
ホームレス	16.3
アルコール依存症者	2.8
薬物依存症者	1.8
その他	30.2
合計	100.0

出所：厚生労働省（2011a）より作成

表４　ホームレスの人が入所しているおもな施設（大阪府）

事業種別	名称	事業内容	根拠法	利用者
あいりん対策	あいりん臨時夜間緊急避難所	野宿を余儀なくされているあいりん日雇労働者に対して，緊急・一時的に宿泊場所を提供する		単身
ホームレス対策	生活ケアセンター	大阪市内の住所不定者のうち，高齢・病弱等で短期間の援護を要する者等を一時的に入所させ，生活指導等を通じて自立促進を図る		単身男性
	自立支援センター	就労意欲と能力のあるホームレスに宿所と食事を提供し，就労のあっせん等を行い，就労による自立を支援	ホームレス自立支援法	単身男性
生活保護	救護施設	身体上又は精神上に著しい障害があるため，自分ひとりでは生活することが困難な人を入所させて保護している	生活保護法	単身
	更生施設	身体上又は精神上の理由により，養護及び補導を必要とする要保護者で，近い将来社会復帰できる見込みのある人を入所させて保護している	生活保護法	単身男性
	宿泊所	火災・立ち退き・高家賃等により住宅に困っている低所得の人及び生活困難等による住宅確保のできない人を対象にしている	生活保護法	単身
婦人保護	婦人相談所	夫の暴力等から避難する女性，生活困難・浮浪等及び住む家のない女性，または自立のための援助等が必要な女性及び同伴する児童を対象としている	売春防止法・DV 防止法	単身女性・母子
	婦人保護施設	保護を必要とする女性のうち，女性相談センター所長が入所を必要と判断した人を対象としている	売春防止法・DV 防止法	単身女性・母子
母子福祉	母子生活支援施設	母子家庭で児童の養育が十分にできない場合，母子をともに入所させて保護し，生活支援を行う	児童福祉法	母子
高齢者福祉	養護老人ホーム	65 歳以上の者であって，身体上若しくは精神上又は環境上の理由及び経済的理由により居宅においては養護を受けることが困難な者を入所させ，養護する施設	老人福祉法	単身
更生保護	更生保護施設	犯罪や非行をした人を一定期間保護して，自立更生を支援する施設	更生保護法	単身男性
その他	無料低額宿泊所	生計困難者のために，無料又は低額な料金で簡易住宅を貸し付け，又は宿泊所その他施設を利用させる事業		
	無届施設			

2　なぜ女性の野宿者は少ないのか

ではなぜ、男性と比べて、女性の野宿者は圧倒的に少ないのだろうか。そしてなぜ女性は住宅に困窮したとき、野宿生活をするよりも、「隠れたホームレス」になりやすいのだろうか。このことは、近代家族が日本社会の基本的な生活単位とされてきたことと大きくかかわっている。近代家族とは、男性は外で賃労働をし、女性は家で家事労働を担うという、性別役割分業を行う家族のことであり、こうした家族をモデルにして、労働政策や社会保障政策は設計されてきた。

2-1　構造的な家への縛りつけ

労働においてこれがもっとも表れているのが、「家族賃金」という考え方だろう。夫が外で長時間賃労働をすることができるのは、妻が家で家事・育児などの再生産労働を担っているからであり、妻の不払い労働も含む夫婦の労働全体への対価として、妻と子どもを扶養できるだけの賃金が、男性に代表して支払われるというのが、その基本的な考え方である。これを前提に、男性正規労働者の賃金は家族全体を養える水準に設定される一方で、女性は賃労働に従事していたとしても、それは家計補助的なものにすぎないとされ、その賃金は低くおさえられてきた。実際、女性労働者のうち過半数の五五・〇%が、パートなどの非正規労働に従事しているのに対し、男性労働者ではその割合は二〇・〇%である（厚生労働省 2011a）。また女性労働者の賃金は、男性を一〇〇としたときのわずか六九・三であり、正規労働者同士で比べても七二・一と、男性に比べてかなり低い（厚生労働省 2011b）。つまり、女性は再生産労働の責任を負うことで不安定労働に押しやられているだけではなく、女性の労働全体の賃金が、構造的に低く位置づけられてきたのである。

近代家族をモデルとした制度設計は、賃金だけではなく、税金や社会保険にも及んでいる。主要な男性稼ぎ手がいる妻は、年収一〇三万円までは税金の配偶者控除が受けられ、一三〇万円までは社会保険上夫の扶養に入れることになっており、働くとすれば年収をおさえてパート労働を選ぶよう、方向づけられているといえる。また年金制度は見直しが進められている最中だが、現行では雇用者の妻は自ら拠出することなく第三号被保険者になることができ、男性は賃労働をし、女性は再生産労働を担うという家族が優遇されていることがわかる。つまり税金や社会保険の制度においても近代家族が基本とされており、こうした家族の利益が最大となるように設計されているのである。

このような制度下での女性の生活は、主要な稼ぎ手たる男性パートナーとともにいる限り、経済的には比較的安定しているだろう。しかしこの近代家族モデルから逸脱する、つまり単身だったり死別・離別などで男性稼ぎ手を失うと、貧困に直面する可能性は途端に大きくなる。性別役割分業が前提とされた労働市場では、女性の職は低賃金で不安定なものが大半であり、生活に必要な水準を稼ぐことは容易ではないのである。とりわけ母子世帯の母は、子どもの養育と賃労働の両方の責任を負っているために生活に困窮することが多く、性別役割分業を前提とした社会ゆえに生まれる女性の貧困が、もっとも顕著に表れている。

またこうした女性の貧困は、高齢期にはより顕在化しやすい。老後の生活を支える年金の金額は、それまでの働き方によって決まってくるが、女性は家事・育児・介護で職を離れたり、低賃金・不安定労働をしていた期間があることが多く、年金の受給に必要な二五年以上の加入期間を満たせなかったり、最低生活水準に届かない額の年金しかもらえないということになりやすい。実際、年金の平均月額受給額は、厚生年金で男性一八万七五四五円、女性一〇万六九一二円、国民年金で男性五万八四九〇円、女性四万七二五二円と、女性の方が低くなっている（社会保険庁 2007）。

さらに女性自身が心理的に家に縛られているということも、女性が独立した世帯を形成することを妨げている。とくに幼い子どもがいる母親の、離婚に対する抵抗感は大きい。またパートナーから暴力を受けている女性は、相手に支配され、正常な判断力や行動力が奪われて無気力状態に陥るといわれており（川喜田 1999 など）、そこからなかなか抜け出すことができない。女性が野宿生活をしていくのは困難だと思われているということも、家を出ることの歯止めになっているのかもしれない。したがって独立するのが難しい経済的条件に女性自身の心理的な拘束も加わって、なかなか離婚に踏み切れないという女性も少なくないのである。実際に日本の離婚率（人口一〇〇〇人に対する一年間の離婚数）二・〇は、先進諸国のなかでも最低レベルに位置している(6)（総務省統計局 2012）。

離婚率が高いアメリカでは、一九七〇年代後半から「貧困の女性化」が進んでいる。これは、貧困世帯のなかで女性が世帯主である世帯の割合が半数以上を占める現象で、その大半は母子世帯である。こうした現象が起こる理由として、離婚・未婚率が高まり女性世帯が増加しているなかで、女性は依然として低賃金労働に従事することを余儀なくされているが、このような社会的不利益を補う社会保障・社会福祉政策が不十分なためであることが指摘されている（Goldberg and Kremen 1990）。この貧困の女性化現象は、先進諸国ではおおむね見られるものであるが、日本はそれが顕在化していない「特殊なケース」といわれてきた。その理由として、日本では離婚率が低く、女性世帯自体が少ないこと、母子世帯を対象とした経済的援助である児童手当が一定の効果を発揮していることなどが挙げられている（Axinn 1990；杉本 1993）。しかしこのことを、日本の貧困の女性化について世界ではじめて言及したジューン・アクシンは、「皮肉なことに現時点では、日本の女性は貧困の女性化を達成するほど自立していない。離婚や経済的自立には手が届かないのだ」（Axinn 1990：104）と表現している。女性が家から出て独立した世帯を営むためには、女性が経済的自立を果たすことが必要であり、日本の女性はいまだそのような状態にない、つまり女性世帯を形成すること自体が、現在の社会的条件では困難だというのである。(7)

男性は賃労働をし、女性は家事労働をするという家族モデルが規範化された労働市場や社会保障政策のもとでは、そこからはずれて、女性が独立した生計を営むのは容易ではない。そのことが女性に家から出ることを思いとどまらせ、たとえ家のなかでどれほどの困難に直面していても、そこからなかなか逃れられないように作用する。その結果、日本ではそもそも貧困に陥りやすい女性世帯自体が多くないのである。これが、女性の野宿者が少ない理由のひとつであろう。

2-2 劣等処遇としての生活保障

さらにこの性別役割分業を前提とした近代家族モデルは、女性を社会保険よりも、社会福祉や公的扶助に結びつけてきた。こうした制度が困窮した女性の生活保障として機能していることが、女性の野宿者が現れにくいもうひとつの理由だろう。

生活を保障するための福祉国家の制度は、保険と扶助とに大きく分けられる。人は基本的に働くことが期待されているが、なんらかの事情でそれがかなわないとき、こうした制度が生活を保障する。そのうち雇用保険、医療保険、年金などの社会保険は、労働をし、その報酬から保険料を拠出することになっている。したがって生活保障が必要な状態、つまり失業したり病気になったり高齢になった場合にも、拠出したことに対する権利として給付が行われるため、利用にあたって資力調査がされることはない。一方、生活保護に代表される扶助は、なんらかの理由で社会保険から排除されているときに、拠出なしでも最低限の生活を保障される制度である。したがってそれは、権利ではなく恩恵としての利用となっているために、スティグマをともなうものであり、受給に際しては資力調査が行われるとともに、その生活水準は最低限度のものにおさえられている。

したがって、保険と扶助とのあいだには、序列が存在しているのである。そしてこの序列は、男女の分断とも重なっている。男性は、賃労働に就くことが期待されているため、なんらかの事情でそれがかなわなくなっても、社会保険に結びつきやすい。一方、女性の場合には、家庭で再生産労働を担うために、雇用期間が十分に長くなかったり、賃労働をしていても低賃金の仕事になりやすく、そうなると生活保障が必要になったときには、社会福祉や公的扶助の利用に結びつきやすい。つまり、保険と扶助は二層構造になっており、男性と女性に不均衡に配分されているのである。

そのため、男性が社会保障の網から漏れ、社会福祉や公的扶助を利用しようとするときには、稼働能力の有無が厳しく問われることになる。稼働能力があると判断されると、現実には仕事がなかったとしても、福祉や公的扶助の利用は認められずに、野宿生活に陥ることになりやすい(8)。一方、女性の場合には、そもそも雇用保険や年金の対象にならない、社会保険の利用から排除された低賃金の働き方の人が大半を占めているため、男性と比べて福祉や公的扶助の利用が認められやすいのである。しかしその利用はスティグマをともなうものであり、利用に際して必要な資力調査は、女性本人の財産や収入だけではなく、収入をもたらしてくれる可能性のある男性関係にまで及び、生活の細部にわたって監視や管理が入り込むことになる。

以上のように、女性は就労や社会保障の受給にあたって不利益を受けており、家を出て独立して生計を営むのが困難な社会的条件がある。しかし男性関係にまで及ぶ屈辱的な資力調査や、最低限度の生活を受け入れる限りにおいて、女性は福祉制度や公的扶助を利用しやすく、それらが路上に出る一歩手前で女性を受けとめているというのが、女性の野宿者が少ないもうひとつの理由であろう。

3　貧困女性の生活実態

つぎに、このような条件下に置かれている貧困女性が実際にどのような暮らしをしているのか、既存の調査研究から検討していきたい。女性の貧困がもっとも典型的に現れるのは、先にも述べたように、男性稼ぎ手のいない女性である。こうした女性の生活については調査研究が十分とはいえず、その実態はあまり明らかになっていない。ここでは、そうした女性のなかでは比較的研究蓄積のある、母子世帯と高齢単身女性の生活実態の概略を見ていく。

母子世帯の数は、全国母子世帯等調査（厚生労働省 2007b）によると、二〇〇三年時点で一二三万世帯と推計されている。その数は離婚の増加にともなって年々拡大傾向にあり、そのうち八九・六％が離別を原因とする母子世帯である。死別母子世帯の場合は遺族年金が収入保障となるが、こうした年金がない離別母子世帯は、経済面でより厳しい状態に置かれている。夫からの養育費を受けたことがないという離別母子世帯は五九・一％にのぼることもあり、収入が一定以下の離別母子世帯に対しては、児童扶養手当による経済的援助が行われている。しかしそれらをあわせても、収入が最低生活水準に届かない母子世帯は少なくなく、その場合は生活保護によって最低生活を保障されることになっている。生活保護を受給している世帯の割合は一般世帯で一八・九‰であるのに対し、母子世帯の場合は一二九・六‰（国立社会保障・人口問題研究所 2009）であることからも、母子世帯の貧困率が高いことがわかるだろう。

こうした母子世帯に対する援助をすべてあわせても、母子世帯の平均年収は二一三万円で、一般世帯の五六四万円のわずか三八％にすぎない。母子世帯の母親の八四・五％が働いているにもかかわらず、である。もともと女性の職は低賃金であるうえに、子どもの養育をしながらとなると、得られる収入は限られ、ワーキングプアとならざるをえないのである。ここには、性別役割分業を行う家族でなければ、子どもの養育と労働の両立が難しい社会システムになっていることとの問題が端的に表れている。

母子世帯のこのような経済状態は当然、住宅獲得に際しても影響を与える。母子世帯の居住状態を調べた葛西リサら（2004）は、母子世帯は一般世帯と比べて持家率が低く、民間借家を借りている場合が多いことを明らかにしている。また公営住宅への母子世帯の優先入居制度を利用して、公営住宅を借りている人の割合も高い(9)。さらには独立した世帯を形成できずに、親やきょうだい、友人などと同居している母子世帯も少なくなく、その数は母子世帯全体の三二・五％にのぼっている。同居を選ぶ理由として、育児や家事などの援助が受けられるということもあるだろうが、経済状態や夫の暴力で緊急に住む家が必要ということなどから、本人の意向に反して同居を余儀なくされることも大きいと考えられる。これは、隠れたホームレス状態にあるといえるだろう。葛西ら（2005）は、母子世帯の七三・八％が母子世帯になったのを機に転居しており、なかでも民間住宅に転居した世帯の二〇・九％、親やきょうだいなどと同居していた人の三〇・三％は一年以内に転居していることから、これらの女性たちが不安定居住を強いられているとも述べている。

つぎに高齢女性であるが、国民生活基礎調査（厚生労働省 2010）によると、六五歳以上の女性単身世帯数は、三〇七万世帯である。女性は平均寿命が男性より長いことから、多くの女性が高齢期を単身で過ごしており、その数は男性単身世帯の約三倍にのぼる。そのなかには生活に困窮している女性も多く、六五歳以上の高齢者がいる世帯の平均年収は五一〇・一万円であるのに対し、女性単身世帯だと一八〇・七万円になり、他の世帯類型に比べてその生活はもっとも貧困である（図2）。生活保護の受給者のなかでも、高齢の女性の割合がもっとも高いことから（図3）、高齢者の貧困問題は女性により表れやすいことがわかる。こうした高齢期の女性の貧困は、年金制度と深くかかわっている。前述したように、年金を受給するには二五年以上の加入期間が必要だが、家事・育児や介護などのために職を離れていたり、パートなど短時間の低賃金労働に就いていたために、この加入期間を満たしていない女性は少なくない。また国民年金は、二〇歳から六〇歳まで四〇年間保険料を完納しても、受け取る金額は月七万円に届かず、それだけでは最低生活費に満たないということも問題である。厚生年金ではなく、国民

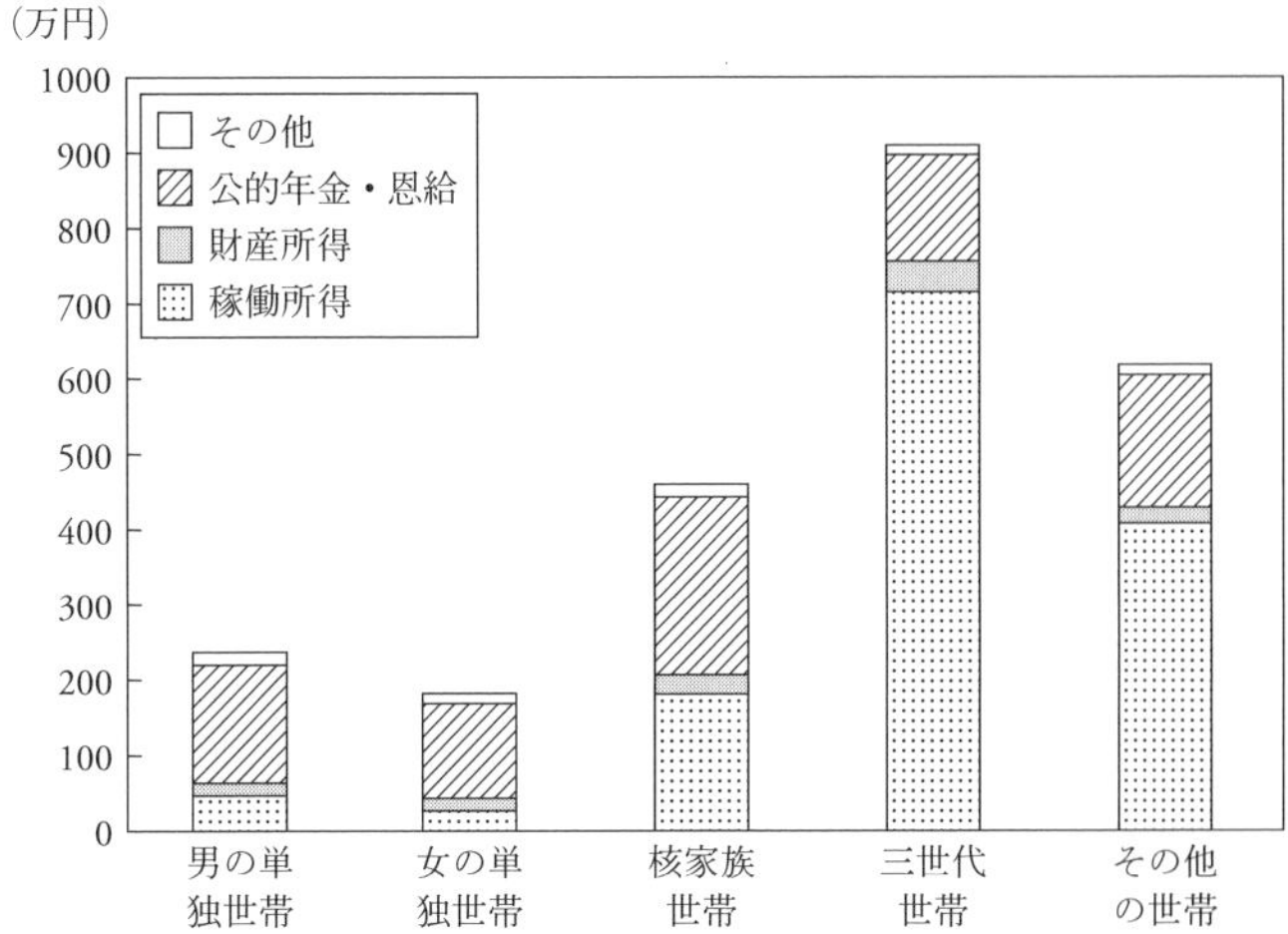

出所：厚生労働省（2010）より作成

図2　65歳以上の高齢者がいる世帯の平均年収内訳

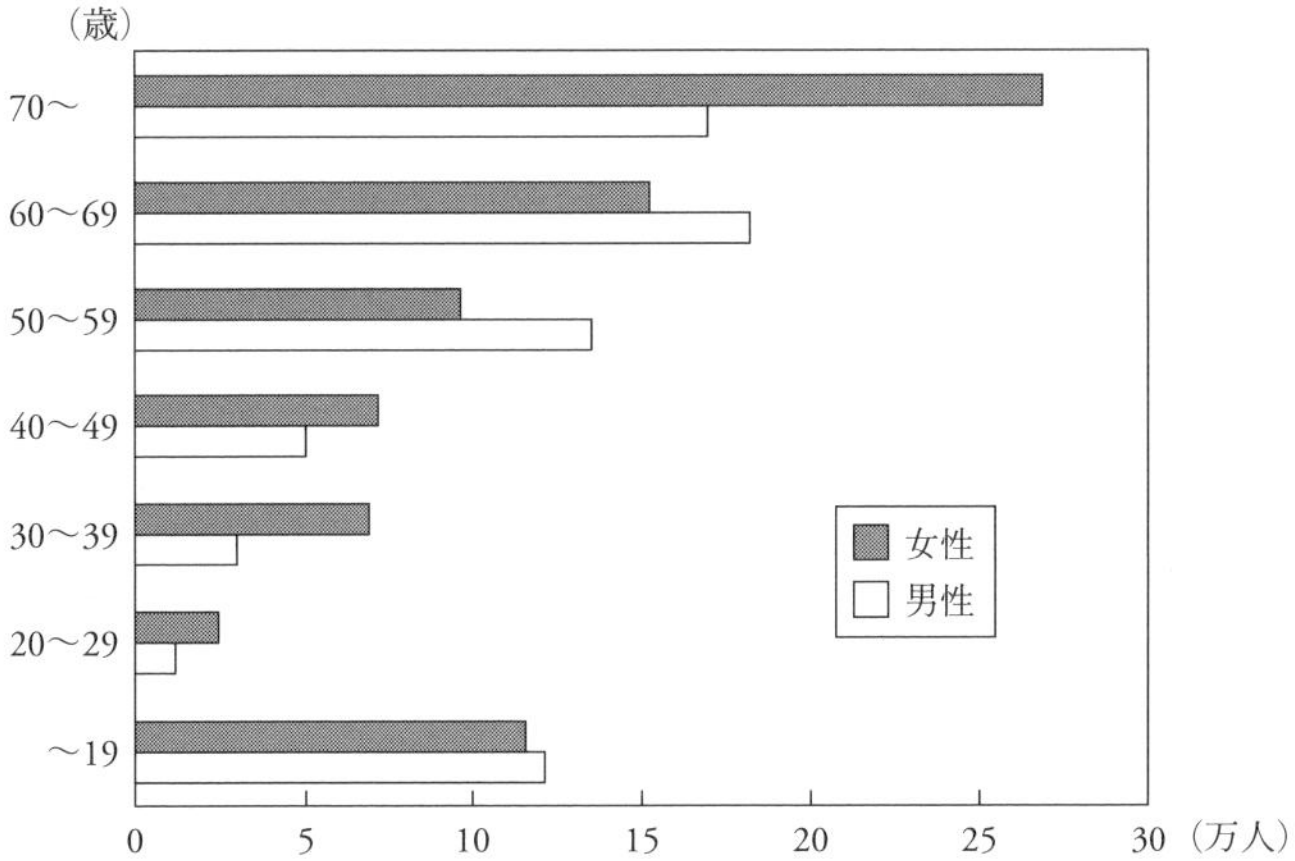

出所：国立社会保障・人口問題研究所（2009）

図3　生活保護受給者数

年金の加入者が多い女性の場合、貧困になるのも無理はないのである。

高齢女性の住宅状況を調べた泉原美佐（2005）は、未婚の女性や若いうちに離死別を経験した女性は、資産を相続したり、企業福祉の恩恵に浴す機会がなく、したがって高齢期に持家に住んだり借家を借りることができずに、低所得者の入居が多い公営住宅や養護老人ホームなどに住むケースが多いことを明らかにしている。

以上のことから、母子世帯と高齢単身女性世帯に代表される、男性稼ぎ手のいない女性世帯の生活が貧困であること、そしてなかには独立した住居に暮らすことが困難で、親などと同居したり、施設で暮らさざるをえないホームレス状態の人も少なくないことがわかるだろう。

4　ホームレスへといたる排除の過程

ここからは、女性たちのホームレスにいたるまでの生活史から、女性が住居を喪失する過程を具体的に見ていきたい。対象にするのは、これまで私が聞き取りをしてきた女性ホームレスのうち、生活史を詳細にたどれる三三名である[10]（表5）。一九名は、二〇〇三年から二〇〇九年のあいだに東京と大阪の路上で出会った女性、残りの一四名は東京の施設で出会った女性である。このデータから読み取れる数値について、女性の特徴をより明確にするために、男性を中心としたこれまでの研究で明らかにされていることと対比させる形で見ていきたい。比較に用いるのは、二〇〇七年に厚生労働省が行った「ホームレスの実態に関する全国調査」の分析結果（ホームレスの実態に関する全国調査検討会 2007）で、その

表5　33人の女性ホームレスの生活史

＊1人につき4行の箱で生活史を示している。1行目は居住場所，2行目は同居人，3行目は生計手段，4行目はその状態になった年齢。
＊2列目は生活史をまとめた時点での年齢，3列目は最終学歴。
＊網かけは，ホームレス状態を示す。
＊パートナーの男性がいる状態のときは，太枠で囲んでいる。

(1)夫の失業型

①（スミコさん）	70	小卒		親戚宅	住み込み	アパート	住み込み		住み込み	アパート	飯場	アパート	野宿
			生育家族	単身	単身	夫・夫の連れ子	単身(離婚)	生育家族	単身	内夫(土工)	内夫	内夫	内夫
				親戚の自営業手伝い	職を転々とする	工場のパート	旅館		旅館	工場・清掃などパート	賄い	工場・清掃などパート	
				12	13	？(2年間)				42	？(5年間)		69
			入院	宿泊所									
			単身	単身									
			生活保護	生活保護									
			69	69									
②	29	中卒		アパート	アパート	アパート	アパート	母子生活支援施設	アパート	アパート	留置場	父宅	女性相談センター
			生育家族	単身	単身	夫(正社員)・子	夫(病気)・子	子（夫は別施設）	夫（子は施設）	単身(夫は施設)	単身	父	単身
				フリーター	正社員	正社員	生活保護		生活保護	生活保護	生活保護		
				15		20	25			29	29	29	29

			旅館	宿泊所	更生施設								
			単身	単身	単身								
			生活保護	生活保護	生活保護								
			29	29	29								
③（フジコさん）	48	高卒		アパート	アパート	野宿							
			生育家族	夫（運転手）	夫	夫							
			病院の事務	病院の事務	専業主婦（一時パート）								
				20代		46							
④	53		アパート	アパート	野宿	シェルター	アパート						
			夫（大工）	夫	夫	夫	夫						
			パートで事務	生命保険の営業			生活保護						
			20代		50	52	53						
⑤	66	高卒		持家	姉宅	住み込み	マンション	野宿	救護施設	アパート			
			生育家族	夫・子・姑	単身（離婚）	単身	内夫（自営）	内夫	単身	単身			
						旅館	旅館		生活保護	生活保護			
				28	33	33		59	65	65			
⑥（ユウコさん）	65	高卒		アパート	アパート	アパート	アパート	野宿	民間女性シェルター	野宿	婦人保護施設	野宿	公営住宅
			生育家族	夫	単身（離婚）	単身	内夫（大工）	内夫	単身（逃亡）	内夫	単身（逃亡）	夫	夫
			正社員	正社員	正社員	自営業	自営業	一時清掃のパートなど	生活保護				生活保護
				20代	20代	40	52	55					61

			アパート										
			夫										
			生活保護										
			63										
⑦	71	中卒	持家	アパート	アパート	刑務所	持家	アパート	アパート	アパート	野宿	アパート	
			生育家族	夫・子	単身	単身	生育家族	女性	単身	内夫（大工）	内夫	内夫	
			正社員		水商売など		水商売	水商売	水商売転々	清掃のパート		生活保護	
			17	19	21	22	22	30代	47	51	62	69	
⑧	31	中卒				野宿	野宿						
			生育家族	夫	夫	夫	内夫						
			美容院	美容院	スーパーのパート								
			15	26		30	31						
⑨（イッコさん）	69	小卒	持家			病院	住み込み	刑務所	住み込み	ドヤ	アパート	アパート	飯場
			生育家族	夫・子	夫・子	夫・子	単身（離婚）	単身	単身	夫	夫	夫	夫
			マッチ工場・農業	マッチ工場	缶詰工場		芸者		パチンコ店	ドヤの清掃	生活保護		賄い
			13	15	18	22	22		46	47	53	55	55
			野宿	アパート									
			夫	単身									
				生活保護									
			57	69									

⑩	72	中卒	寮	持家		持家	アパート	野宿	病院	アパート
				夫・子	単身(離婚)	夫	夫	夫	単身	夫
			看護師	看護師		占い師				
			15	18		46	65	70	71	72
⑪	62	中卒			アパート	飯場			野宿	アパート
				夫・子	子(夫死去)	単身	夫	夫	夫	夫
			正社員		生活保護		寮の賄い	ドヤの清掃		生活保護
			15	24	40	50代	50代		61	62

(2)本人の失業型

⑫	50	高卒		持家	寮	アパート	アパート	病院	アパート	アパート	アパート	野宿	病院
			生育家族	夫(農業)	単身(離婚)	単身	単身	単身	単身		単身	単身	単身
					託児所で保育	サウナ	ホテル清掃のパート	生活保護(病気)	清掃のパート(一部生活保護)	ホテル清掃のパート	病気退職		生活保護
				25	28	30	32	34	34	36	49	50	50
			宿泊所										
			単身										
			生活保護										
			50										
⑬(カズコさん)	68	中卒		住み込み	アパート	アパート	友人宅	野宿	入院	宿泊所	入院	宿泊所	
			生育家族	単身	単身	単身	単身	単身	単身	単身	単身	単身	
				正社員	日給月給	清掃のパートかけもち			生活保護	生活保護	生活保護	生活保護	
				15	22	48	50	66	66	67	68	68	

⑭	80	中卒					アパート	親戚宅	アパート	野宿	病院	老人ホーム	病院
			生育家族	単身	生育家族	夫（公務員）	単身（離婚）	単身	単身	単身	単身	単身	単身
				出版社で正社員	自営業の手伝い		出版社でアルバイト	出版社でアルバイト	出版社でアルバイト		生活保護	生活保護	生活保護
				15			30代				78	78	78
			宿泊所										
			単身										
			生活保護										
			79										
⑮	69	小卒			住み込み	友人宅	野宿	旅館	宿泊所				
			生育家族	夫	単身（夫死去）	単身	内夫（大工）	単身（逃亡）	単身				
				自営業	飲食店などを転々	飲食店		生活保護	生活保護				
				20	27		59	69	69				
⑯	71	中卒			アパート	アパート	病院	介護老人保健施設	宿泊所				
			生育家族	夫（銀行員）	単身（夫死去）	単身	単身	単身	単身				
				専業主婦（一時バイト）	飲食店を転々	貯金で生活	生活保護	生活保護	生活保護				
				26	40代	66	71	71	71				

⑰	65	小卒	持家	住み込み	実家	持家	寮	アパート	住み込み	アパート	住み込み	アパート	アパート
			生育家族	単身	生育家族	夫・子・姑	単身(離婚)	夫	単身	夫(会社員)	単身(離婚)	単身	単身
				調理師	飲食店・化粧品販売など	専業主婦	調理師	専業主婦	調理師	調理師	旅館の仲居	調理師	病院の付添婦
				12	17	21	28		30	31	46		59
			野宿	病院	アパート								
			単身	単身	単身								
				生活保護	生活保護								
			62	63	63								
⑱（ミドリさん）	53	中卒	持家	住み込み	アパート	アパート	住み込み	野宿	アパート				
			生育家族	単身	単身	夫・子	単身(逃亡)	単身	単身				
				准看護師	水商売	水商売	旅館の仲居		生活保護				
				17	18	25	41	50	52				
⑲	65	中卒	持家	住み込み		住み込み	住み込み	住み込み	野宿	住み込み	野宿	野宿	緊急一時施設
			生育家族	単身	夫	単身(逃亡)	夫(同業)	単身(逃亡)	単身	単身	夫	単身（夫死去）	単身
				水商売		水商売	パチンコ店	飯場の賄いを転々		飯場の賄い			
				18	20		43	49	53	53	54	60	61
			救護施設										
			単身										
			生活保護										
			61										

⑳（ケイコさん）	49	中卒	持家	寮	住み込み	持家	持家	住み込み	野宿	野宿	野宿	病院	アパート
			生育家族	単身	単身	夫・夫の家族	父母（離婚）	単身	単身	男性	単身（逃亡）	単身	単身
				正社員で工場	飲食店を転々	専業主婦		飯場の賄いを転々					生活保護
				14	15	23	24	29	37			46	46
㉑	55	高卒	持家	持家	持家	住み込み	寮	持家	住み込み	野宿	野宿		
			生育家族	夫・子	母・兄（離婚）	単身	単身	母・兄	単身	単身	夫		
				専業主婦	ヘルパー	パチンコ店	ヘルパー	ヘルパー	家政婦				
				26	40		46		54	54	55		
㉒	30	中卒		児童養護施設	住み込み	更生施設	野宿	宿泊所	精神病院	宿泊所			
			生育家族	単身	単身	単身	単身	単身	単身	単身			
					飲食店などを転々	生活保護		生活保護	生活保護	生活保護			
				3	15			27	29	29			
㉓	36	高卒		アパート	アパート	野宿	宿泊所						
			生育家族	単身	単身	子	単身（子は施設）						
				准看護師	派遣社員		生活保護						
				20	21		34						

㉔	78	小卒	借家	借家			姉宅	兄宅	公営住宅	住み込み		刑務所	公営住宅
			生育家族	生育家族	母		単身	母	母	単身	単身	単身	母
			印刷工場	自営業の手伝い	行商	電機工場	自営業の手伝い	飲食店を転々	清掃の仕事を転々	旅館の仲居	飲食店		清掃
				17	20	24	30		34	37		48	52
			更生保護施設	更生保護施設	刑務所	旅館	高齢者緊急一時施設	女性相談センター	老人ホーム	旅館	宿泊所		
			単身	単身	単身	単身	単身	単身	単身	単身	単身		
			賄い	賄い					生活保護	生活保護	生活保護		
				61		75	75	75	75	77	77		
㉕	61	中卒	持家	持家	持家	アパート	アパート		野宿	野宿	アパート		
			生育家族	生育家族	生育家族	単身	夫	単身（離婚）		夫	単身		
			食品製造工場	紡績工場	水商売	旅館	旅館のパート	旅館のパート			生活保護		
					20	34	41	49	60	60	61		
㉖	70	小卒	住み込み	住み込み	アパート	アパート		住み込み	野宿	野宿	アパート		
			単身	単身	夫・子	子（夫死去）	子	単身（子死去）	単身	夫	夫		
			炭焼き	料理屋		建設業を転々	調理師	建設業などを転々			生活保護		
			12	16	17	24		48	56	68	68		

(3)関係性の喪失型

㉗（アキさん）	40	高卒		アパート		友人宅	女性相談センター	宿泊所					
			生育家族	単身	夫（正社員）	単身（逃亡）	単身	単身					
			正社員	正社員	正社員→病気退職			生活保護					
			18	25	28	39	39	39					
㉘	82	小卒			持家	持家	アパート	娘の持家	アパート	高齢者緊急一時施設	宿泊所		
			生育家族	姉一家	夫（自営）・子	夫・子	夫	夫・娘家族	息子（夫死去）	単身（逃亡）	単身		
				子守	専業主婦	家政婦	家政婦		生活保護		生活保護		
				19	23			75	80	81	81		
㉙（エイコさん）	66	小卒		住み込み	住み込み	寮		アパート	アパート	アパート	野宿	アパート	
			生育家族	単身	単身	単身	生育家族	夫（大工）	単身	姉・姉の子	単身	単身	
			子守		病院の付添婦	紡績工場		工場のパート	パート・生活保護	パート		生活保護	
			10代	10代	10代後半			20代後半	50		53	63	
㉚（タマコさん）	41	中卒	持家	持家	持家	アパート	公営住宅	旅館	友人宅	野宿	友人宅	野宿	アパート
			生育家族	生育家族	生育家族	夫	夫	単身（逃亡）	内夫	内夫	内夫	内夫	内夫
			正社員（障害者採用）	縫製工場のパート	病院の食堂のパート	工場のパート	清掃のパート						生活保護
			15	28		29		32	32	35	36	36	38

㉛	57						マンション	マンション	野宿	アパート	野宿	アパート
			生育家族	内夫	夫・子	子（離婚）	夫・子	夫・子	単身	夫	単身	単身
				正社員	専業主婦	水商売	水商売	専業主婦				生活保護
				16	18	35	42	54	55	56	56	57
㉜	80	中卒		寮				寮	アパート	宿泊所		
			生育家族	単身	夫・子	母・父（夫死去）	夫・子	子（夫死去）	姉	単身		
				看護師				看護師		生活保護		
							23			79		
㉝	45	中卒	持家	持家	住み込み	姉宅	女性相談センター	宿泊所	アパート			
			養親	養親・夫	単身（離婚）	姉家族	単身	単身	単身			
			水商売	パート	飲食店			生活保護	飲食店			
			20	30	40	41	41	41	41			

うち男性のデータだけを集計したクロス集計表から読み取れる数値である[11]。

私が行った調査はサンプル数も少なく、聞き取りの方法も時期も統一されていないために、統計的な価値は高くない。また比較データとして用いる厚生労働省の調査は野宿者だけが対象になっているのに対し、私が行った調査では施設にいるホームレスの人も含んでいるため、単純に比べることはできない。このような欠点はあるものの、女性ホームレスに特化した調査はこれまでほとんど行われていなかったため、こうした方法でも女性ホームレスの特徴の一端をつかむうえで一定の意義があると考えられる。

4-1　女性ホームレスの特徴

私が話を聞いた三三人の女性ホームレスの平均年齢は五九・〇歳で、厚生労働省調査の五七・五歳と比べると、施設居住ホームレスが含まれていることもあり、若干高齢層に偏っている。私が調査した女性に特徴的だったのは結婚歴で、厚生労働省調査の男性の場合には結婚経験がない人が半数以上もいるのに対し、女性では九割近くに結婚歴（内縁関係含む）があり、そのうち半数以上が複数回の結婚を経験している（図4）。このように結婚回数が多いのは、貧困女性にとって男性パートナーを持つことは、生活を維持するためのひとつの手段であるためだと考えられる。また結婚しても子どもがいないという人が一九人と、半分以上を占めているのも特徴的である。一般的には多子世帯が貧困であるといわれるが、ホームレスの女性のなかに子どもがいない人が多いのは、子どもがいれば夫との関係が悪くても家を出ることをためらうことになりやすく、また未成年の子がいれば福祉受給をしやすいうえ、子どもが成人してからはその援助を受けられる可能性がある、ということがかかわっているのだろう。さらにホ

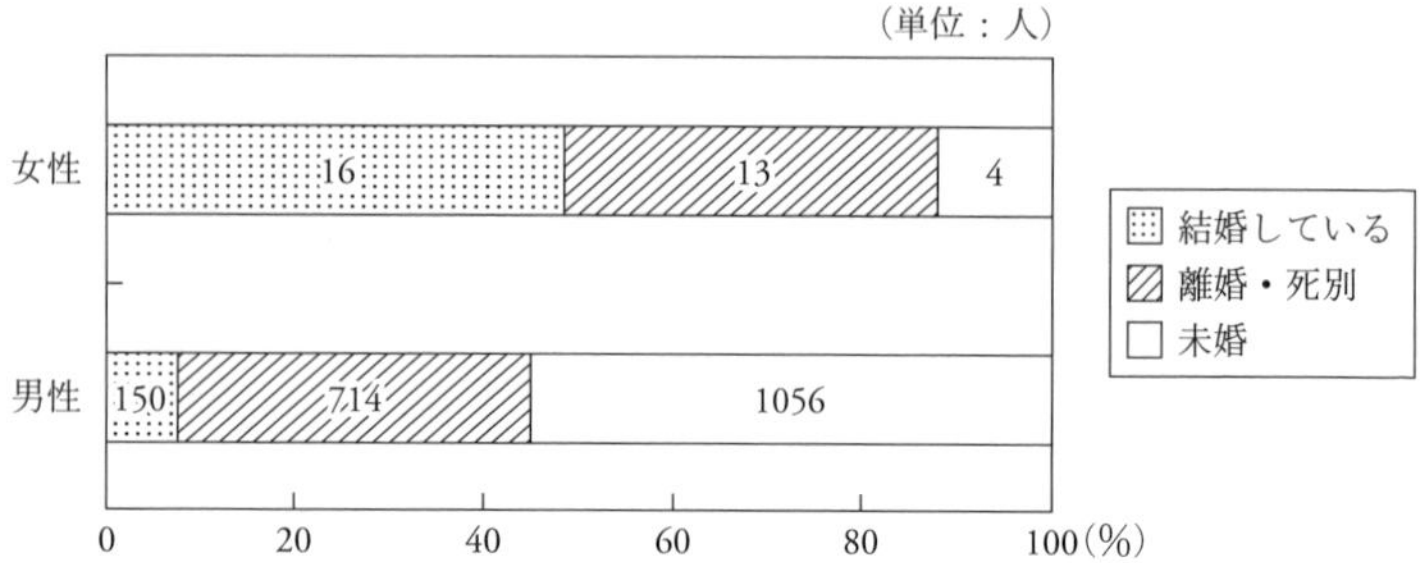

出所：男性のデータは，ホームレスの実態に関する全国調査検討会（2007）より作成

図4　ホームレスの女性・男性の結婚歴

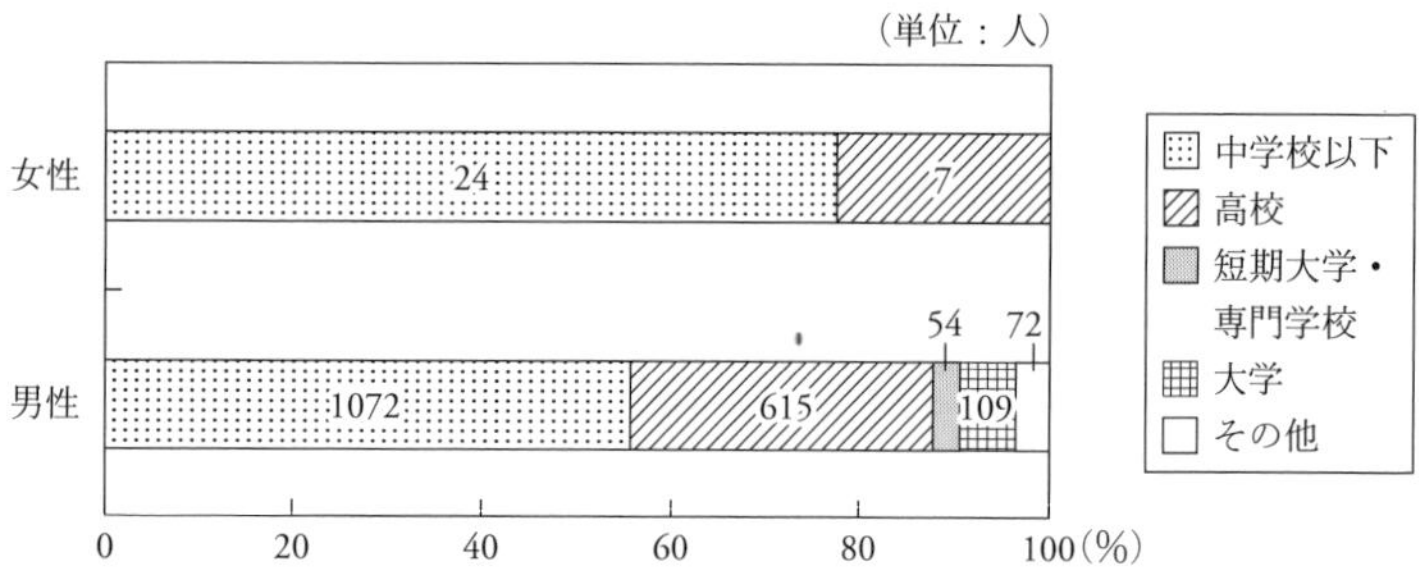

＊不明2名を除く
出所：男性のデータは，ホームレスの実態に関する全国調査検討会（2007）より作成

図5　ホームレスの女性・男性の学歴

ームレスの人は総じて学歴が低いが、女性の場合は最終学歴が中学校以下という人が半数以上を占め、男性よりさらに低いものとなっている（図5）。職歴を見ると、初職（学校を卒業して最初に就く仕事）で若干正社員での雇用があるものの、大半はパートなど低賃金の不安定労働である（表5）。なかでも多くの人が経験していたのが、清掃パートや水商売、旅館の住み込み仲居、飯場の賄いなどの仕事だった。野宿の経験があったのは三三人中二六人だったが、女性の場合、本人が望めば男性に比べて福祉受給が容

易なこともあり、比較的短期間のうちに野宿生活を脱している人が多い。

従来の野宿者研究では、野宿にいたるまでの排除について、職業に注目してその階層が下降していく過程を把握する方法が一般的であった。たとえば岩田は、職歴と住居の変化を組み合わせて、男性野宿者が社会から排除される軌跡を、転落型、長期排除型、労働住宅型の三つに分類している（岩田 2008）。しかし職歴に着目して階層移動を把握するこうした方法自体が、職業を持つ男性を中心に設計されたものであり、女性の経験をとらえられるものにはなっていない。[12] したがって女性的な排除の特質をとらえるためには、女性たちのホームレスにいたるまでの生活史を、職業だけではなく家族関係にも着目しつつ見ていく必要がある。三三人の女性たちを、住居を失うにいたった直接の要因で分類すると、[13] (1)夫婦が夫の失業にともなって二人でホームレスになる＝夫の失業型、(2)単身女性が本人の失業をきっかけにしてホームレスになる＝本人の失業型、(3)女性が夫や家族との関係性を失ってホームレスになる＝関係性の喪失型、という三つの類型が考えられる。今回調査できた三三人のなかで、(1)は一一人、(2)は一五人、(3)は七人いた。以下では、それぞれの類型について、具体的な事例を挙げて見ていくことにしよう。

4-2　事例から見る女性の排除

(1)夫の失業型

夫婦で暮らしていて、夫の失業をきっかけにして二人でホームレスになるパターンである。この型は、既存の調査で明らかにされている男性ホームレスの排除の軌跡が、よくあてはまるだろう。夫の職業は、野宿者の典型的な前職である建設労働がやはり多い。大半の男性野宿者は未婚か途中で離別を経験するが、このパターンの女性たちは、離別せずに夫婦のままホームレスになっている。ホームレスになる以前にも貧困を経験しているため、夫婦共働きをしていたという人が多いが、主たる家計維持者である男性の失業にともなって、住居を失っている。

Aさん（①：表5、以下同様）

Aさんは七〇歳、足に軽い障害があり（身体障害五級）、足を引きずって歩く。小学校を卒業するころ父親が再婚し、しばらく継母と連れ子と暮らしていたが、すぐに親戚の散髪屋の見習いに。不本意な結婚をさせられそうになったため、そこを飛び出して、子守など住み込みの職を転々としていた。その後結婚。夫は再婚だったため、連れ子が二人いた。Aさんはパートで働く。しばらくして夫が刑務所に入る。夫の留守中にもかかわらず継子の養育をすることに疑問を感じたAさんは、一人で家を出る。それからは旅館の住み込みの仕事をしていた。四二歳のとき、現在の夫と出会い、小さなアパートを借りて暮らしはじめる。夫は土工で、Aさんもパートで家計を助けた。二人で飯場に入り、夫は現場仕事、Aさんが賄いをしていた時期もある。しかし歳をとるにつれて夫に仕事がなくなり、生活苦から借金を重ねるようになるが、返済が滞り、家を出て二人で野宿をするにいたる。

学歴も低く、実家との関係もよくなかったAさんは、家を早く出たいと初職時から住み込みの仕事を転々としている。再婚した相手は、男性の不安定労働の典型である建設労働をしていた。同様の不安定な生活をそれぞれ営んでいた二人が知りあって、生活をともにするようになっている。野宿生活をはじめてから知りあう場合も含めて、女性ホームレスによく見られる結婚の形である。

⑵本人の失業型

⑴の夫の失業型が男性ホームレスの特徴と近かったのに対し、女性の特徴が端的に表れているのがこの型で、単身で暮らしていた女性が失業し、ホームレスになるパターンである。生涯未婚で通してきた場合と、夫と死別・離別後に単身になった場合とがあり、後者の方が多い。中高年の女性ができる仕事となると、職種は低賃金の不安定労働に限られてくるが、それでもかなりの期間、少ない収入をやりくりしてワーキングプアの生活を維持してきた人が多いのも特徴的である。こうした職は失業保険や厚生年金の対象にならないものが多く、病気や高齢になって働けなくなると、すぐにホームレス生活に陥るのである。また精神疾患や軽度の知的障害があり、人間関係などでトラブルになりやすく、仕事が長く続かないという人もいる。

Bさん⒀

Bさんは六八歳。中学卒業後、正社員としてガラス工場で働く。二三歳でアルバム製作会社に転職、そこは日給月給制で、失業保険・年金もなかった。アパートを借りて住み、その会社に二六年間勤める。だが給料があがらず生活が苦しくなったため、仕事を辞め、清掃のパートを二つかけもちするようになる。家賃の足りない分は、友人の援助でまかなっていた。しかし家賃がもったいないと、友人に同居するよう誘われ、友人宅に居候してそこからパートに通うようになる。その生活は一〇年ほど続いた。高齢になり仕事を解雇されると、友人に多額の借金をしていたこともあり、友人宅にいづらくなって、野宿をするにいたる。結婚歴は一度もなし。

Cさん(21)

Cさんは五五歳。高校卒業後は、実家の家事手伝いをしていた。二六歳のとき、商社に勤めていた男性と結婚し、三子をもうける。Cさんは専業主婦となり、裕福な暮らしをしていた。しかし夫が仕事ばかりで家庭をかえりみず、子どものいじめや夫の浮気なども重なってノイローゼ状態になり、四〇歳のとき離婚。子どもは夫のもとに残し、実家に戻る。母・兄と暮らしながら、ヘルパーとして働きはじめた。その後、実家を出てパチンコ店に住み込み、辞めたあとはヘルパーとして寮暮らしを送るが、寮内での人間関係が難しく、ふたたび実家に戻る。だが近所の目があって実家にもいづらくなり、住み込みの家政婦をするが、その仕事も失って野宿をするにいたった。

Bさんは一度も結婚せず、Cさんは離婚してから単身になっている。Bさんは五〇歳目前にして転職しようとしたが仕事が見つからず、清掃のパートをかけもちしてなんとか生活を維持していた。その後友人宅での居候をはじめているが、女性の場合、家事ができるなど生活技術があることもあり、実家に帰ったり友人・親戚宅に居候をすることも少なくない。

一方Cさんはエリート・サラリーマンの夫と裕福な暮らしをしていたが、離婚をきっかけに一挙に不安定な生活に入っている。専業主婦だったため職業経験も少なかったCさんにできた数少ない仕事が、ヘルパーや家政婦など、主婦業に準じるような職だった。失業後にふたたび実家に帰ることもできただろうが、それよりも野宿を選んだことから、実家はCさんにとって居心地のよくない場所だったことがわかる。

(3) 関係性の喪失型

(2)の本人の失業型とともに、もうひとつの女性に典型的なパターンが、家族との関係がうまくいかなくなって、ホームレスになるパターンである。夫の暴力から逃げてきた人が多いが、夫以外の家族からの暴力もある。このパターンでは、収入も住まいも同時に失うため、もっとも劇的な生活の変化を経験している。

Dさん（31）

Dさんは五七歳。高校中退後、縫製工場に正社員として勤める。一八歳でコンピューター関連の会社に勤めていた男性と結婚、専業主婦に。四子をもうける。三五歳で離婚、子どもを連れて家を出て、水商売をはじめる。三年後に独立、自分の店を持つようになる。四二歳のとき、機械メーカーに勤めていた男性と再婚、子どもとともにマンションに住みはじめた。その後も店を続けていたため、夫婦二人の収入があり、豊かな暮らしをしていた。五四歳のとき、身体を壊して店をたたむ。結婚直後にはじまった夫の精神的暴力に長く耐えていたが、仕事を辞め、末子が結婚したのを機に家を飛び出した。しばらくはホテルやサウナなどに泊まっていたが、所持金が尽きると野宿をするようになる。

Eさん（㉘）

Eさんは八二歳、足が悪く杖をついて歩いている。小学校卒業後、姉の家の子守や家事手伝いをする。学校にあまり行かなかったため、今でも十分に字が読めない。二三歳で工務店を営んでいた男性と結婚、二子をもうける。Eさんは専業主婦となり、持家に住んで安定した生活を送っていた。しかし夫が四五歳のとき病気で介護が必要な状態になり、その後は夫の障害年金で暮らす。Eさんは家政婦として働き家計を支えたが、生活費が足りなくなり、家を売ってアパートへ移る。七五歳のとき、夫とともに娘家族宅で同居をはじめた。だが夫の介護の負担もあって娘家族と折りあいが悪くなり、夫の死後、Eさんは息子宅に移る。息子は精神疾患があり生活保護を受けて暮らしていたため、Eさんの年金とあわせて、不足分を生活保護費でまかなうことになった。しかし息子から暴力を受けたため、Eさんは高齢者施設に緊急一時避難する。その後行くところがないということで、施設に入ることになった。

Dさんは夫からの暴力、Eさんは息子からの暴力で、家を出ている。暴力から逃れてくると、多くの場合はDさんのように、収入も住居も友人関係も同時に失い、離れた場所で最初から生活を立て直さなければならなくなり、さまざまな苦労を強いられることになる。さらに夫の追跡を怖れて身を隠している必要があったため、偽名を使わなければならなかったり住民票が置けないなど、Dさんは生活を再建するときにも長く不自由を味わうことになった。

Eさんは幼少期にあまり学校に行かなかったため、漢字の読み書きがほとんどできない。一見しただけではわかりづらいが、学歴が低く、幼少期に貧困のなかで育った女性には、文字の読み書きが十分にできない人が意外なほど多い。こうした人は就ける職も限られてくるほか、利用できる福祉制度などの情報にも十分にアクセスできないことがある。

女性たちがホームレスへといたる過程には、とりわけ男性稼ぎ手のいない(2)の本人の失業型、(3)の関係性の喪失型の女性たちの場合には、女性に固有の排除の軌跡が表れていた。(2)の本人の失業型の女性の場合、未婚のまま、もしくは夫との離死別後、女性の職は低賃金・不安定なものが大半であるという労働市場のなかで、正規の職に就くことができず、パートなどをしながら小さなアパートで慎ましい生活を続けている。住み込みの仕事をしていた人もいる。そして病気や高齢になったことをきっかけに、仕事を失い、ホームレス状態になっている。前述したように、彼女たちが就いていた仕事の多くは、年金や失業保険に加入できるようなものではなかったために、病気や高齢化が直接ホームレスに結びついているのである。(3)の関係性の喪失型の女性の場合には、暴力など家族とのトラブルから逃れてきており、それまでの生活がたとえ裕福なものだったとしても、主な稼ぎ手を失って突然貧困に陥っている。このように女性ホームレス、とくに単身の女性の生活史には、性差別的な社会のなかで女性が受ける構造的な不利益が刻印されていた。

さらに、女性は隠れたホームレスになりやすいといわれているとおり、独立して住居を構えることができずに、親や友人宅に身を寄せていた経験がある人も少なくなかった。女性は家事などのスキルがあることが多いため、男性と比較して、居候をしやすいということがあるのだろう。そして女性を対象とした施設が多岐にわたっていることもあり、女性の場合には、居候やこうした施設への入所など、野宿以外にもさまざまな形のホームレス状態を転々としている人がめだっている。これも女性ホームレスに顕著に見られる特徴のひとつだろう。

5 女性ホームレスという問題

本章で見てきたように、ホームレスの範囲を野宿生活をしている野宿者だけに限定せず、定まった居住場所がない人と広くとらえると、そこには女性も多く含まれることがわかった。ホームレスは男性だけの問題ではないのである。そして女性のホームレス、とくに単身の女性の場合は、男性とは異なる固有の排除の軌跡が存在していた。男性は賃労働をし、女性は家事労働をするという性別役割分業が、家庭内での仕事の配分だけではなく、労働市場のあり方も規定していることで、女性は不安定な低賃金労働に従事せざるをえず、そのことが単身の女性の生活を困難なものにし、ホームレスへと排除する大きな要因になっていたのである。

単身の女性が貧困に陥りやすいこうした社会構造があるにもかかわらず、女性の野宿者が少ないのは、ひとつには女性が独立して生計を立てるのが困難であることから、女性世帯そのものが形成されづらいということがある。もうひとつの理由としては、男性稼ぎ手を持たずに生活に困窮する女性には、男性を対象としたものよりも多岐にわたる福祉制度があり、スティグマをともなう低い水準でありながら、なんとか生活を維持するのに寄与しているということがあるだろう。

このように男性と女性のホームレスの違いは、福祉制度のあり方にも大きく規定されている。ホームレスの範囲を定まった住居がない人と広くとらえるとき、どのような人が福祉制度内にとどめおかれ、どのような人が路上に排除されるのかを決めているのは、福祉制度なのである。次章では、現在のような男性と女性のホームレスに違いを生み出す福祉制度の体系がどのように成立していったのかを、歴史的に検討していくことにしたい。

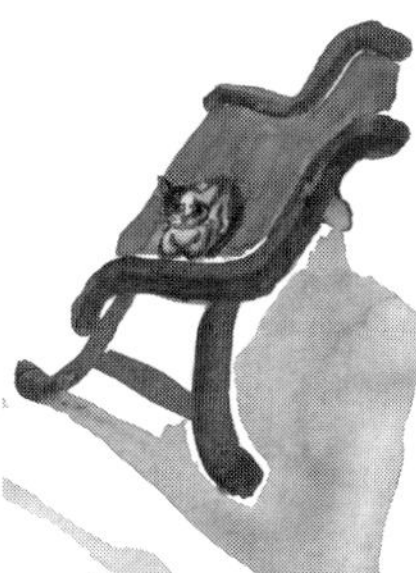

第3章　女性ホームレスを対象とした福祉体制の成立

1　ホームレス型貧困政策と女性

社会福祉はそもそも、貧困の克服を目指すなかで発展してきたものである。だが社会全体が豊かになっていくにつれて、その主要な対象はしだいに一部の貧困者から、高齢者などを中心とした全国民の福祉の向上へと変化した。しかし戦後いったんは克服されたかに見えた貧困は、最近になってふたたびワーキングプア、ネットカフェ難民といった形で大きな関心を集めるようになってきている。本章はこうした時代にあって、国家がどのように貧困をあつかい貧困者の生に介入していったのか、その系譜を現代にいたるまで、あらためて歴史的に跡づける試みのひとつである。

福祉政策は貧困の解消を目指して援助を行うだけではなく、さまざまな状態のなかから貧困を取り出して定義する、構築的なものとして機能してもいる。貧困であるか否かが、社会福祉によって切り分けられるのである。そして援助に値するとみなされる人にはなんらかの対応が取られ、援助に値するとみなされない人はそこから排除されていく。本章で検討したいのは、この切り分けが行われるときの基軸である。というのもそれは、望ましい生とはどのようなものなのかを示す公的な価値の表象であり、こうした規範的な価値の集合である社会福祉は、貧困者だけではなくすべての人を対象にして、その生を規制していくひとつの機構だからである。

貧困に対応する現在の中心的な福祉制度は生活保護である。これによれば、最低生活基準に満たない生活をしているすべての国民は無差別平等に受給資格があって、個人の素行を問うようなモラルに照らした受給者の選別は行われないことになっている。だが生活保護の捕捉率（生活保護水準以下で暮らす貧困世帯のうち、実際に生活保護を受給している世帯の割合）は約二〇％といわれているように[1]、現実には生活に困窮しているからといって、無差別平等に生活保護を受給できているわけではない。とくに稼働年齢層の受給は厳しく制限されており、窓口で追い返されて申請にまでいたらなかったり、より個人のモラルが問われるような特別な対応が行われることがある。

その特別な対応の典型的な例が、定まった住居を持たないようなホームレスの場合である。ここでいうホームレスとは、野宿者だけではなく、簡易宿泊所や飯場、ネットカフェといった不安定な宿泊場所や、帰る場所を持たずに施設や病院に一時的に滞在している人などを広く含んでいる。戦後の福祉制度は貧困者のみを対象にする選別的な救貧主義を抜け出し、全国民を対象にしてその福祉の向上を目指すものへと変化したが、その際に国籍や住民登録、職業集団といったなんらかの帰属を参照しながら、人びとを把握し管理していくようになった。だが貧困はときとして住居や職といった帰属場所の喪失をともなうものであり、福祉国家化が進んでいく一方で、こうしたホームレスに対しては、生活保護などの一般的な貧困対策とは異なる特別なあつかいがなされたり、容易に排除の対象になってきたのである。

このホームレスに国家がどのように対応してきたのかを論じたすぐれた仕事に、岩田の研究（1995）がある。岩田は戦後の東京における「不定住的貧困」への対策を、その前史も含めて一般の福祉政策との関係のなかで跡づけることを通して、戦後の福祉体制が暗黙のうちにはらんでいた前提、つまり定住することや家族・職業集団への帰属が標準化されてきたことを逆にあぶり出しており（岩田 1995）、その示唆に富む視点には本書も多くを負っている。そして社会福祉がある生を標準化してきたことこそが、そこからはずれた人を長く不利な状態に固定し、格差を拡大させていると考えれば、福祉制度の持つ排除の作用について検証するこの視点は、貧困や格差への注目が高まっている現在、ますますその重要性を増しているといえるだろう。

だが岩田の議論には、ひとつの問題があるように思われる。ジェンダーに配慮したものになっているとはいいがたいのである。というのも、岩田の関心が「浮浪者対策」を中心に据えたホームレスを把握することにあったために、路上生活者に多い男性向けの対策に事実上の焦点があてられることになり、結果的に女性のホームレスが排除されてしまっている。しかしこのこと自体が、福祉国家がジェンダー化されていることとの反映でもある。性別役割分業が前提とされた社会のなかでは、労働市場における女性の地位は依然として低い。そのため賃労働を主として担う男性パートナーを持たない女性に対しては、最低限の生活を保障する福祉制度がさまざまな形で発達してきた。こうした諸制度が住居の喪失をともなうような貧困状態にある女性を野宿生活にいたる直前で受けとめ、女性は男性と比べてなんらかの施設に滞在する「隠れたホームレス」になりやすいという傾向を生んできたのである。そして多くの場合、これは「浮浪者対策」とは別枠の対応として行われてきた。したがって女性のホームレスをとらえようとするなら、「浮浪者対策」以外の制度も視野に入れた検討が行われる必要がある。

以上のことを踏まえて、本章ではホームレスに対応する対策について、女性を対象とした政策や施設をとりあげて具体的に見ていく。それを通して、どのような基軸のもとに貧困女性の切り分けが行われてきたのかを検討していくことにしたい。同様の対策の整理は、戦後の東京都について川原恵子がすでに行っている（川原 2005）ため、本章では大阪府を事例にしている。事例のより詳細な検証は今後の課題として残されているが、ここでは貧困女性に歴史的に与えられてきた位置を通観してみたい。

2　戦前の政策

2-1　一般的ホームレス型貧困政策

戦前期に行われた一般的なホームレス型の貧困への対応では、とくに性別は限定されていないものの、現在と同様にその多くは男性向けのものだったと考えられる。残されている記録のなかには利用者の性別は記載されていないことが多いが、一部に女性や家族が混ざっていたものがある。

近代国家成立以降の最初の普遍的な救貧制度は、一八七四年に制定された恤救（じゅっきゅう）規則である。受給の対象は、家族と地域の相互扶助に頼ることが前提とされたうえで、それを望めない老人・病人・子どもなどの稼働能力がない人に限られていた。しかし受給には戸籍が必要とされていたためホームレス型の貧困者は排除されており、こうした人は行き倒れになったときのみ行路病人対策によって救急的な対応が行われた。

国家の限定的な対策は、地方独自の対策によって補われざるをえなかった。大阪府では一八七一年に、野宿者をはじめ身寄りのない貧困者の収容を行う大貧院が開設されている。また大阪府は一八八一年に貧民施療規則を、大阪市は一八八九年に窮民救助規則・貧民施療規則を定め、おもに病気の貧困者を対象に、恤救規則で対応されない人びとを救助していた。民間では一八八一年に小林佐兵衛が小林授産場を開設し、病者や障害者、被災者、野宿者などを収容、稼働能力のあるものに対しては職業訓練を行っていた。創設当初の収容者数は一九〇名、小松原町に移転してからは四〇〇名弱を抱える大規模なもので、小林授産場ができてからは市内の「乞食」が激減したという。当初は女性の利用者が半数以上を占めていたが、しだいに男性の利用者が増えている。

当時の大阪府では、名護町などのスラムが農村からの人口流入を加えて肥大化し、世間の耳目を集めて社会問題化しつつあった。一九一〇年代に入ると、こうした人のなかから有用な労働者を区別し、「無宿者浮浪者等の為に弊害を伴はざる施設の下に」（大阪府社会課 1920：390）置くことが治安対策上も労働者確保のためにも必要であるとして、職業紹介所附属の労働寄宿舎が開設される。一九一八年の米騒動は、こうした社会事業をその後本格化させるきっかけとなった。大阪市では社会不安を抑制するべく全国に先駆けて社会部が創設され、さまざまな事業が開始されるが、そのなかでホームレス型の貧困におもに対応していたのは、前述の労働寄宿舎に加えて、共同宿泊所だった。これは劣悪で社会統制上望ましくないとされた木賃宿にかわって、低額で利用できる公営宿泊施設としてつくられ、おもには単身男性が利用していたが、家族の利用を認めている施設もあった。このうちとくに「公園その他に於ける浮浪者、乞食、失業者などの所謂無宿者」（大阪市役所社会部 1923：44）向けとしては、利用料無料の今宮保護所が設立され、それ以来大阪市の野宿者は激減したという。こうした共同宿泊所利用者のうち、勤勉な家族には特別に市営住宅へ転出する道が用意されていた。社会事業の成立当初から、現在と同様に労働者や家族が優遇され、野宿者は別枠の対応が行われていたのである。

民間では、貧困者に医療を提供していた大阪慈恵病院や小林授産場を引き継いだ弘済院が、一九一二年に設立されている。弘済院では医療、授産、保育などさまざまな事業とともに、災害被災者、軍人遺族、行路病人、野宿者などホームレス型の貧困者の保護も行っていた。また現在も釜ヶ崎を中心に野宿者向け施設を大規模に展開している大阪自彊館は、警察官だった中村三徳によって一九一二年に開設されている。これは単身者向けの安価な労働宿泊所で、利用者の大半は男性だったが、ごく一部に女性も混ざっていた。一九二〇年には家族を対象とした向上寮が自彊館のなかにできている。その他、貧困者救済のために一九三一年に設立された大阪救護協会でも、公園などに暮らす野宿者の収容を行っていた。

昭和に入った一九二九年、恤救規則にかわる普遍的な救貧制度として救護法が制定される。これによって被保護人員数は恤救規則を大きく上回ったが、稼働能力のある人は理由のいかんにかかわらず除外され、保護の請求権は認められず、被保護者から選挙権を剥奪するなど、相変わらず前近代的な性格は残されていた。一方同じ貧困でも特別な配慮がなされる場合があり、そのひとつは災害罹災者で、やむをえないものと考えられたために多少寛容な対応が取られた。軍人とその家族も早くから優遇されており、日露戦争に際しては一九〇四年に下士兵卒家族救助令が、第一次世界大戦期には一九一七年に軍事救護法が制定され、給付水準は一般救護や母子保護の二倍近くあった。国家にとって有用な軍人は保護されていたのである。

2-2 母子政策

以上の貧困対策は性別を限定していなかったが、女性のみを対象にしたものとして最初に発展したのは、母子に対する援助だった。大阪府では日露戦争が勃発した一九〇四年、加島敏郎が私財を投じて開設した孤児院である大阪汎愛扶植会で、出征軍人の家族のために保育所と臨時救護所が開設されたのが最初である。ここには戦争により一家の働き手を失った母子世帯が入所していた。明治時代の慈善施設には児童を対象にしたものが多かったが、こうしたところが児童の保護に付随する形で、母子の保護も行っていったのだった。

孤児院に加えて母子保護を担ったもうひとつの児童施設は、保育所だった。有名なのは一九二二年に設立された東京都の二葉保育園の母子寮だが、大阪府ではそれに先立つ一九一八年に、泉尾愛児園が母子の収容をはじめている。泉尾愛児園では勤労家族の子の保育を行うなかで、母子世帯の子どもが生活困窮による心中の道連れになったり、栄養不良で発育に問題を抱えるという悲惨な状況に直面する。そのため母子の保護を行う節婦館を保育所に併設し、宿泊場所の提供や職業紹介などを行うことにしたのだった。当初想定されていた利用者は死別母子世帯や夫に遺棄された母子だったが、現実には「警察役所等より托せられたるあり之等は深夜母子の路頭に迷ひしもあり浮浪児の国元へ紹介中を托せられしもあり又夫収監せられて家族の俄に生活困難となり収容せるもあり純寡婦の却って僅少なるを見る」（泉尾愛児園 1919：15）とあるように、警察から託された母子や路頭に迷う母子、「浮浪児」、夫が収監されて生活困難に陥った母子など、より多様な母子が利用していたことがわかる。援助の方針は「希望のものには再婚せしめ再婚を欲せさるもの及び夫あるものをして貞節を守らしめ自暴自棄の結果堕落するを防き精神的にも物質的にも其向上を計る」（泉尾愛児園 1919：15）とあるように、婚姻制度を前提としたうえで、それを逸脱しないよう貞操を守ることが求められていた。

一九二〇年代の日本では、不況のため人びとの生活は困窮を極めていた。とくに母子世帯の生活は深刻で、あとを絶たない母子心中の報道に突き動かされた有志の手で、母子扶助法の成立を求める運動が起こる。政府も同様の法案の検討をはじめたが、一九二九年に救護法が制定されると、その対象に母子を含めるということで母子扶助法の制定は見送られた。だがこのとき対象にされたのは、妊産婦と一歳未満の乳児を抱える母親のみという、非常に限定的なものだった。こうした対策の不足を補うべく、大阪府では民間団体による母子保護がさらに展開されていく。一九二九年には孤児院である博愛社で、母親をともに収容する鳴尾母の家が開設される。翌一九三〇年には汎愛扶植会でも母子保護部が設けられ、恒常的な母子の収容保護がはじまり、二年後には母子寮として汎愛寮も開設された。

昭和のはじめの金融恐慌によって経済状態が悪化し、貧困者の生活がさらに追い詰められると、母子扶助法の制定運動は無産者の生活問題として、社会民衆党を中心に広く取り組まれるようになっていった。しかし度重なる弾圧に運動が縮小を余儀なくされると、かわって婦人参政権獲得運動の一環として引き継がれていくことになる。当時は母子心中の多発に多くの女性たちの関心が集まっていたことから、参政権運動を母性保護運動とともに行うことは、参政権運動により多くの女性を巻き込んでいくうえで必要なことだった。こうして女性団体の大同団結として母性保護法制定促進婦人連盟が結成され、母性保護運動が本格化していく。ここに見られたのは、母性を保護することこそが女性の解放につながるという、きわめて母性主義的な発想だった。一九三七年ついに母子保護法の制定を見たが、その内容は運動が求めていたものとは異なり、対象者は一三歳以下の子どもを養育する配偶者のいない母で、救護法の規定より拡大されたとはいえ、給付水準は救護法とほとんど変わらず、同じ母子世帯でも、軍人遺家族を対象にした軍事扶助法の給付が倍近くも高かったこととは対照的だった。また「母が性行其の他の事由に因り子を養育するに適せざるときは之を扶助せず」という、援助に値する母親かどうかを問う一文も加えられた。つまりあくまで救貧的なものとして家族制度を破壊しないよう確立され、モラルに適合しないとされた母親はそこからも排除されたのである。女性運動の成果として制定されたこの母子保護法については、母性の保護が女性の解放につながるという思想で一致した女性解放運動こそが、結果的に女性に母親役割を押しつける規範的な制度を招いたのだという、厳しい批判も行われている（今井2004）。

母子保護法の制定にともなって、大阪府内にも母子寮の数が増加した。はじめての公立母子寮として、一九三七年に泉尾節婦館を引き継いだ大正市民館附設母子寮が開設されている。また戦時色が濃くなっていくなかで軍人家族向けの母子寮の必要性も高まり、一九三八年には市立住吉母子寮、勲の家阿倍野寮、一九三九年には勲の家城北寮が新設されて、軍人の遺家族を収容した。民間では光徳寺善隣館母子寮に加え、一九四一年には授産事業を行っていた八尾善隣館でもそこで働く母子の収容保護を行うようになっている。軍人家族向けの施設は民間にも広がり、博愛社では一九三七年に出征軍人の家族用として新たに母子寮マルタ・ホームが開設された。こうした軍人家族向けの母子寮は、母子保護法の対象である一般母子世帯向けの母子寮に比べて立派なもので、それらのあいだには大きな違いがあったといわれている。

2-3　単身女性政策

こうした母子を対象にした対応と、単身の女性はそもそもからして異なる系譜にあった。単身女性を対象として大阪府内に最初につくられた施設は、一九〇七年に開設した大阪婦人ホームである。日露戦争を機に世界列強と本格的な経済競争をはじめていた日本では、重工業を中心に大量の工場労働者が求められており、当時多くの人が農村から職を求めて都市にやって来ていた。林歌子率いるキリスト教矯風会大阪支部では、こうした女性たちを危険や誘惑から守ろうと、「求職婦人に対する職業の紹介、周旋及び身上相談を行ふの設備を興すことを決議し」（基督教婦人矯風会大阪支部 1929: 4）、中之島に大阪婦人ホームを設立する。そして駅で来阪直後の女性の相談に乗ったり、女中などの職業紹介を行うだけではなく、宿泊場所の提供もはじめた。

単身女性を対象にした施設としては、すでに東京都では矯風会がクリテントン慈愛館を、救世軍が婦人救済所を開設しており、大阪婦人ホームは全国で三番目のものになる。矯風会や救世軍は当時さかんになりつつあった廃娼運動において中心的な役割を果たしており、この運動の一環として、売春婦の廃業支援が行われたのである。したがって東京都の二施設では、施設の第一目的として売春婦の救済を掲げていたのに対し、大阪婦人ホームでは職業を求める女性一般を対象に、その経済的自立を促進することを目的に掲げていた点で、当時としては他に類を見ないものだった。

廃娼運動を行っていた矯風会、救世軍などの活動に対しては、公娼制度を問題化したこと、売春婦の自由廃業を支援したことを評価する声もある一方で、「醜業婦」という表現に見られるように、廃娼運動家たちのまなざしのなかに売春婦に対する侮蔑が含まれていたことを批判する声もある。またそれは一夫一婦制を理想としていたため、「娼婦の立場に立ってなされたというよりも、良妻賢母思想の域を出ない母性主義からなされたものであった」（藤目 1997：302）ともいわれている。貧困女性に対する公的支援策がほとんどないなか、女性たち有志の手で売春婦の廃業の手助けが行われていったとはいえ、そこには売春をせざるをえない貧困状態にある女性とのあいだに乗り越えがたい階級的分断があったのである。[2] 大阪婦人ホームは売春婦の救済施設として出発したわけではなかったが、職業紹介の目的として「妙齢婦人の道を踏み誤る事のなきやうに併せて家庭の幸福世の便益を図るため」（基督教婦人矯風会大阪支部 1937：5）とあり、その視点はやはり純潔な良家の子女の結婚生活を守ろうとする性モラルの枠内にあった。だがしだいに大阪婦人ホームでも、売春婦の救済が活動の中心に掲げられるようになっていく。一九〇九年に曾根崎遊郭、一九一二年に難波新地遊郭が火災で焼失したことを機に大阪でも廃娼運動が盛り上がりを見せ、運動の先頭に立っていた林歌子が当時住居にし、矯風会大阪支部の事務所も置かれていた大阪婦人ホームが、運動のひとつの拠点として機能するようになるなかでの必然的な転換だった。しかし当時の入所記録を見ると、実際に入所していたのは廃業を求める売春婦だけでなく、求職者、妊産婦、母子世帯、野宿女性、DV被害者と思われる女性などじつに多様で、さまざまな女性の困窮に対応していたことがわかる（表6）。けれども大阪婦人ホームで売春婦の救済を行っていたというのは表向きのことで、実際にそれを担っていたのは、ジャパン・レスキュー・ミッションという別団体だった。これはイギリス人宣教師によって日本の売春婦救済のために設立された団体で、大阪府内にやってきたのは一九二七年、仙台で女性の救済施設を軌道に乗せた後のことだった。飛田遊郭で売春婦の自由廃業支援をはじめたレスキュー・ミッションは、最初の駆け込み窓口を大阪婦人ホームとし、のちにレスキュー・ミッションの施設に逃がすことで、彼女たちを業者から匿った。当初施設は民家のなかを転々としていたが、一九三二年には業者の追跡に遭わないよう人里離れた百舌鳥(もず)に慈愛館を設立、活動を本格化させる。だがそれは、売春婦を「倫理的な堕落者」とみなし、彼女たちにキリスト教を伝道することを目的としており、特権階級の立場からなされる布教活動という色彩の強いものだった。また大阪婦人ホームでは、このころに売春婦はレスキュー・ミッションへ、母子は博愛社に送るという流れが確立し、施設同士が連携することで、困窮の種類や世帯類型による女性の振り分けが行われるようになっていった。

　しかしこうした状況も長くは続かなかった。一九四〇年には日独

表6　大阪婦人ホームの1年間の入所記録

入所理由		人数
求職の目的にて来阪せる者		79
家出して来る者	都市に憧れて来る者	5
	夫婦不和にて出て来る者	10
	家庭不和にて出て来る者	11
	其の他	11
淪落の巷より逃れ来りし者		43
身売防止のため引取りし者		3
誤れる妊娠のため来りし者		5
浮浪して行先なき者		6
精神修養のため来りし者		10
宿泊のため来りし者		18
奉公先より病気其の他の為暇が出し者		3
裁判のため来りし者		1
母に伴はれて来りし乳幼児		13
本年ホームに出生せし乳児		3
計		221

出所：大阪婦人ホーム（1934）

伊三国同盟の締結により、敵国になったイギリス出身の宣教師が緊急帰国し、レスキュー・ミッションは活動を停止する。そこで働いていた日本人職員は茨木市に大阪婦人ホーム分館を設立して、残された利用者の保護を継続するが、戦争が激化するなか、新たな女性の保護に乗り出していく力はなかった。一九四五年には婦人ホーム本館も戦火を逃れて茨木市に疎開し、その活動は縮小していった。

3　戦後の政策

3-1　一般的ホームレス型貧困政策

一九四五年に終戦を迎えたときには、日本全体が貧困のなかにあった。空襲を受けた大阪市内では多くの人が家を失い、街には野宿者や引揚者、失業者、戦争未亡人などがあふれた。大阪駅周辺では寝泊りをする罹災者や孤児、引揚者などがあとを絶たず、地方からの流入者も加えてその数は三万人にものぼっていた。こうした人びとに対処するべく、一九四六年から一九四七年にかけて、収容施設が相次いで新設された。大阪市によれば、これら「浮浪者収容施設および簡易宿泊所は、およそつぎの四系列に整理することができ」（大阪市 1966：310–311）、単身男性労働者向けの低額の簡易宿泊施設、単身男性の野宿者には生活指導や職業指導を行い三ヵ月以内に「自立更生」させる施設、病気や老齢の野宿者は弘済院や病院などに収容され、家族世帯向けには「早期に自立更生させる」ための低額宿泊施設である家族厚生寮があった。他にも関目寮など、引揚者家族を対象にした施設も開設されている。このように、戦後の混乱時にすでに稼働能力と家族形態に応じた振り分けが行われていたのである。しかしこうした市営施設だけでは増え続ける住宅困窮者に対処できず、大阪府と市は、戦前から貧困者の援助を行っていた民間団体にも収容保護の委託をし、女性については「浮浪母子」が戦前にセツルメント事業を行っていた聖家族の家などに収容されている。

駅周辺で野宿する人びとの相談・保護に中心的にあたったのは、戦中から大阪駅構内にあった市民相談所だった。一九四六年からは一時保護も行うようになり、「浮浪者」狩り込みで連行された人はここで「児童・浮浪男子・浮浪女子・母子・普通病人・結核患者・老人・精神病者」などに分けられて、各収容施設に送られていった。その数は一九四八年三月末時点で一万九六四九人にものぼり、半数以上は成人の男性で、二割ほどが成人女性、なかには子どももいた。一九四九年に梅田厚生館と改名されてからは、「浮浪者」に限らず大阪市内の要保護者全般について、一時保護と「鑑別分類」をする機関として機能するようになった。要保護者を集中管理するこの方法は、のちに大阪方式として知られることになる。ここから振り分けられていった収容施設は、児童施設や勤労宿泊所、病院など多岐にわたったが、女性に関しては、母子は赤川ホームや八尾隣保館などの母子寮に、単身者は朝光寮・成美寮といった売春婦の保護更生施設に送られた。

一般的な貧困対策としては、一九四六年に旧生活保護法が、一九五〇年にはその後に公布された新憲法の趣旨を含んだ生活保護法が制定される。これは経済的困窮度が水準以下であれば、稼働能力や個人のモラルを問わず無差別平等に受給資格があり、保護の請求権も認めているという点で、それ以前のものとは異なるきわめて先進的な制度だった。居住地が明らかでないホームレス型貧困者に対しては現在地保護の原則が明記され、生活保護施設は更生施設・救護施設・宿所提供施設など五種類に分類された。

ちょうど大阪市が「浮浪者保護の応急対策期がほぼ終了」したとみなしたのも翌一九五一年のことで、それ以降この分類にしたがって、戦後「浮浪者」狩り込みや住宅困窮者に対処するために応急的につくられた「千差万別」の施設が再編・整備されはじめる。一九五五年時点の大阪市による「収容保護施設」の整理（大阪市 1966：312）では、更生施設が梅田厚生館、弘済院、母子寮から変更された三国家族寮、引揚寮から変更された関目家族寮を含め六施設、宿所提供施設は広教家族寮を含めて六施設、簡易宿泊施設が二施設あった。ここでは厚生館や弘済院、三つの家族寮を除いて、ほぼすべて単身男性を収容していた。

一九六〇年代になると、大阪府内の野宿者は簡易宿泊所とバラックが建ち並んでいた釜ヶ崎周辺に集中するようになっていった。この釜ヶ崎で一九六一年に暴動が起こる。それをきっかけにこの地域では、治安対策をともなった労働・福祉対策が集中的に行われるようになり、地区の総合的な福祉を担う愛隣会館や西成労働福祉センターなどが設置されていった。

一九六六年には大阪市でホームレス型の貧困のアセスメントと保護を集中的に担ってきた梅田厚生館が、施設の老朽化などから統合・再編されて中央更生相談所と改称される。一九七一年にはさらに愛隣会館もそれに統合され、名称も更生相談所と改称して、需要の多かった釜ヶ崎地区内に移転した。このときその機能は、市内全域の要保護者をあつかう機関から、釜ヶ崎という特定地域の住所不定の要保護者のみをあつかう機関に変更された。これによって釜ヶ崎の野宿者だけが、福祉事務所ではなく更生相談所において特別に生活保護の実施が行われるという、きわめて特殊なあつかいが完成したのである。ここから振り分けられていった各収容施設は、多くが野宿者の人口構成を反映した単身男性向けのものだったが、一九六二年には釜ヶ崎地区内の家族世帯を対象として愛隣寮が、一九六五年には今池生活館が設立されている。ここでは生活の安定した家族から、優先的に公営住宅を割り当てて釜ヶ崎地区外に転出させる方針が取られており、これによって暴動発生当時は人口の半数近くを占めていた女性は、しだいに釜ヶ崎から姿を消していった。一方で単身男性は労働力の供給基地としてここに集められていき、釜ヶ崎は徐々に現在のような単身男性が圧倒的に多い街になっていった。

ドヤや飯場を行き来しながら一日から数カ月の仕事を繰り返す釜ヶ崎の日雇労働者たちの生活は本来的に不安定なものだったが、好況期には仕事にあぶれて野宿をする人はそれほど多くはなかった。しかし一九九〇年代になると野宿をする日雇労働者が増えはじめ、その後野宿者の姿は釜ヶ崎周辺を越えて各地に広がっていった。当初こうした人びとを収容保護していたのは、法外援護として釜ヶ崎で発達してきた二週間の短期保護を行う生活ケアセンター事業や、他地域と違って大阪市内には数多くあった生活保護施設や行路病院だった。だが一九九九年からは、こうした従来の釜ヶ崎対策を超えて野宿者対策が本格化していく。一九九九年には野宿者を対象とした巡回相談がはじまり、二〇〇〇年には数カ月間滞在先を提供して就労支援を行う自立支援センターが三カ所設置され、さらに公園内の仮設一時避難所や、夜間のみ滞在できる夜間シェルターなども開設された。二〇〇二年にはホームレス自立支援法が制定され、国も対応に乗り出すことになった。しかしこうした野宿者対策はほとんどが男性単身者向けのものとなっている。公園内の仮設一時避難所のなかには夫婦や女性が入居可能なところがあるが、野宿者のうちわずか三%しかいない女性は、野宿者対策ではなく後述する単身女性対策として対応されているのが現状である。

3-2 母子政策

一九四六年に旧生活保護法が制定されると、戦前に母子に対応していた軍事扶助法と母子保護法は廃止された。これにともなって戦災を免れた母子寮は、新たに生活保護法のもとの宿所提供事業として、住宅を必要とする母子世帯を収容保護していくことになる。それに加えて大阪府では、戦争で住宅を失った人びとへの応急的な対策として、一九四六年には母子の引揚者を対象にした赤川ホーム、一九四七年には戦災者を対象に三国母子寮などが新設されている。当時のこうした施設は母子対策というより戦後処理という側面が強く、混乱のなかで必ずしも母子だけが入所していたわけではないという実態もあったようである。母子寮関係者の手記では、大阪府内には当時母子を対象とした施設が五ヵ所あったとあるが（大阪社会事業史研究会 1985：303）、一般の住宅困窮者に対する収容保護として行われた事業のなかにも相当数の母子世帯が混ざっており、そのほかに四天王寺悲田院、聖家族の家といった民間団体も、「浮浪児」や他の戦災者の保護と同時に、「浮浪母子」の保護を行っていたという記録がある。

一九四七年に児童福祉法が制定されると、母子寮は生活保護法の施設から児童福祉法の施設に変更されることになった。その背景には、住居提供という意味あいで生活保護法に規定するより、子どものためには「児童を本位とする母子一体の保護」が必要という思想が、女性議員を中心に強調されたことがある。大阪府でもこれにともなって、守口母子寮や堺市母子寮など新設のものも含め、一四施設が児童福祉法の母子寮として認可を受けた。だが戦後の浮浪者対策が一応の終結を見たはずの一九五〇年代になって、朝鮮戦争による物価高騰などの影響で生活に困窮する者が出て、ふたたび「浮浪母子」が急速に増加する。これには児童福祉法の母子寮だけでは対処できず、一九五二年に八尾善隣館をはじめ七ヵ所の母子寮がふたたび生活保護法のもとに位置づけられ、梅田厚生館から送られた「浮浪母子」の収容保護にあたった。「浮浪母子」は、引き揚げや戦争で夫を亡くして生活に困窮する一般の母子とは、明確に区別された対応が行われていたのである。しかし二年後には社会の落ち着きを理由に、よりコストのかかる生活保護施設から他業種に転換するよう、この七施設に勧告が出されている。

一九五〇年代は母子寮の増設期だった。一九四九年に母子寮の緊急増設の必要性が明記された母子福祉対策要綱が出されると、これ以降全国で母子寮が急増していく。大阪府でも、泉大津市・八尾市・高石町・池田市・高槻市・泉佐野市・吹田市・岸和田市・和泉市・箕面市といった郊外地域を中心に、公立母子寮が相次いでつくられていった。この増設にあわせて、一九五〇年には厚生省から母子寮の運営指針を定めた母子寮運営要領が出されている。このなかで母子寮は、「次代を荷う子供の幸せのために、子供が健やかに立派に育成されるために、ということに重点を置」く、「子供のための施設」であることが強調されていた。母親の人権は、子どもに付随するものとしてのみ考えられていたのである。さらに「母子寮が、気ままな女の家族制度を抜け出すための拠り所となったり、或は又安易な依頼心を培養する場所として利用される結果にならないよう」によく調査をして利用者を選ばなければならないとあり、離婚や生活困窮への援助が「気ままな」行動や「安易な依頼心」として女性個人のモラルの問題に帰せられ、その行動いかんによって母子寮の利用を限定するという思想が示されている。

その後一九六〇年代後半から一九七〇年代にかけて、母子寮入所者が減少し、それにともなって母子寮の数も削減されはじめる。その背景には、公営住宅を利用した他の母子住宅対策や母子福祉法制定など、母子世帯に対する支援策がまがりなりにも整ってきたこと、女性の就労機会が増加したことなどがあるが、戦災者を収容するために緊急に建てられた母子寮の住環境の劣悪さや老朽化が、その利用を妨げていたことも大きい。大阪府でもこの時期、郊外の母子寮を中心に閉鎖されるところが相次いでいる。またこのころから離婚母子世帯の利用が増え、母子福祉は政府が取り組まねばならない戦争未亡人への生活保障という初期の意味あいが薄れ、個人の自助努力を求める方向に転換してくる。

ＤＶについての言及がはじめて現れるのは、一九八二年の厚生省通知である。これは夫の暴力から逃げてきた場合には、たとえ離婚が成立していなくても、子の福祉のために母子寮で保護するよう定めたものである。その後、配偶者からの暴力が単なる夫婦間のもめごとではない社会問題として認識されるにしたがって、一九九九年には通知「夫等からの暴力により保護を必要とする女性への対応について」が出される。母子福祉は、ふたたび政府による対応が不可欠な課題になったのである。これによって居住地を隠す必要があるＤＶ被害者を、都道府県の枠を超えて遠隔地からも受け入れることが可能になり、また子どものいない単身のＤＶ被害者も母子生活支援施設（一九九八年より、母子寮から母子生活支援施設に名称が変更された）で保護してよいことになった。さらに二〇〇一年に「配偶者からの暴力の防止及び被害者の保護に関する法律」（以下、ＤＶ防止法）が制定されると、母子生活支援施設の多くでＤＶ被害者の緊急一時保護を行うこととなった。これにともなって大阪市では、二〇〇一年から市の独自事業として、母子のＤＶ被害者の一時保護を母子生活支援施設四ヵ所で開始している。

3-3 単身女性政策

戦後最初に行われた単身女性貧困者に対する対応は、売春婦としてのものだった。終戦からわずか三日後の一九四五年八月一八日、政府は占領軍向けの「特殊慰安施設」設置の検討に入る。そして「大和撫子の純潔を守るため」という言葉で、占領軍の相手となる七万人の売春婦が集められた。これによって女性は、貞操を守るべき一般女性とその「性の防波堤」になるべき売春女性に、国家によって二分されたのだった。だがそこで性病が蔓延すると、政府はこの施設の閉鎖を余儀なくされ、一九四六年にはGHQの要請にしたがって、長く続いた公娼制度を廃止する。しかし廃止は表面的なもので、実際には政府は売春を指定地域に集め、黙認していた。その一方で管理下におさまらない街娼は、「闇の女」として取り締まりを強化した。それと同時に一九四六年には街娼の更生保護や売春防止をうたった婦人保護要綱が出され、翌一九四七年には売春婦を保護するための婦人福祉施設が全国で一七カ所開設される。大阪府では、戦前から女性の保護を行っていた大阪婦人ホームにこの事業委託が打診されたが、創設者林歌子がこの年死去したために担い手がいないと断念、かわって救世軍朝光寮と成美寮（のちに移転し生野学園と改名）が開設された。ここには狩り込みに遭った街娼や単身女性野宿者が、梅田厚生館からも送られていた。当時の関係者の座談会では、街娼のみを選別して収容する病院「パンパン病院」があったこと、繰り返し脱走してくる街娼のあつかいに困り、精神病院に入れて強制的に不妊手術をした事実が語られている（五十嵐 1986：153）。なお大阪婦人ホームは、それから五年遅れた一九五二年に、女性を対象とした生活保護法の更生施設として再開している。

こうした売春婦の取り締まりと廃業支援にもかかわらず、その後も生活困窮のために職を求める女性たちの売春は広がりを見せ、政府は一九五六年に売春防止法を制定した。これは売春の禁止を宣言した法だが、売春行為そのものは処罰の対象にされなかった。しかし公共の場所で売春の勧誘を行った街娼

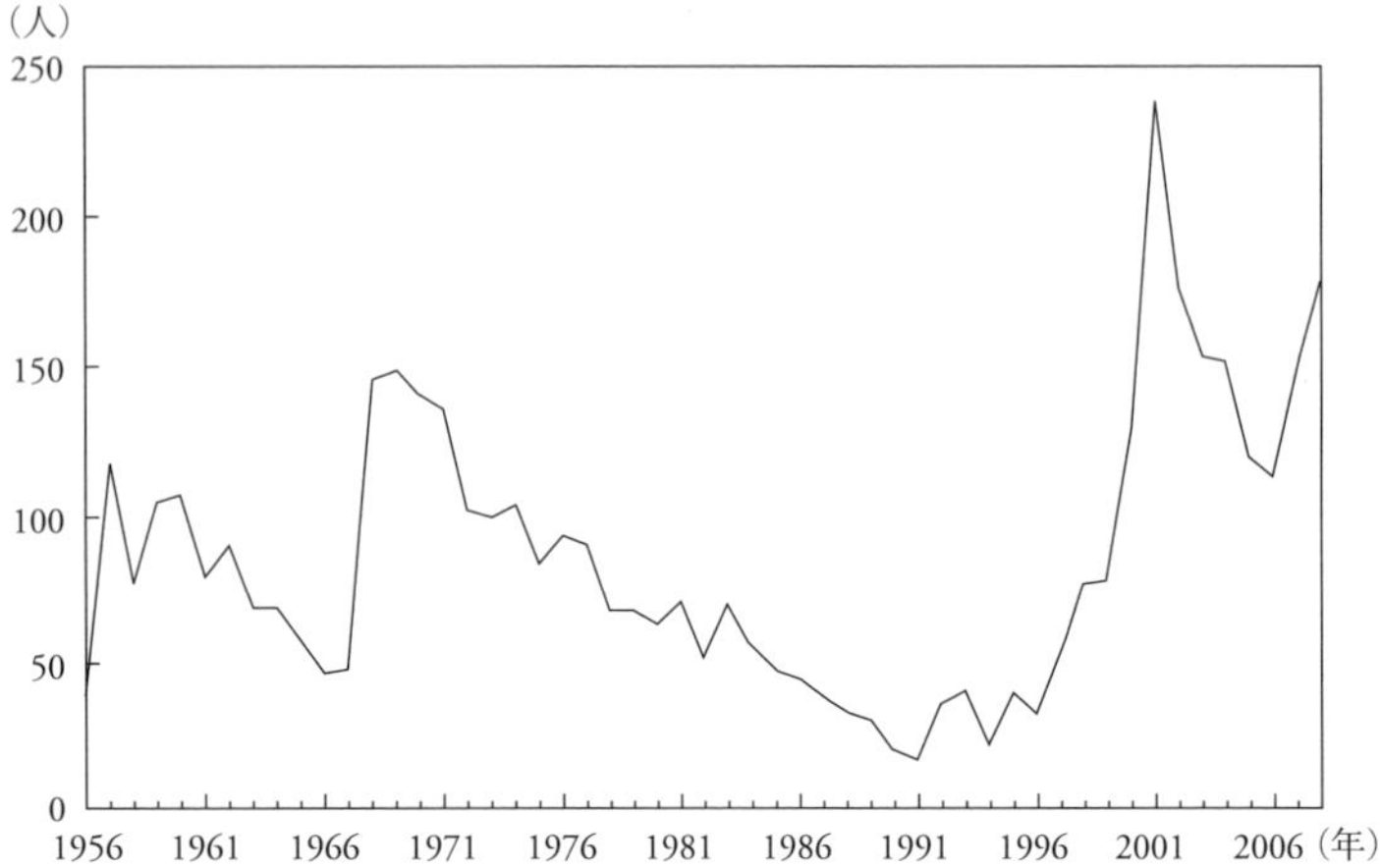

出所：大阪府女性相談センター（1984-2009）より作成

図６　大阪府の婦人保護施設の入所者数

は、「社会の善良の風俗をみだす」として処分が規定された。同時に「性行又は環境に照して売春を行うおそれのある女子」を保護更生させ、売春を防止するための婦人保護事業も定められた。こうして福祉事業でありながら刑法のなかに位置づけられるという、他の福祉事業とは一線を画する婦人保護事業がはじまったのである。これにともなって大阪府内では、「要保護女子」の相談と一時保護を行う婦人相談所が一九五七年には梅田と天王寺に、一九五九年には西成区、浪速区、港区に開設されている。またより長期の収容保護を行う婦人保護施設として、朝光寮・生野学園に加えて、一九五八年にたまも寮、一九六一年にあかね寮が新たに設置された。

しかし設置当初からこの婦人保護事業の利用者は、定員の六割に満たなかった。その後法に触れないよう、本番行為をしないなどの形で売春の形態が巧妙化していくにつれ、利用者はますます減少していく（図6）。ここでのちの売春防止法の展開を決定するひとつの方向が打ち出される。法制定時から婦人保護事業の利用者は、「いわゆる赤線区域等において、現に、売春を行っている女子のみをいうのではなく、家出浮浪等により、転落のおそれのある女子をも広く含む」とされ、売春婦のみの利用に限られていたわけではなかったが、この「転落のおそれ」を拡大解釈する形で、売春にかかわらないさまざまな女性を保護していくことになるのである。

一九七〇年には厚生省から通達が出され、「転落のおそれなしと認めた婦女子」についても、日常生活を営むうえで問題があり、他機関を利用できないときには、婦人保護事業であつかってさしつかえないことが確認された。これにしたがって施設の空きを埋める形で、「職を失い、住む所を無くし、人間関係につまずいた女性や、夫等の暴力から逃げてきた女性」（大阪府女性相談センター 2001：12）などさまざまなホームレス型の貧困女性の保護を、売春防止法のもとに行うことが公認されるようになった。実際、図6を見ても、このころから利用者が激増していることがわかる。とくに大阪府では、精神病院退院後の人を受け入れる施設が他府県と比べて不足していたことから、この婦人保護事業が精神・知的障害者の受け皿となり、障害者福祉を補完する役割を果たしていたという。そしてこうした「転落のおそれなしと認めた」女性の利用は、本来の法的対象である売春婦の数をはるかに上まわるようになっていった。一九九二年には利用者の再度の減少にともなって、新たな厚生省通知が出され、「売春を行うおそれは当面ない」「家庭関係の破綻」・「生活の困窮」・「性被害」なども事業の対象であることが具体的に明記された。これによって、婦人保護事業が売春を防止するというそもそもの目的から逸脱していることを、公に認める形となった。大阪府ではこの利用者減少の時期に、施設の老朽化などを理由に、府内にあった三つの婦人保護施設が府立女性自立支援センターに統廃合され、一九九七年以降はこれが大阪府における唯一の婦人保護施設になっている。

一九九九年にはさらに新たな方向性が打ち出される。厚生省通知「夫等からの暴力により保護を必要とする女性への対応について」によって、母子対策と同様に婦人保護事業が、DV被害女性の保護機関として位置づけられたのである。これと同時に、婦人保護事業の利用者を売春歴の有無に応じて区別する従来のやり方や、施設を利用する女性を「要保護女子」と呼ぶ従来の言葉づかいが改められた。これはDV被害者を正式に受け入れるにあたって、売春防止法が根拠になっていることのスティグマを軽減するためだったと考えられる。さらに二〇〇一年にDV防止法が制定されると、DV被害者を保護するのにふさわしい既存の機関として唯一具体的に挙げられたのが、婦人相談所や婦人保護施設という売春防止法の施設だったのである。図6を見ると、またこの年から、婦人保護施設の利用者数が激増していることがわかる。

大阪府の場合には、緊急一時保護を中心的に担っているのが婦人相談所（大阪府における名称は大阪府女性相談センター）で、[3]より長期の保護は婦人保護施設（府立女性自立支援センター）において行われることになった。[4]しかし翌二〇〇二年から大阪市が市の独自事業として、生活保護施設の大阪婦人ホームにおいて、DV被害者の一時保護を行う生活ケアセンター事業を開始すると、[5]大阪府におけるホームレス型の貧困女性は、おもに居住地に応じて婦人保護施設と生活保護施設に振り分けられて保護されることになった。つまり単身女性の場合には、大阪市内に居住する女性は生活保護法で、それ以外の女性は売春防止法でおもに施設保護が行われるということが起こるようになったのである。さらにDV防止法が制定されてからは、増加した利用者のなかでDV被害者の保護が優先され、逆に本来の法的利用者で

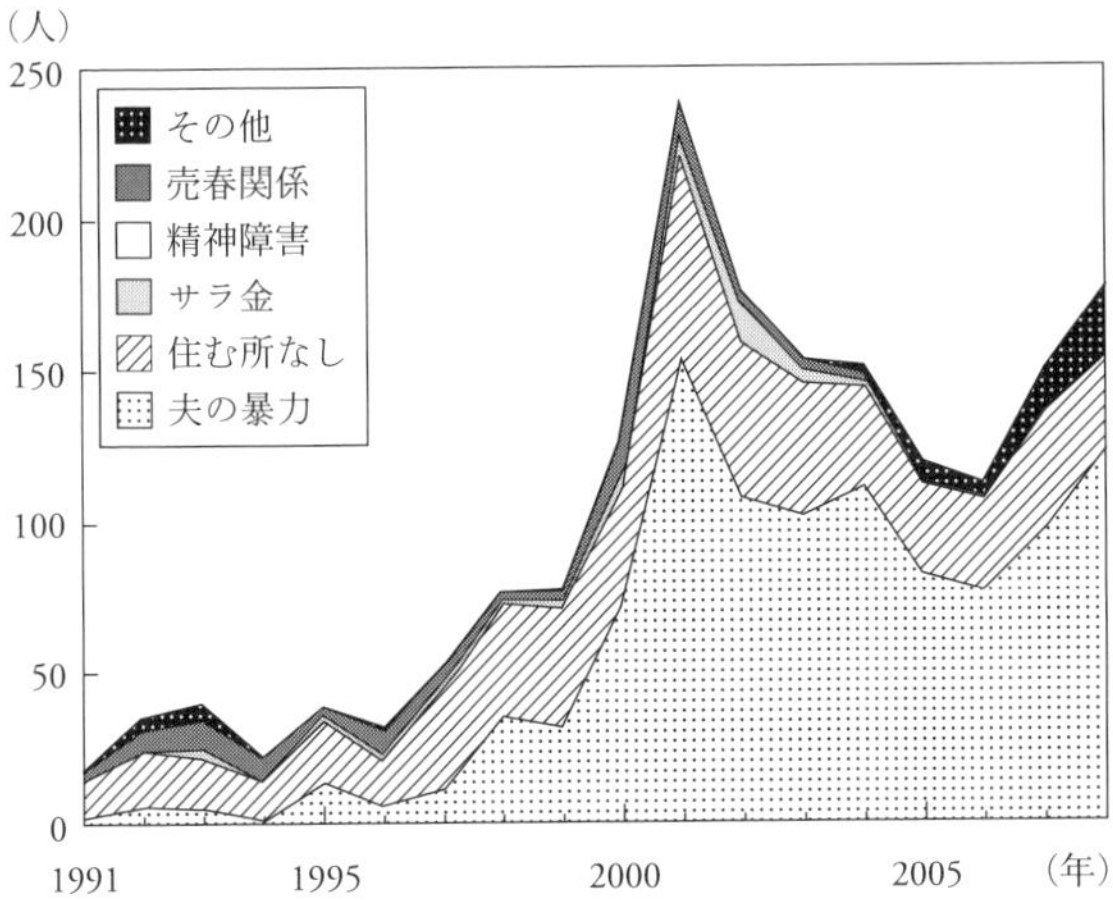

出所：大阪府女性相談センター（1991-2009）より作成

＊大阪府女性相談センターは1996年以前は大阪府婦人相談所という名称であり，『事業概要』の名称も，1984-1996年度は『婦人保護の概要』，1997-2003年度は『女性保護の概要』，2004-2007年度は『女性支援の概要』，2008-2009年度は『大阪府女性相談センター事業概要』と変化している。

図7　大阪府の婦人保護施設の入所理由

ある売春女性や他のホームレス状態にある女性が利用しにくくなっているともいわれている。そして二〇〇四年には、人身取引対策行動計画によって、婦人保護事業は人身取引の被害者を保護する機関としても位置づけられた。

最近の大阪府の婦人保護施設利用者の入所理由を見ると（図7）、本来の法的対象である売春に関係した女性の利用は一割以下で、七割がDV被害者、二割が「住む所なし」の女性である[6]。だがこうした「売春のおそれ」のない人を本来受け入れるべき生活保護施設と比べると、売春婦を罰し保護更生させるためにつくられた婦人保護施設は、第4章で述べるが、明らかに予算や職員配置に乏しい。女性を罰し更生させるものだった売春防止法が、現実には売春に関係のない多くの困窮女性の保護に用いられている実態からいっても、それは見直されるべきときにきているといえるだろう。

4　貧困政策における二つの女性像

ここまで見てきたように、いつの時代にも福祉受給の際にまず問われるのは稼働能力の有無だった。稼働能力がある場合に受給が認められないのは、救貧法の昔から無差別平等をうたう現在の生活保護まで基本的に変わっておらず、貧困対策における大前提である。しかし女性の場合、基軸となっているのはそれだけではない。社会通念として支配的な女性役割にかなうか否かがより重要になっているのである。この意味では、稼働能力の有無という基軸とあわせて、賃労働をする男性と家事労働をする女性からなる近代家族にいかに適合しているかが、福祉受給に際してもっとも問われているといえるだろう。

主要な稼ぎ手となる男性パートナーを持たない女性のなかで、もっとも早い時期から保護が行われてきたのは、子どもの養育をする母親だった。しかし対策の成立時期や給付水準は、母子世帯となった理由いかんで異なっている。軍人遺族は他の母子より優先される一方で、死別母子世帯と比べて離別母子世帯や未婚の母は給付制度の創設も遅れ、給付水準も低かった。この対応の段階的な差は、近代家族に適合的かつ国家にとって有用な順につけられており、望ましいとされる生から逸脱して離婚したり未婚のまま母親になった女性は、そのモラルが問われて不利益を被ることになった。

一方単身女性への対応は、その成立当初から、母親に対するものとは異なる系譜にあった。売春婦に対する救済措置として、人権を守ることよりも治安維持や性モラルの維持という点から発展してきたのである。そこには売春婦に対する蔑視がともなっており、のちには処罰まで加えられたが、買春する側の責任が問われることはなかった。そしてこの売春婦への対応が、放置しておけば売春する「おそれ」があるという認識のもとに、売春にとどまらないさまざまな困窮状態にある女性を保護するものとしても機能していった。このように、一般的な婚姻制度から逸脱した単身女性は、近代家族を脅かす存在であり、保護と一体となった処罰の対象とされたのである。DV防止法が制定された現在では、こうした女性たちのなかでDV被害者の保護が優先されるようになっている。しかし振り返って明治時代の施設入所者統計を見てみると、保護される女性の内実は夫の暴力から逃げてきていると思われる女性、売春婦、野宿者など現在とそれほど大きく異なっていないことがわかり、困窮した女性のなかで、優先的に保護される人の順位やそれを根拠づける法のみが、時代によって入れ替わっているのである。つまり保護の対象になるか取り締まりの対象となるか、人びとの共感を得られるか非難されることになるのかは、女性のニーズをいかに解釈するかをめぐる、きわめて政治的な問題なのである。

現在のところDV被害者の保護においても、公的対応はおもに既存の二系統の女性施設、すなわち母子施設／売春婦の保護施設のいずれかを利用して行われている。したがって、広い意味でのホームレス状態にある貧困女性が福祉を利用するとき、主要には子どもを養育する母として保護されるか、売春婦として処罰と保護更生の対象になるか、歴史的にそのどちらかの位置しか用意されていなかった、ということができるだろう。一方で婚姻制度に女性を導きながら、他方でそこにおさまらない男性の性的欲望を充足させるよう売春婦を配置し、さらにそれを処罰の対象とすることであくまで例外的なものにとどめる。この母親と売春婦という二つの女性の位置は、どちらも婚姻制度の安定化のために不可欠なものだったのである。ここから利益を得てきたのは、婚姻制度によらずとも性的欲望を満たすことのできる男性であり、婚姻制度を安定的に維持することのできる国家であり、子産みと家事労働を行う女性を確保することで労働力の安定的な再生産をはかることのできる資本だった。

ナンシー・フレイザーは、一見ジェンダー中立的に見える社会政策が、じつはいかにジェンダー化されているかについて述べている（Fraser 1989）。賃労働者である男性が危機に陥ったとき、受け取るのは失業保険や社会保障である。これは過去に行った労働に対する支払いという形を取るため、給付水準も高く、給付にスティグマをともなわず、生への介入や監視があまりない。これに対して女性にとっての規範的な生とされる、おもに家事労働を担っていた賃労働者の妻が危機に陥ったときには、危機を招いた女性自身のモラルが問われ、スティグマをともなう福祉給付が制度化されており、この給付を受けてなお多くの女性は貧困から抜け出せないのが現状である。このように福祉制度全体がそもそも男性と女性とで異なり、女性が性別役割を遂行することを前提に設計されており、それだけではなくこの制度自体が、それに依存して生きざるをえない女性たちを女性役割に押し込め、社会の安定化をはかるのに都合のいい方向へと、貧困女性の生を規制してきたのである。そしてここには、性差別的な体制を解消しようとする視点も、女性が人として尊厳ある生を生きられるよう支援しようとする視点も、ほとんど見られないのである。

最近では女性を対象にした福祉領域でも、性別役割分業を前提とした従来のものとは異なるワークフェア型の福祉が進行しており、女性にも男性と同様に就労を求める圧力は高まっている。女性が経済的に自立すること自体は確かに女性の自由度を高めるはずだが、現在の労働者という概念自体が、女性の家事労働を前提にして働く男性労働者のもので成り立っていることを考えれば、単純に就労を求めるだけでは、女性に家事と就労の二重負担を押しつけることになり、その困窮を加速させていくことにしかならないだろう。

次章では、このように貧困女性の生を一定の向きに方向づけるような福祉制度のもとで、女性ホームレスたちがどのようにそれと距離を取りながら生きているのかを、具体的な場面にそくして見ていくことにしたい。

第4章　福祉施設の利用とジェンダー規範

1　福祉制度の内包する女性観

第3章では、ホームレスの女性に対応してきた福祉制度の歴史的な展開過程を見ることを通して、援助に値するとみなされる者とみなされない者が、どのような基軸のもとに切り分けられてきたのかを検討した。この基軸は男性と女性とでは異なり、男性の場合には稼働能力の有無がまず問われるのに対して、女性の場合にはそれだけではなく、支配的な女性役割、つまり賃労働をする男性と家事労働をする女性からなる近代家族に適合的な度合いに応じて、福祉制度によるあつかいが異なっていた。

このことは、男性と女性の福祉的な選択肢に違いを生み出すとともに、福祉制度に依存して生きざるをえない人の生を、一定の方向に導くものとして機能すると考えることができる。このことをホームレスについて検討したのが、第1章でも言及したパサロの研究である。パサロは女性ホームレスについて、男性にはない福祉的な選択肢が用意されているために、福祉制度が前提とする望ましい女性像にしたがう限り、生きぬくことができるという。それにもかかわらず「野宿生活にとどまり続けるのは、ジェンダーに背く者、つまり保護されること、害のある家庭をふたたびつくること、役所の恩着せがましさやパターナリズムに慎重な女性に限られる」（Passaro 1996：63）。

実際パサロがいうように、福祉制度は近代家族を規範化した、女性を支配的な女性役割に沿って方向づける体系となっている。そのことからパサロは、福祉制度を利用する女性としない女性の違いを、支配的な女性役割に適合的か否かの違いとして理解する。このときジェンダーは、福祉制度の体系に埋め込まれた静態的な規範であるとともに、人に恒常的に備わった固定的な性質としてとらえられている。そのためにパサロは、路上にとどまり続ける女性野宿者たちを、支配的なジェンダー役割にしたがわない女性と考えるのである。しかしこのようなジェンダーのとらえ方は、女性ホームレスのなかでも個人差の大きいジェンダー意識や、つねに一貫しているとは限らないそのありようを見落とし、路上にいる女性たちを性的な逸脱者としてあつかうものだろう。また福祉制度の体系がはらむ望ましい女性役割が、必ずしもそれが運用される場面で持ち出されるとは限らず、性別カテゴリーを引きあいに出して行われるもの以外にも、さまざまな生の方向づけが福祉制度の利用と引き換えに示されることを見逃してしまう。

したがって以下では、第１章でも述べたように、ポスト構造主義にもとづく経験的な研究の成果に依拠して、ジェンダーを、人が性別カテゴリーを参照する実践によって、不断に性別主体と権力関係を構成する過程としてとらえる。このような視点に立てば、パサロのように福祉制度の体系が内包している規範的な女性役割をあらかじめ静態的にとらえ、個々の行為者をこうした女性役割を内面化したり、それに背いたりする存在として考えるのではなく、相互行為の場面ごとに、性別化された概念を引きあいに出しながら、行為体のあいだで不断に交渉し実践されていく過程そのものに照準化していくことになる。そうすれば、福祉制度を利用している女性ホームレスたちの日常の様子のなかに表れる、福祉制度に埋め込まれた望ましい女性像を、それが運用される具体的な場面において見ていくことができる。また女性ホームレス個々人によって異なる一貫しているとは限らないジェンダーのあり方も、とらえられるようになる。

そのために本章では、第3章で見たような女性像をはらんだ福祉制度が、具体的な地域においてどのように運用されているのかを概観する。例にするのは東京都である。そしてそうした運用の結果、異なる根拠法にもとづく異なる福祉施設が、どのようなホームレスの女性たちに利用されているのかを見ていく。つぎにそうした施設のうち、東京都内にある無料低額宿泊所という種類の施設のなかでの、女性たちの生活の様子と福祉制度の運用にかかわる場面に焦点をあてる。この福祉施設という空間において、ホームレスの女性たちがしたがうことを求められる呼びかけと、それがジェンダーといかに関係しているかを見ることが、本章での課題となる。具体的には、どのようなプロセスを経て福祉受給にいたり、本人や周囲の人が施設での生活をどう理解し意味づけ、どのような過程を経て支援の方向や退所後の生活が決まっていくのかを、日常の場面においてエスノグラフィックに描き出す。それによって、女性たちが福祉制度を利用するときにしたがうことを求められる規範と、それがジェンダーにいかに関係して現れるかを検討していきたい。

2　女性ホームレスへの福祉的対応

2-1　女性を対象とした福祉施設の現在

安定した居住場所を持たない生活困窮状態にあるホームレスの女性が利用できる福祉制度は、第2章で見てきたとおり、生活保護、婦人保護、母子福祉など、複数存在している。ではホームレスのなかでも、どのようなニーズを抱える女性がどの制度を利用しており、これらの異なる制度間の関係はどのようになっているのだろうか。

生活困窮者が利用する生活保護制度では、法のなかに「他の法律に定める扶助は、すべてこの法律による保護に優先して行われるものとする」とあり、障害者施策や高齢者施策が利用できるときは、まずそうした他法他施策の利用が優先されることになっている。一方、婦人保護事業でも、他法優先の原則がある。第3章で見たとおり、婦人保護事業はそもそもは売春を行っている／行うおそれのある女性を保護更生させるためのものであるが、度重なる通達と根拠法の付加によって事業の対象者が拡大されてきた経緯があり、直近の二〇〇二年の厚生労働省通知でも、婦人保護事業の対象者として、売春経歴がある人、売春を行うおそれがある人に加えて、「配偶者（事実婚を含む。）からの暴力を受けた者」と「家庭関係の破綻、生活の困窮等正常な生活を営む上で困難な問題を有しており、かつ、その問題を解決すべき機関が他にないために、現に保護、援助を必要とする状態にあると認められる者」が挙げられている（「配偶者からの暴力の防止及び被害者の保護に関する法律」の施行に対応した婦人保護事業の実施について」より）。したがって現実には生活困窮、障害、家族からの暴力など、さまざまな問題を抱える女性が利用しているが、とくに生活に困窮している女性の場合、生活保護と婦人保護のどちらを利用するのか、両方が他法優先とされているために判然としないことになる。

つまり、生活困窮状態にある女性が福祉制度を利用する際、窓口となるのは、福祉事務所および婦人相談所の二つがあることになる。福祉事務所とは、福祉六法（生活保護法・児童福祉法・母子及び寡婦福祉法・老人福祉法・身体障害者福祉法・知的障害者福祉法）に関する事務を行う機関であり、女性ホームレスにかかわるものとしては、生活保護の手続きや、保護施設への措置、母子世帯には母子生活支援施設の入所手続きなどを行っている。婦人相談所とは売春防止法に定められた機関で、一時保護所を併設しているほか、婦人保護施設への措置を行っている。ＤＶ防止法制定以降は、ＤＶ被害者の相談・援助に応じる配偶者暴力支援センターの機能をあわせもつようになったところが多い。

定まった住居を持たない女性のホームレスが、これら二つの窓口のいずれかに相談に行くと、当面の住まいを確保するために、婦人相談所やその他自治体が指定する施設において、約二週間の緊急一時保護が行われるのが一般的である。その後、本人の希望や、住居を失うにいたった理由、子ども連れか単身か、稼働能力、収入、資産、扶養できる親族の有無などに応じて、親族宅に行く、居宅を定めて生活保護を受給する、施設を利用するのいずれかが決められる。ＤＶから逃げてきた人など、居住場所さえあれば生活が可能と思われる場合には居宅保護になることもあるが、複雑な行政手続きが必要だったり、日常生活に見守りや支援が必要だと思われる場合は、とりあえず施設に入所することになる。それまで野宿をしていたという人も、日常生活に支援が必要か否かがわかりにくいため、当面は施設に入所する

表7　女性ホームレスが入所している施設

事業種別	名称	事業内容	定員充足率
生活保護	救護施設	身体上又は精神上著しい障害があるため日常生活を営むことが困難な要保護者を入所させて，生活扶助を行う	100.5％
	更生施設	身体上又は精神上の理由により養護及び生活指導を必要とする要保護者を入所させて，生活扶助を行う	79.5％
	宿所提供施設	住居のない要保護者の世帯に対して，住宅扶助を行う	61.6％
婦人保護	婦人保護施設	要保護女子（性行又は環境に照して売春を行うおそれのある女子）を収容保護する	38.2％
母子福祉	母子生活支援施設	配偶者のない女子又はこれに準ずる事情にある女子及びその者の監護すべき児童を入所させて，これらの者を保護するとともに，これらの者の自立の促進のためにその生活を支援する	
その他	無料低額宿泊所	生計困難者のために，無料又は低額な料金で簡易住宅を貸し付け，又は宿泊所その他施設を利用させる事業	
	無届施設		

＊緊急一時保護のみを目的にした施設は含まない。
＊母子生活支援施設は定員が世帯数，在所者数が子を含む数になっていたため，充足率を算出できなかった。
出所：東京都福祉保健局総務部（2011），厚生労働省（2011d）より作成

ことになるのが一般的である。そして施設を利用することになれば、どのような種類の施設に入所するのかがつぎに決められる。

生活に困窮しているホームレスの女性が緊急一時保護ののちに利用していると考えられる施設は、表7のとおりである[1]。これらの施設のうち、女性のみを利用対象としているのは婦人保護施設と母子生活支援施設であり、さらにそれ以外でも、女性専用の救護施設や更生施設などが都市部には存在している。また男性女性両方を受け入れている施設もあるが、利用者の性別が

表8　女性ホームレスが入所している施設のコスト（月額）と職員配置基準

		一人あたり事務費	一人あたり事業費	職員数
生活保護	救護施設	17万5100円	6万4240円	18人
	更生施設	12万1100円	6万8050円	13人
	宿所提供施設	2万9800円	?	3人
婦人保護施設		8万7800円	5万4600円	9人
母子生活支援施設		11万8090円	3550円	6人
無料低額宿泊所・無届施設		13万5310円（生活保護費）のなかから利用料を払う		規定なし

＊東京都の基準で，各50名定員の施設として算出。母子生活支援施設は定員20世帯とし，1世帯あたりの額とする。生活保護費は41～59歳として算出。
出所：中央法規（2012）より作成

明らかにされていないことが多いため、女性がどの程度在所しているのかは把握することができない。このうち、どこの施設に入所することになるのかは、単身か子ども連れかといった世帯構成や、相談に行った窓口、住居を失うにいたった理由などによって異なってくる。こうした本人側の事情だけではなく、ケースワーカーの裁量や施設の空きなど、外的な条件に左右されることも多い。とくに同じ自治体内に類似した役割を持つ施設が複数ある場合には、それらをどのように振り分け運用するのかは、自治体のローカル・ルールによってさまざまである。

またこれらの施設の定員充足率（在所者数／定員）の全国的な値は、表7の右端のとおりである。施設の活用度には地域によって大きな違いがあるが、婦人保護施設は三八・二％と、生活保護施設と比べて充足率が非常に低くなっている。一方、これらの各施設のコストと職員配置は、表8のようになっている。施設の設置目的が異なるためいちがいに比較は

表9　東京都内の女性ホームレスが入所している施設の数と定員

事業種別	名称	施設数	定員数(人)	女性の割合
生活保護	救護施設	10	948	半数以下？
	更生施設	10	922	女性専用施設が3カ所ある（女性の定員130人）
	宿所提供施設	7	567	7割
婦人保護	婦人保護施設	5	230	女性のみ
母子福祉	母子生活支援施設	36	746（世帯）	女性世帯のみ
その他	無料低額宿泊所	170	5316	女性専用施設が一部ある
	無届施設	?	?	一部，女性利用者含む（DVシェルターも含む）

＊緊急一時保護のみを目的にした施設は含まない。
出所：厚生労働省（2011d）より作成

できないが、婦人保護施設は救護施設・更生施設と比べて、施設運営や一人あたりにかかるコストが低い。また無料低額宿泊所や無届施設では、利用料や提供されるサービスの質、部屋の広さ等は運営主体によってまちまちだが、運営にかかるコストは概して第一種社会福祉事業の施設よりかなり低くなっている。(2)

2-2　東京都の女性施設の利用者

つぎに、複数の法にまたがる位置づけの異なる施設が、実際にどのように利用されているのかを、女性利用者を受け入れている施設にしぼって、東京都を事例に、より詳細に見ていきたい。東京都内にある、とくに広い意味でのホームレスの人が多く入所していると考えられる施設は、表9のとおりである。女性の利用者の割合が高い順に、表を濃い色で示してある。救護施設は、利用者の性別が明らかにされていないが、男性専用や男女混

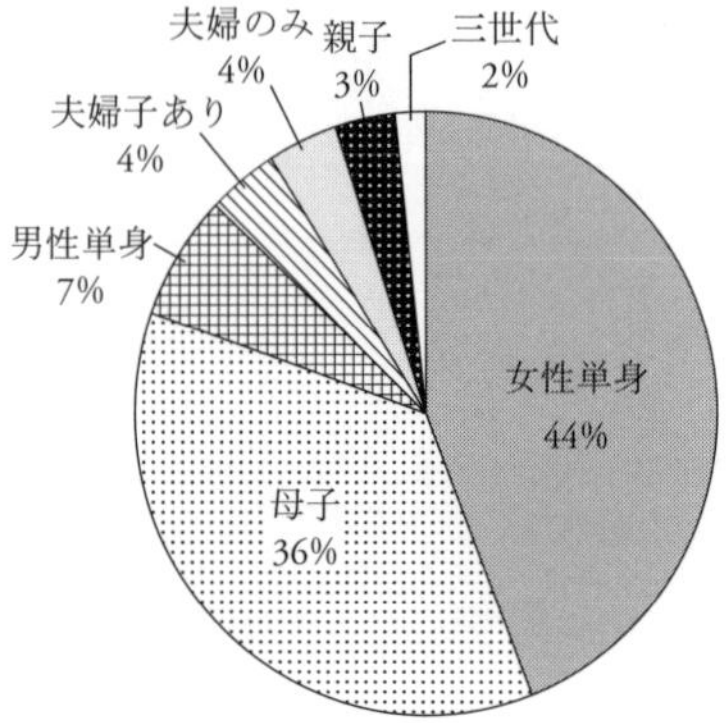

出所：特別区人事・厚生事務組合（2010）より作成

図８　宿所提供施設利用者の世帯内訳

合の施設などがあり、女性の利用者は全体の定員の半分以下と考えられる。都内に一〇ヵ所ある更生施設は、そのうち三ヵ所が女性専用となっている[3]。宿所提供施設は七ヵ所あるが、DV防止法が制定された二〇〇三年以降、緊急一時保護を求める女性のニーズが増加することを見込み、利用を緊急一時保護に特化するようになっている。その結果、利用者の八割が女性となっている（図８）。無料低額宿泊所は利用者の多くが男性であり、また利用者の性別が明らかにされていないため女性の数は不明であるが、女性専用の施設が、私が把握しているだけで二〇ヵ所程度存在し、男女混合の施設もある。後述するA宿泊所も、こうした女性専用の無料低額宿泊所のひとつである。無届施設についても、その実態がわからないこともあって女性利用者の数は不明だが、男女混合のところや、DVシェルターをはじめ女性専用のものもあると考えられる。

つぎにこれらの施設の利用者の状況を、各施設の事業概要や報告書等の統計データが明らかにされている更生施設、宿所提供施設、婦人保護施設、母子生活支援施設の四種類のみであるが、より詳細に比較していきたい[4]。

まず定員に対する充足率を比べてみると（図9）、婦人保護施設が六割以下ともっとも低く、母子生活支援施設が八割程度、更生施設は満員の状態になっており、施設間でかなり違いがある。宿所提供施設は八割程度の充足率だが、これは緊急一時保護に利用を特化しているため、充足率にばらつきが出てしまうことが考えられ、他の施設と単純に比較することはできない。

利用者の年齢を見ると（図10）、婦人保護施設は更生施設よりも年齢層が若くなっており、母子生活支援施設は子どもを抱える母のための施設であるため、六〇代を超える高齢者はいない。

在所期間では（図11）、緊急一時保護の利用に特化している宿所提供施設の利用期間が短く、婦人保護施設と母子生活支援施設で一部三年を超える長期利用者がいる。

入所理由については（表10）、施設種別ごとに統計の取り方が異なるため比較するのは難しいが、回答の多い理由から順に、更生施設は「住所なし」「病院退院後帰来先なし」、宿所提供施設は「夫の暴力からの逃避」「野宿生活」、婦人保護施設は「生活困難」「妊娠出産」、母子生活支援施設は「住宅困窮」「夫等の暴力」となっている。生活・住宅困窮はどの施設でも共通する大きな入所理由になっていること、夫の暴力も共通して見られること[5]、また障害などによる社会生活の困難も共通した入所理由となっていることがわかる。

就労状況については（図12）、婦人保護施設と母子生活支援施設で就労率が高いが、これは生活保護施設では就労しなくても月数千円程度の小遣いが支給されるのが一般的であるのに対し、婦人保護施設・母子生活支援施設ではそうした小遣いが支給されず、たばこや化粧品を購入したければ働かなけれ

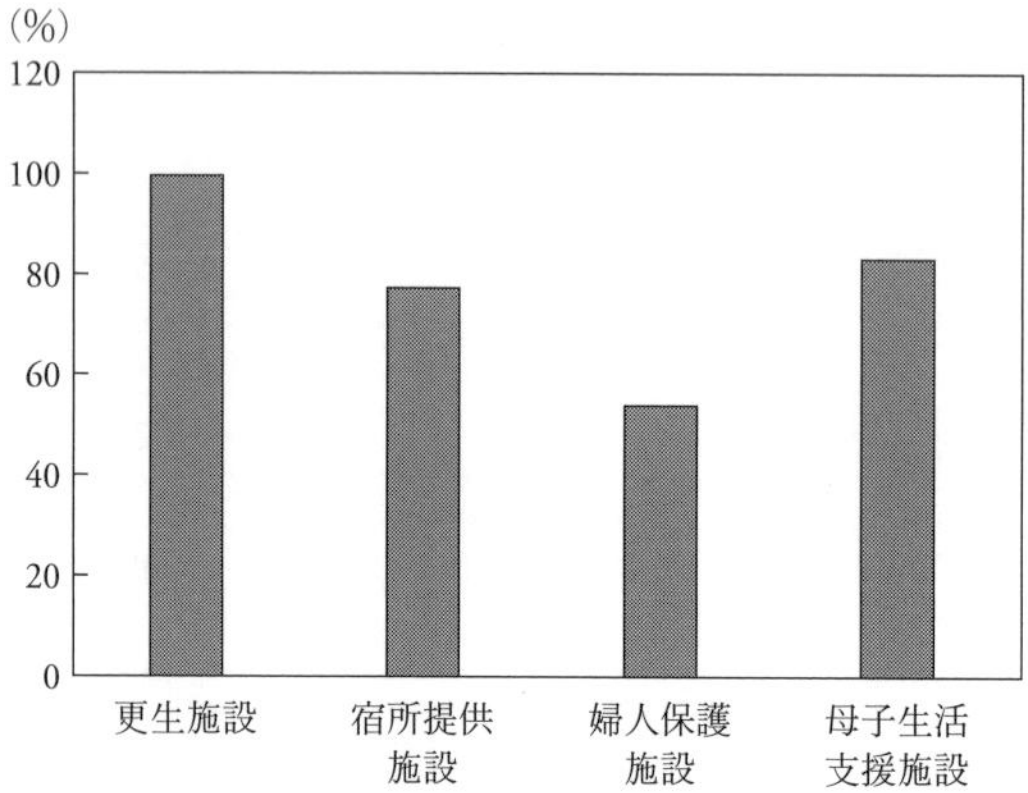

＊宿所提供施設と母子生活支援施設は世帯。
出所：厚生労働省（2011d）より作成

図9　定員充足率

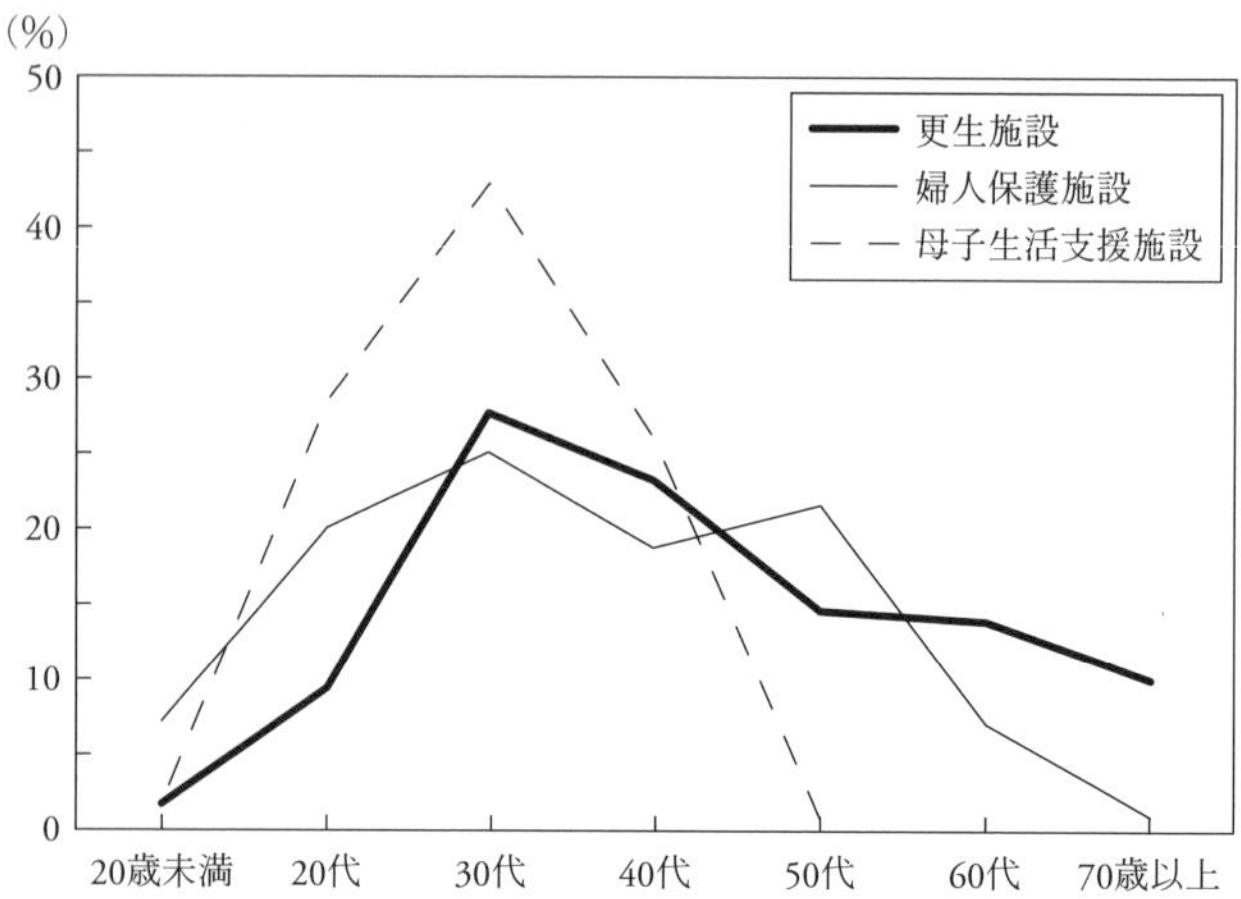

＊宿所提供施設については，世帯主の年齢が明らかにされていないため，グラフから省いた。
出所：注4を参照。表10，図11〜14も同様。

図10　利用者の年齢

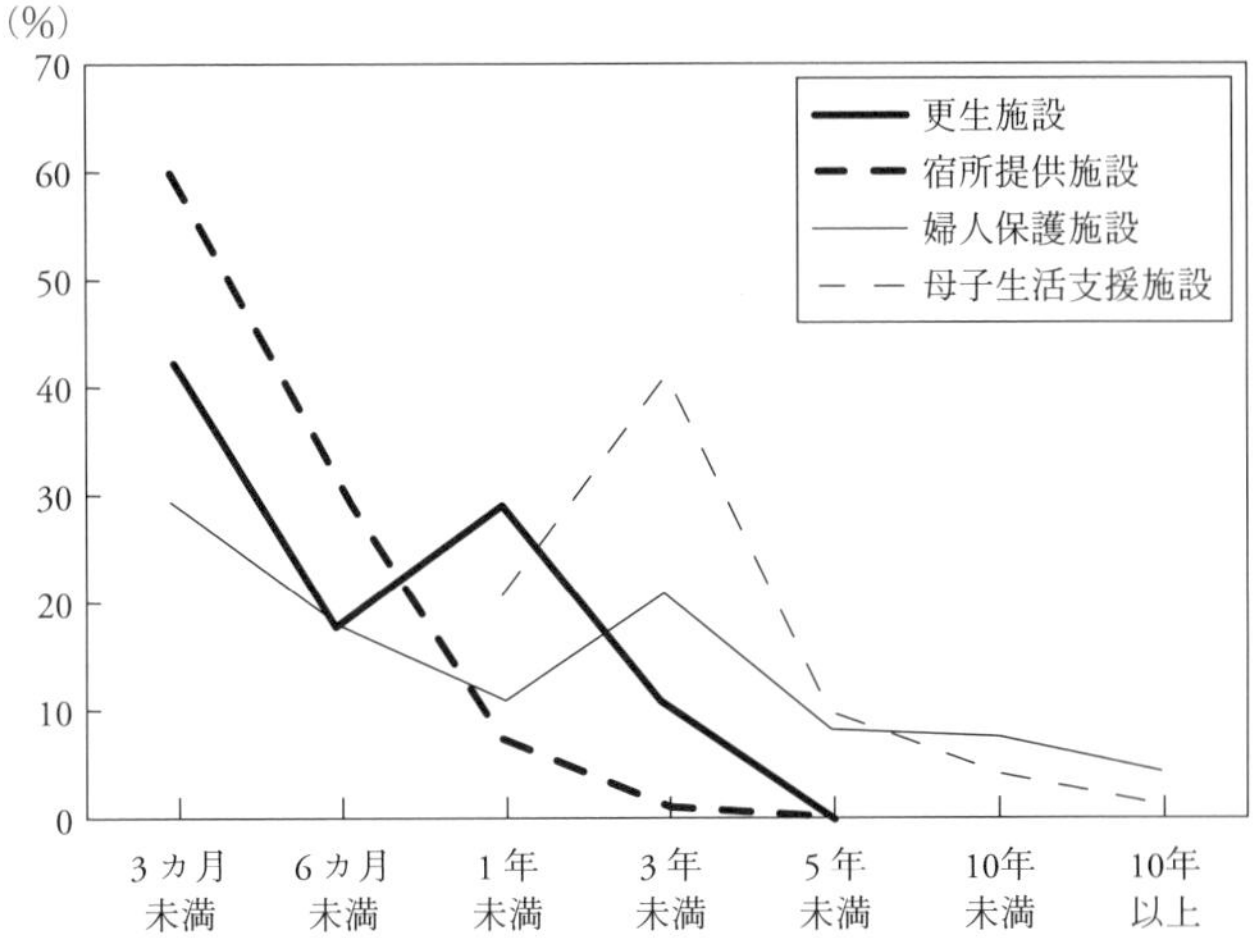

＊更生施設1カ所，宿所提供施設1カ所については統計の取り方が異なり，退所世帯の在所期間ではなく，在所者の在所期間となっている。
＊母子生活支援施設については，3カ月未満，6カ月未満のデータが存在せず，すべて1年未満に含まれている。

図11　在所期間

表10　入所理由

	更生施設	宿所提供施設	婦人保護施設	母子生活支援施設
1	住所なし　49.8%	夫の暴力からの逃避　23.5%	生活困難　87.4%	住宅困窮　47.3%
2	病院退院後帰来先なし　23.3%	野宿生活　14.7%	妊娠出産　28.7%	夫等の暴力20.8%
3	居宅での生活困難　17.2%	家賃滞納　10.7%	障害疾病　27.5%	経済的困窮17.1%
4	現住所立ち退き　3.7%	親族不和　8.9%	育児習得　24.7%	生活環境不良　7.2%
5		自立した社会生活困難　7.7%	夫(内夫)の暴力　23.1%	心身の不安定・心身障がい　3.0%

＊婦人保護施設は複数回答。

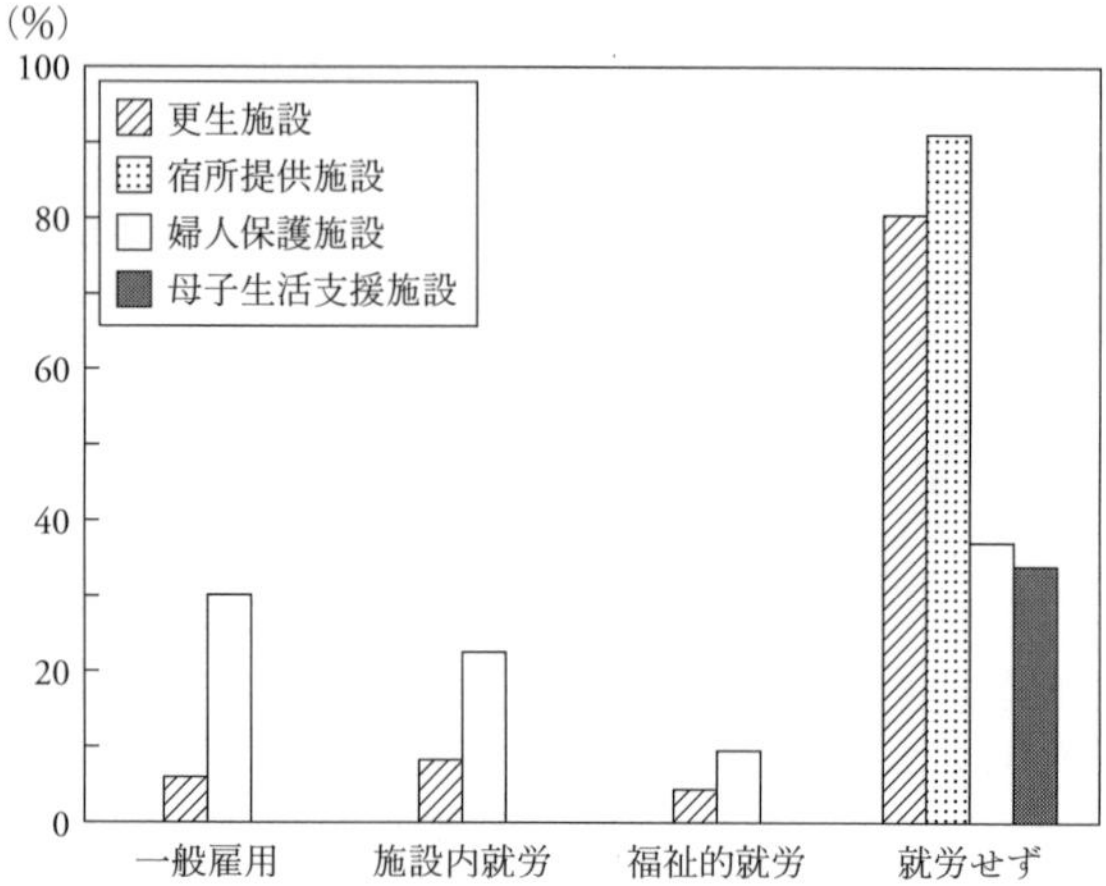

＊宿所提供施設・母子生活支援施設では，就労している場合の就労形態の内訳については，データが存在しなかった。

図12　就労状況

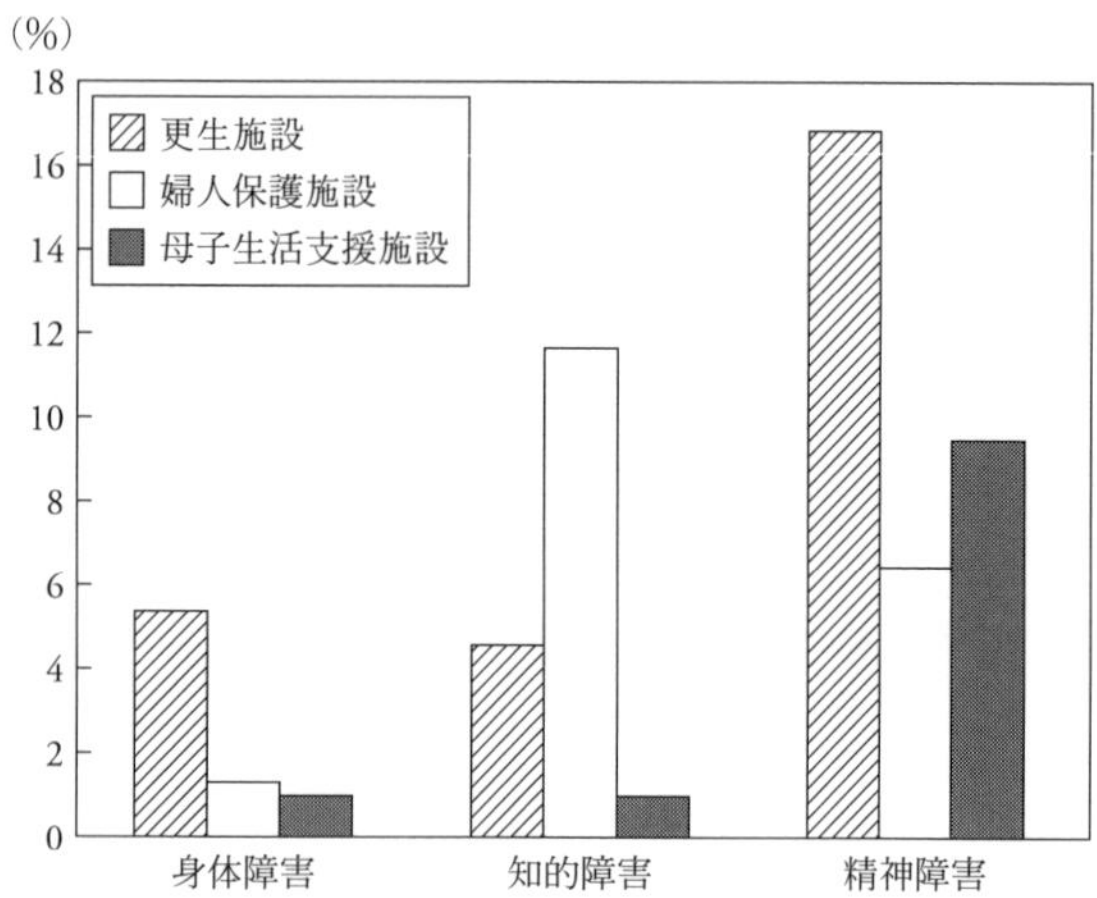

＊障害者手帳保持者のみ数えている。
＊宿所提供施設についてはデータが存在しなかった。

図13　障害を持つ人の割合

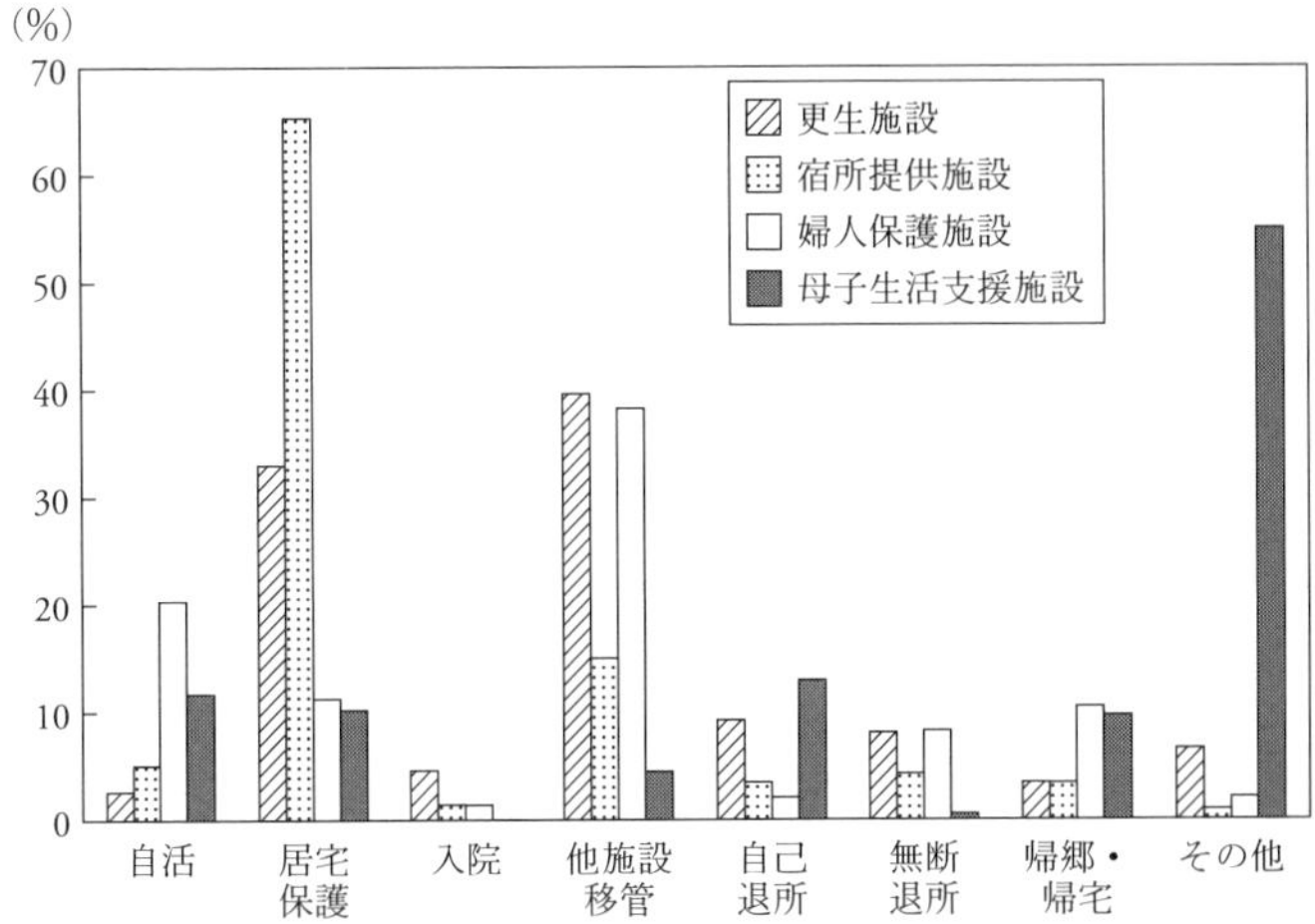

＊婦人保護施設については，「退所先」および「退所者の生活状況」のデータを利用している。就労や年金中心の収入状況と思われるものを「自活」に，生活保護を受給している場合を「居宅保護」とした。
＊その他，統計の取り方が異なる部分については同じことがらを意味していると考えられるもので分類し，分類不能なものは「その他」とした。
＊母子生活支援施設の「その他」には，都営住宅に当選したことによる「住宅事情の改善」(34.5％)，利用期間満了（10.6％）なども含む。

図14　退所理由

ばならないという事情にもよると思われる。宿所提供施設は緊急一時保護のためか、就労者は少ない。

障害を持つ人の割合は（図13）、更生施設で精神障害者の割合が高く、婦人保護施設では知的障害者の割合が高くなっている。これは近年、療育手帳（知的障害者が取得する障害者手帳）の取得支援を積極的に行っている婦人保護施設があり、そうした取り組みの成果とも考えられる。

退所理由については（図14）、緊急一時保護を行っている宿所提供施設で「居宅保護」が多い以外は、婦人保護施設で「自活」が多く[6]、母子生活支援施設に「その他」が多くなっている。

以上のように、広い意味でのホー

ムレスの女性が多く入所している更生施設・宿所提供施設・婦人保護施設・母子生活支援施設の利用者は、異なる点はあるものの、入所理由に共通性がかなり認められるなど、類似した問題を抱える人も多いといえるだろう。同様に、今回統計データが得られなかった女性専用の無料低額宿泊所などでも、実態は類似していると考えられる。しかしながら、施設の定員充足率は、生活保護施設と婦人保護施設とでは大きく異なっている。生活保護施設、とくに更生施設はつねに満員の状態が続き、施設が足りないと二〇〇七年に女性専用の更生施設が新設されており、また無料低額宿泊所なども増えている一方で、婦人保護施設は六割も埋まっていないという不思議な状況があることがわかる。この施設利用の偏りについては、コスト面なども考慮に入れて、別途検討する必要があるだろう(7)。

3　A宿泊所の概要

ここからは、こうした福祉施設のなかで、ホームレスの女性たちがどのように暮らし、そこでどのように福祉制度が運用されて女性たちの生を方向づけているのかを、具体的に見ていきたい。

私が調査を行ったのは、女性専用の無料低額宿泊所である。無料低額宿泊所とは、第2章表4でも述べたとおり、「生計困難者のために、無料又は低額な料金で簡易住宅を貸し付け、又は宿泊所その他施設を利用させる事業」を行う施設であり、利用者のほとんどは生活保護を受給している。しかし第二種社会福祉事業の施設で、利用者への影響は小さいと考えられているために、措置によって入所が決められる生活保護施設とは違って、無料低額宿泊所では、利用者自身が施設と契約を交わして入所することになっている。

無料低額宿泊所の開設は、届出をすれば比較的簡単にできるため、二〇〇〇年ごろからＮＰＯを中心にさまざまな団体がこの事業に参入しており、施設数も増加してきている。しかし施設設備や提供されるサービスに照らせば高額な利用料を徴収している施設も多く、無料低額宿泊所が「貧困ビジネス」の温床になっているという報道が相次ぐようになった。そのため無料低額宿泊所を規制しようと設置指導指針を独自に出す自治体も多く、厚生労働省が実態を把握するための調査に乗り出している。その結果によれば（厚生労働省 2011a）、現在把握されている宿泊所の施設数は四八八、元野宿者などを中心に一万四九六四人が入所しており、そのうち生活保護受給者が一万三七九〇人を占めている。施設の不足する都市部に集中しており、全体の四割は東京都にある。

私が二〇〇二年一二月〜二〇〇三年一〇月にかけて一〇ヵ月間調査を行ったＡ宿泊所も、東京都内にある単身女性専用の無料低額宿泊所だった。Ａ宿泊所は、長く野宿者支援を行ってきたあるＮＰＯ法人によって、二〇〇〇年に開設されたものである。当時東京では、無料低額宿泊所が増加してきている時期だったが、女性専用のものは数が少なく、すでに男性用の無料低額宿泊所をいくつか運営していたこのＮＰＯ法人が、女性の生活困窮者のニーズにこたえようと、Ａ宿泊所を設立した。なお、本章のＡ宿泊所に関する記述は、すべて調査を行った二〇〇二〜二〇〇三年当時のものである。

Ａ宿泊所の説明として、利用者に渡される資料のなかには、「宿泊する皆さんが、地域の中で新しい生活をするための訓練の場です」とあり、住居のない生活困窮者が地域生活に移行するまでの通過施設であると位置づけられている。そのため退所後の生活を見据えて、Ａ宿泊所を出たあとにも利用者が十

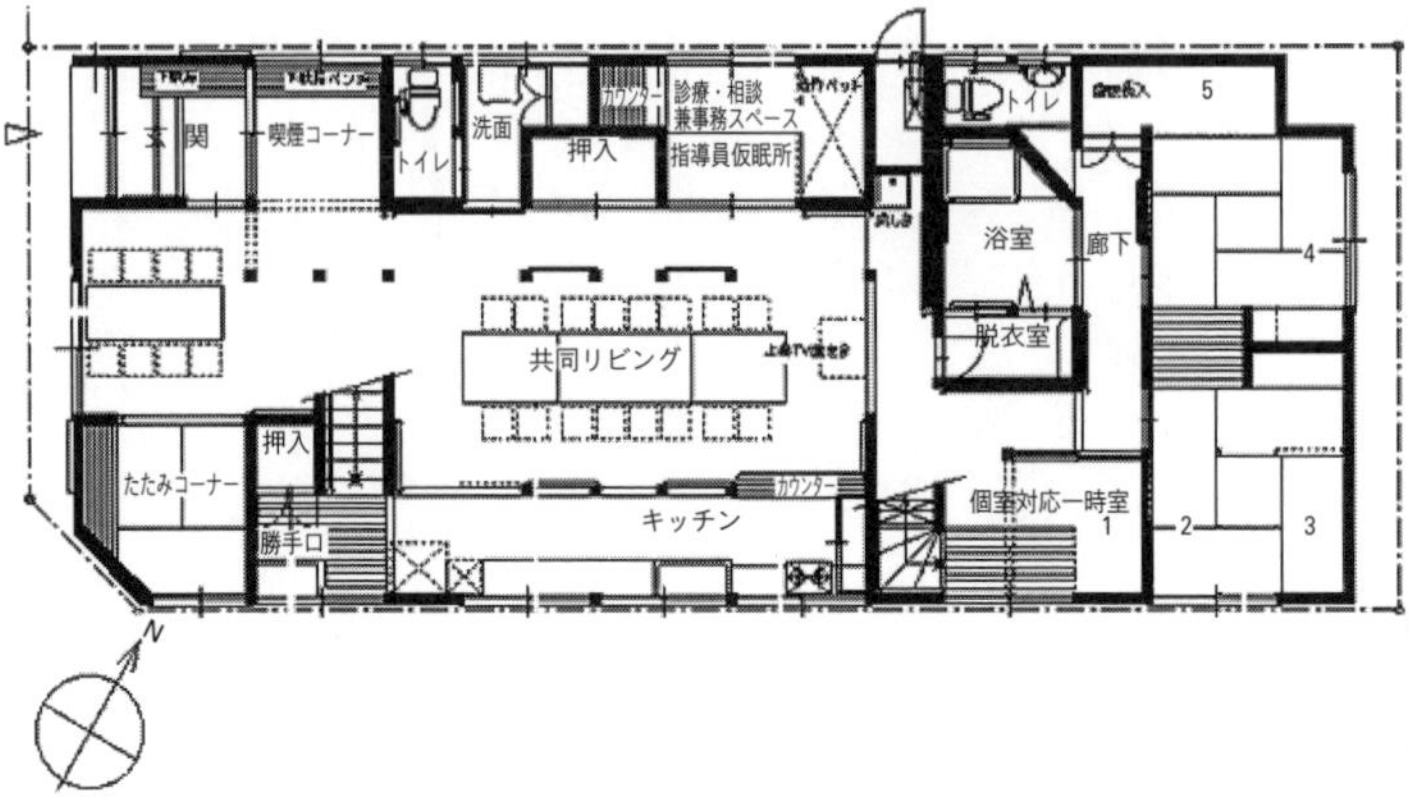

図15　A宿泊所の1階平面図

分な生活のサポートを受けられるよう、在所中から医療・福祉機関などの社会資源につなぐことが目指されていた。またA宿泊所はDVから逃げて来た女性が利用することもあるため、他の多くの女性施設と同様、住所は非公開とされている。A宿泊所の定員は一七名で、古い旅館を改装した建物に、三畳の個室（一部二人部屋がある）と食堂、喫煙所などの共同スペース、事務所があった（図15）。昼夜問わず一名の職員がおり、ほかに日中は調理職員が一名いて、食事は三食とも施設内で調理したものが提供されていた。

　利用料は、家賃が生活保護の住宅扶助の上限である月額五万三七〇〇円に設定されており、それに共益費として二三〇〇円／日が必要で、あわせると利用料は約四一〇〇円／日になる。利用者はほぼすべて生活保護を受給していたため（一部年金を受給し、足りない部分を生活保護費で補っている人もいた）、月約一三万円前後支給される保護費からこの利用料を払い、残りが本人の小遣いということになる。東京都が二〇〇三年に行った『宿泊所実態調査』（東京都福祉局 2003）から、A宿泊所を他の無料低額宿泊所と比較してみると、[8] 利用料は平均の三三五三円／日よりも高い。しかしA宿泊所で提供されているサービスは、調査項目にある「日常生活の援護」（提供している宿泊所は全体の八三・九％）、「苦情対応」（同九一・六％）、「健康管理」（同八八・八％）、「就労援助」（同九〇・一％）、「利用者の住まい探し」（同五四・五％）、「退所後アフターケア」（同一五・四％）、「福祉サービスの利用援助」（同六五・〇％）、「余暇活動」（同二一・〇％）の八項目すべてにわたっていたことから、他の無料低額宿泊所と比べて、サービスの質も高いことがわかる。

無料低額宿泊所は利用者を、福祉事務所から紹介・依頼を受けているところと、独自に路上などで集めているところがある。前者の方は、NPO法人が経営する宿泊所の利用者の五二・二％にあたり、こうした無料低額宿泊所については、福祉事務所でもその環境や活動をある程度評価していると考えられ（東京都福祉局 2003）、A宿泊所でもすべて福祉事務所からの紹介・依頼にもとづいた入所が行われていた。その手続きとしては、福祉事務所のケースワーカーが生活保護の受給を決めたのち、住まいのない生活保護受給者にA宿泊所を紹介し、見学と施設についての説明を受けて、本人がA宿泊所とのあいだに利用の契約を交わし、入所することになる。

利用者　タイムスケジュール

午前　６時	起床
午前　７時	朝食
午前　１１時３０分	昼食
午後　２時 ～午後　１０時	入浴（毎日）
午後　５時３０分	夕食
午後　10時	門限，消灯，就寝

＊出　金
平日　午前　9時～午後　0時
※　土日祝日の出金はできません。

＊洗濯時間
午前　7時～午後　5時

図16　A宿泊所のタイムスケジュール

A宿泊所では、門限が二二時に定められていたが、外

宿泊するために注意すること

　　　　　　は宿泊する皆さんが、地域の中で新しい生活をするための訓練の場です。そのために次のような生活上の決まりがありますので、生活のリズムの中に取り入れて、お過ごしください。

1　1日の生活は別紙のような時間割になっています。この時間割にそって規則正しく生活できるように心掛けてください。

2　館内の清掃は当番制になっていますので、場所ごとに行って下さい。それと共に、自分の衣服・体の清潔・居室の清掃を心掛けてください。

3　館内での飲酒・賭け事（ギャンブル）は厳禁です。またお金の貸し借りも厳禁です。

4　煙草は決められた場所で吸ってください。居室での寝煙草は厳禁です。

5　自分の物は自分で管理してください。貴重品は当館の職員が預かりますので申し出て下さい。また歯ブラシ、カミソリ、タオルは必ず自分の物を使ってください。貸したり借りたりしてはいけません。

6　食事は当番を決めて盛りつけを行います．もちろん当館の職員がアドバイス・サポートをします。ケガしないように、料理をつくる楽しみも経験してみましょう。後片づけもお願いします。

7　当館の運営費は皆さんに支給される住宅費と生活費によってまかなわれます。入所時にいったんお金を預かり、通院のための交通費など必要に応じて出金します。退所時には精算し、残金を返却します。

館長

図17　A宿泊所入所時に利用者に示される規則

出に制限はなく、事前に申し出れば外泊も認められていた。宿泊所内では、六時起床、二二時消灯と三度の食事時間（朝七時、昼一一時三〇分、夜一七時三〇分）というタイムスケジュールが定められており（図16）、所内の掃除や配膳、食器洗いなどは当番制で行われていた。それ以外の時間には、デイケアや作業所などに通うことになっている利用者もいたが、基本的に各自が自由にテレビを見たり散歩したり、雑談したりして過ごす。入浴は毎日、洗濯機は自由に使うことができる。利用者の金銭は基本的に職員が管理し、平日のみであるが、本人の申し出にもとづいて出金されることになっていた。またほとんどの利用者がなんらかの薬を服用していたが、飲み忘れのないように多くの人の薬は職員によって管理されていた。以上のような規則は、入所する際に一つ一つ本人に確認され、本人が同意をしたあとに利用契約が行われていた（図17）。

4　利用者の生活史と入所の経緯

調査期間の一〇ヵ月のあいだにA宿泊所を利用した人は二六人いた。その平均年齢は、六〇・五歳である。入所理由は、A宿泊所で利用されていた分類にしたがうと、「野宿」が六人、病院を「退院後帰来先なし」が五人、「自宅での生活困難」が四人、「DV」[9]が三人、「他施設からの移管」が三人、「その他および不明」が五人だった。しかしこれらの分類は直接の入所理由であって、これらの施設利用にいたる要因が複数折り重なっている場合も少なくなかった。たとえば、「野宿」を理由とする利用者は六人だったが、過去に野宿の経験がある人も含めると、一二人にその経験があった。また精神障害がある人が五人、知的障害がある人が三人いた。

つぎに、A宿泊所の利用者のうち、処遇に関する語りやエピソードがもっとも豊富にある四人をとりあげて、まずはA宿泊所にたどりつくまでの経緯を具体的に見ていきたい。

七〇歳のスミコさん（第2章表5①）は、野宿生活をしていたためにA宿泊所に入所することになった。生まれつき足に軽い障害があり（身体障害五級）、足を引きずって歩く。面倒見がよく気のきく人で、他の利用者や職員から厚い信頼を得ていた。彼女は、第2章の第4節で紹介したAの人物にあたる。そのため生活史は繰り返さないが、生活苦から借金を重ね、夫とともに野宿をするようになった。駅で野宿をはじめて四日後、偶然知りあったボランティアから生活保護を受けられると聞き、一緒に福祉事務所を訪れ、受給にいたる。しかし夫婦で入所できる施設がなかったことから、夫は男性用の宿泊所に、スミコさんは検査入院をしたのちにA宿泊所に、夫婦別れて入所することになった。

「そのときはやっぱり寂しかったね、最初は。……もう離ればなれでしょ。主人は……連れて行かれたでしょ。で私は私で、病院へ即、奥さんは入院してもらいますからって。つらかったです。どんなんなるんだろ思ってね、心細かったね。だから病院行って、まあ四〜五日経って、……病気が治ったらまたどっか連れて行ってもらうんかなと思って。怖かった、それはね。ここへ来るまではものすご不安だった。ここへ来ても、まあここはどういうとこかなあ思って、わかるまではね。なかの内容がわかるまでは、どういう人がなんでこういうとこ世話になるんかいうことが不安だったわね。」

スミコさんは、生活保護を受給するためとはいえ、夫と離れて暮らさなければならないことがつらかったと、当時のことを語っている。そしてA宿泊所に来るときにも、どんな場所かがわからなかったため、慣れるまでは不安だったという。

六八歳のカズコさん（第2章表5⑬）は、病院を退所後に帰る先がなかったためにA宿泊所に入所している。カズコさんは幼いころのけがのために片目がほとんど見えず、高血圧などの持病もあり、定期的に医師の訪問診療を受けている。カズコさんも、第2章の第4節で紹介したBの人物にあたり、生活史は繰り返さないが、仕事を解雇され、居候していた友人宅を出て野宿をするようになった。野宿生活を二カ月続けたとき、偶然知りあったボランティアに付き添われて福祉事務所に行き、生活保護を受給することになる。

「それまで区役所に相談に行けるとかって知ってました？」「知らない。だいたいそういうとこ行くの男の人ばっかりだと思ってたからね。」

それまで生活保護を受給できることを知らず、そのような手続きは男性がするものだと思っていたと語っているカズコさんは、公的制度の利用をジェンダーと結びつけて理解し、女性の自分にはなじまないと考えていたことがわかる。その後、検査も含めてしばらく入院したのち、A宿泊所とは別のある女性用宿泊所へ入所することになった。そこでの生活は「針のむしろ」で、「置いてもらえるだけでもいいんだ」と肩身の狭い思いをしながら過ごしており、もっとも嫌な思いをしたのが職員の対応だったという。

「まあそこね、＊＊さん（職員）はいいんだけどね、＋＋さん（職員）はね、すごい表裏激しいのよね。だからいつも一緒にいる人、私がさ、これは針のむしろだねって。みんな置いてもらえるだけでもいいんだってよく言ってたけどね。……自分から短気起こしてね、ここ出ちゃだめだよって。なにごとも我慢しなねって言われた。」「そこはなにが一番嫌でした？」「やっぱりこう、責任持ってその場所の管理っていうかな、やってる人の。……気持ちよね。あの人は極端だ。」

カズコさんは約一年そこに滞在していたが、病状が悪化してふたたび入院することになった。退院後、同じ宿泊所に戻ることを考えなかったのかと問うと、「あそこ戻るくらいなら路上生活がいい」と答えている。そしてA宿泊所に入所することになった。

〔ここが決まったのはどういう経緯だったんですか?〕「それはケースワーカーさんに聞かないとわからない。ケースワーカーさんが探してくれて、そのように。」……〔たとえばこういうとこに住みたいとか、そういう希望は言うんですか?〕「わかんないから、どういうのあるか。こういう福祉でも、女性だけ預かっているとこっていうの、あとどこにあるか。」〔で、一緒にケースワーカーさんと来て。〕「そう、ケースワーカーさんに迎えに来てもらって……。」

カズコさんにA宿泊所に入所が決まった経緯をたずねると、ケースワーカーに聞かないとわからないと答えており、入所できる施設についての選択肢を提示されることや、自分の希望を伝えることはないまま、A宿泊所に連れられて来たことがうかがわれる。

四〇歳のアキさん(第2章表5㉗)は、夫のDVから逃げてきてA宿泊所に入所した。彼女は片半身に麻痺があり、杖をついて歩く。依存症の治療のために毎日自助グループに通っており、A宿泊所には寝に帰るだけのような生活をしている。アキさんは高校卒業後、正社員としてスーパー、調査会社で働いた。二八歳のとき職場結婚。その年、突然脳梗塞で倒れ、片半身に麻痺が残った。夫には「おまえの世話をするために結婚したんじゃない」と、たびたび言われたという。その後はリハビリと家事をする毎日だったが、しだいに夫の給料や年金、生活費をパチンコにつぎ込み、借金を重ねる。そのころから夫は暴力もふるうようになった。三九歳のとき、友人宅に逃げ、友人が地域の保健センターに相談、女性相談センターを紹介され、ＤＶケースとして二週間の一時保護をされることになった。そこで医師よりギャンブル依存症との診断を受ける。そして依存症を治すために、自助グループに通うよう医師に言われ、そのときの生活の場として、Ａ宿泊所に入所することになった。

六〇歳のナミエさんは、他の施設から移ってきた人である（生活史に不明な点が多いため、第２章表５には載せていない）。片手に麻痺があり、身体がつねに小刻みに震える病気を持っている。そのため食器を持ったり運ぶ動作は難しかったが、日常生活はなんとか一人でできていた。彼女はこれまで入所した施設で、知的レベルが少し低いと言われていたというが、療育手帳は取得していなかった。中学校卒業後、新聞や牛乳の配達の仕事をし、三一歳のときに結婚。夫が酒を飲んでは家族中に暴力をふるい、結婚生活は二年しか続かなかった。子どもはいない。その後夫は刑務所に入所したが、ナミエさんは離婚後も婚家にとどまり、配達の仕事を続けていた。仕事の途中に交通事故に遭ったことがきっかけで、身体の震えの症状が出るようになったという。その後の生活史は詳しくわからなかったが、二年間の野宿生活ののちに検査入院、退院して女性相談センターで一時保護され、婦人保護施設に入所した。そのあと更生施設に移動するが、そこで別の入所者とけんかをして退所させられ、Ａ宿泊所に移ってきていた。

これらの生活史を見ると、Ａ宿泊所の入所理由として把握されていたのは便宜的な分類であり、入所にいたった要因は複合していて、単純に分類できないことも多いことがわかるだろう。カズコさんやナミエさんは、Ａ宿泊所での分類では「退院後帰来先なし」や「他施設からの移管」となっていたが、最初に施設に入った理由は野宿生活をしていたためであるし、アキさんの場合もＤＶが直接の入所理由となっているが、ギャンブル依存症もあり、両者は相互に切り離せない問題となっている。

そして複数ある施設のうち、なぜA宿泊所に来ることになったかという理由については、スミコさんやカズコさんのように、ほとんどの利用者には明確に意識されていなかった。またスミコさんのように、どこに連れて行かれるのかわからずに不安だった、と語る人も少なくなかった。こうしたことから利用者は、事前にA宿泊所について十分な説明を受けたり、複数の施設が選択肢として示されて、そこからA宿泊所を選んで入所しているわけではないことがわかる。先にも述べたように、本来A宿泊所は措置施設ではなく、利用者が自らの意志で契約を交わして入所する場所である。しかし本人が施設見学後に納得をして契約を交わしていても、そもそも生活保護の受給の可否を決定するケースワーカーに連れられて来た場合、入所を拒否すれば生活保護も打ち切られるのではないかと恐れ、事実上契約する以外の選択肢はないと考えられる。また現実には女性が入所できる施設の数は少なく、さらに施設の空きが限られているためにほとんど選べる状況ではなかった。したがってA宿泊所では、形式上は利用者の意志による契約にもとづいて利用されていたとはいえ、事実上はほとんどケースワーカーの権限で決定される措置施設のような形で、入所にいたっていたといえるだろう。

5　処遇の方針と支援の方向性

A宿泊所は通過施設であり、「地域の中で新しい生活をするための訓練の場」として、退所して地域生活に移行していくことが目指されている。利用者はほぼすべて生活保護を受給しており、生活保護の受給の可否や退所後の生活の方針は、本人の希望や抱えている問題などを考慮して、最終的には福祉事務所のケースワーカーが決定する。Ａ宿泊所での日常生活の様子も、こうした決定の重要な判断材料になるため、Ａ宿泊所でも随時ケースワーカーと連絡をとりあっていた。このようにして本人、ケースワーカー、Ａ宿泊所の三者の折衝のなかで、利用者の退所後の生活の方針が決められていく。そしてこの処遇方針にもとづいて、Ａ宿泊所では退所後の生活に向けた支援が行われていた。しかしなかには、退所後の生活の明確な方針が立たないままの人もいた。ケースワーカーも日常の業務に追われ、問題が起こらなければ積極的にＡ宿泊所や利用者に連絡を取ることはなかったためだろう。また福祉事務所の方針やケースワーカーの問題のとらえ方などによって、同じような状態にあるように見える利用者でも、その処遇が異なるということはしばしば起こっていた。

Ａ宿泊所でもっとも多かったのは、特別養護老人ホームや更生施設など、他の施設に空きが出るのを待機している人だった。こうした人はたいがいなんらかの病気や障害を抱えており、通院したり、Ａ宿泊所で訪問診療や訪問看護を受けていた。要介護認定を受けている高齢者も四人おり（要介護度一～三）、介護保険を利用してヘルパーによる介護を受けたり、デイケアに通ったりしていた。しかし要介護度の低い高齢者は特別養護老人ホームの待機期間が概して長く、したがってＡ宿泊所にも長く滞在する傾向があった。精神障害や知的障害、依存症などがある人は、Ａ宿泊所から作業所に通所したり、自助グループやカウンセリングに通っていた。しかしこうした障害があると、受け入れ先の施設が限られてしまうために、このような人もなかなか処遇方針が決まらずに、Ａ宿泊所の利用が長期化していた。その他、退所後はアパートで一人暮らしをすることを目標に、Ａ宿泊所で生活のリズムをつくったり、就労することを目指している人もいた。

調査期間中にA宿泊所を退所した人は一〇人いた。そのうち四人は待機中だった他の施設に空きが出て移り、二人は生活保護の受給を継続しながら居宅生活をはじめた。二人は病状が悪化したため救急搬送されて入院、一人は精神病院に入院し、もう一人は自ら退所していった。その平均在所期間は九カ月半だった。

先ほどの四人の例から、利用者がA宿泊所での生活をどのようにとらえ、将来の生活についてどのようなビジョンを持っており、どのようにして処遇の方針が決まっていくのかを、具体的に見ていこう。生活保護を受けるために夫と離れ、不安を抱えてA宿泊所にやって来たスミコさんに、A宿泊所の最初の印象をたずねると、当時の職員がよかったと言い、しきりに感謝の気持ちを表している。

〔最初の印象はどうでした?〕「最初の印象はね、事務所の人＊＊さんだったから、施設長さんが、もうすごい人だったからね。……事務所の人みないい人だったからね。……私はこのA宿泊所に対しては言うことないです。最初がよかったからね、＊＊さんがよかったからね、……ありがたい思ってます。」

この感謝の表明は、職員として働く私に対する配慮から出た言葉でもあると思われるが、A宿泊所の最初の印象を、職員の対応が左右していたことがわかる。

A宿泊所に入所した当初、スミコさんが将来目指すべき生活とされていた処遇方針は、別の宿泊所に入所して離ればなれになった夫と二人で、老人ホームに入るということだった。しかし高齢とはいえ介護の必要のないスミコさん夫婦は、長期間待機しなければならないことが予想された。そのうち施設長から、「仕事したらそれだけ小遣いも増えるよいうて言われて」、「私も元気だから」ということで、高齢者向けの求人を探しはじめた。何度か職業安定所に通うが、なかなか思うような仕事は見つからない。そんなとき施設長から、A宿泊所を運営しているNPO法人経営の別の宿泊所で、配膳係を募集しているという話を聞く。

「仕事する気ある？いうて言うちゃったから、ありますいうて言うたの。……ほいじゃ私世話してくださいよ言うて。だから私喜んで行ってるの。」

こうしてスミコさんは、全額控除され手元に入る金額が増える月八〇〇〇円[10]の収入を超えないよう短時間の仕事ではあるが、週二回働きに行くことになった。稼働年齢層の男性が、生活保護の受給に際して就労を求められるのとは異なり、スミコさんのように女性で七〇歳と高齢の人の場合、生活保護を受給していても就労は期待されないのが普通だろう。しかしスミコさんは仕事をすれば小遣いが増えるという助言にしたがって、自ら働きたいと希望し、A宿泊所でも彼女に信頼を寄せていたこともあって、就職先を紹介している。

しばらくして、別の宿泊所に入所していたスミコさんの夫が、禁止されていた飲酒やギャンブルをして、宿泊所を退所させられることになった。それと同時に生活保護も打ち切られる。スミコさんは驚き、夫はそんなに悪い人ではないとかばう発言をしている。

「お酒飲んでパチンコもしたりしちゃったらしいのね。それを寮の人がケースワーカーさんに電話でこうこうで、言うて。ほしたら向こうのケースワーカーさんは、お酒でしょ、……ギャンブル。……そういうふうにものすご悪いふうに取られてるんやね。そんなに悪い主人、自分の主人誉めるんじゃないけど、そこまで悪い主人じゃないんだけどね。」

生活保護を打ち切られた夫は、ふたたび野宿生活をすることになった。夫からはときどきスミコさんに電話があり、待ちあわせて公園などで会うこともあるという。当初スミコさんは、単身で野宿生活を送る夫の身を非常に心配して、自分も夫のもとに行くことも考えていたという。しかしA宿泊所での生活に慣れてきたことや、職員からの助言もあり、しだいに「主人は主人でやっていったらいいわ」と夫との生活を半ばあきらめ、自分自身の生活を考えるようになったと語る。

「今、主人でしてくれたらね、いい思って。一年、こうして一年以上も離れて生活してるから、もう慣れちゃってね。あんまり施設長さんも考えない方がいいよ、言うて。最初、考えても。もうこのごろ慣れちゃって、もう主人は主人でやっていったらいいわ思って、あきらめもついてるけどね。」

当初は夫との会話でも、保護を打ち切られたことを何度も話題にしていたが、男性としてのプライドを傷つけないよう、最近ではそのことには触れないようにしていると言い、そのときには「男」というジェンダーを持ち出して、夫への自分の配慮を説明している。

「だから前のこと、ここで世話になってる（A宿泊所に夫の保護打ち切りのことで迷惑をかけている）こと言うたら、言うなって怒るから、私もあんまり言わないんです。自分が蒔いた種やからね。男としたらやっぱりね、言われたら腹が立つんだろう思うから、最初はよく言ってたけどこのごろ言わない。」

A宿泊所に入所した当時は、夫とともに暮らせる老人ホームでの生活を望んでいたスミコさんは、このことがあってから、まだ元気だから老人ホームには行きたくないとケースワーカーに伝えた。そして「夫婦だから一緒に暮らすのがほんま」だと伝統的な家族像を理想としながらも、そうすることが不可能なら、自分は当分は夫と離れてA宿泊所に居続けたいと語っている。

「ケースワーカーさんに聞いたら、老人ホームに行きたくなかったらいいですよいうて、今老人ホーム、ペケしてもらってるんです。……身体も元気だし、まだちょっと、若いいうたらおかしいけどね、もう七〇過ぎて、身体が弱かったら別だけど、元気でまだいられるから、だからペケにしてもらってるんですよ。」……「この先どういう生活したいとかありますか?」「そうやね、主人と一緒になるいうてもちょっと無理だろうしね。このまま当分いったら私はもう幸せやと思ってます。主人とたまに会って話して、それでもう今んとこは満足してます。気にはなりますけど。主人がどっか落ち着いてくれたらなおいいけどね。夫婦だから一応一緒に暮らすのがほんまだろうけどね、まあ事情が事情だから、私はもう半分あきらめてます。薄情なようだけどね。」

その後、A宿泊所の施設長がスミコさんに更生施設に見学に行ってみてはどうかと勧めたときにも、スミコさんは断っている。他の施設に移れば「人間関係もある」し、慣れたA宿泊所にいる方がいいのだという。

「A宿泊所が出て行ってくれ、出て行ってくれ言わないでほしいと思っとるの。だからケースワーカーさんに……もう死ぬまでいてもいいようなこと言ってもらったしね。だからA宿泊所から……スミコさんもういらないよって言ってもらったらどないしよ思う。出て行ってもらったら言われたらどうしよ思う、ね。だからもうよその施設も行きたないしね。まあ見学のためにって言ってあるけど、私は行きたくないって。……前の施設長さんがまだここにいるとき、更生施設、スミコさん行ってみたらいうて言うちゃったの。だから私はよそ行くよりはここにずっといさせてもらう方がいいんです言うて。よそはもう行きたくない。だからまた行ったら人間関係もあるしね、まあここも出ればいろんな人が入ってくるけど、やっぱり慣れてるからね。そうかいうて私も偉そうなことはよう言わないけどね。よその施設はもう行きたくないです、はっきり言うたらね。もう変わりたくない。」

そしてA宿泊所を追い出されることのないよう、「自分でできることは進んで」やるようにしていると言い、A宿泊所に対して「ありがたいと思っている」と何度も繰り返していた。夫とともに暮らしたいと願いつつも、生活保護を受給している限りそれはほぼ不可能だとあきらめた今、スミコさんはできるだけ長くA宿泊所にとどまり続けたいと思っており、そのためには職員に感謝を表し、トラブルを起こさず、できるだけ職員の心証をよくしようとしているのである。

カズコさんの場合には、A宿泊所に入所した当初、友人に借りた多額の借金を返済しなければならないこともあり、仕事をしたいと言っていた。面接に行くこともあったが、六八歳と高齢で、片目が十分に見えないカズコさんになかなか仕事は見つからない。そのうち、A宿泊所で老人ホームの待機をすることに、処遇方針は決まった。しかしカズコさんは、借金を返済している友人とのあいだにトラブルが絶えず、友人との面会方法などについてケースワーカーから頻繁に注意を受けていた。そのことでカズコさんは、いつか生活保護を打ち切られるのではないかと非常に心配しており、私がA宿泊所を出たあとの生活の希望をたずねると、いられる限りA宿泊所にいたいが、それも不可能ならば自分には行く場所がないと、声をあげて泣いた。

〔ここ出たらどうしたいですか？〕「ここ出たらほんとに行くとこないからどうなるかね。もう路上生活はできない。する体力ないもんね。やっぱね、みんなの税金でやってんなら贅沢だよね、こうやって一部屋もらってるなんて。」〔ここにはどれくらいいたいと思いますか？〕「ねえ、まさか死ぬまで、はは、置いてなんて頼めないしね。」〔いれたら死ぬまでいたいと思います？〕「うん、いれたらね。そうはいきませんって言われたらどこ行きゃいいんだっていう。……そうかって自分で自立するだけの能力はないし。」〔どこ行きたいとかどういう生活したいとかって、ケースワーカーさんとか聞いてくれないんですか？〕「うーん、そこまでまだ詳しく話はしないからね。ほんとに贅沢ですよ、こうやって置いてもらえるだけでも。もうあんたなんて知らないよ、どこへでも行けなんて言われたらそれまでだもんね。ほんとにこの歳になってね

（泣）。」

このカズコさんの不安の背景には、処遇方針についてケースワーカーと納得するまで十分に話ができていないこともあるだろう。続いてカズコさんは、自分がA宿泊所にいられているのは、ケースワーカーや職員のおかげであると語った。

「もっと困ってる人いるのに、私は贅沢だなって思うと。こういうこと（生活保護を受けてA宿泊所で生活すること）してもらってね。……こうやってられるのもケースワーカーさんのおかげ。それとここの施設長さん、いい人だからね。」

しかしカズコさんは、自分自身で告げていった帰宅時間に帰らず、医師が往診に来る時間や食事の時間に連絡なく遅れることが頻繁にあったため、職員からも外出についてしばしば注意を受けていた。これらはカズコさんにA宿泊所での規則として認識されており、自分がそれを守っていないこともまた、退所させられることにつながるのではないかと、不安に思っていたことがうかがわれる。

「施設長にも迷惑かけてるもんね。ちょこっと行ってきますって言っちゃあ何時間も帰って来ないしね、はは。」……「できればもうずっとここにいたい。」「うん、そう。ほんとに冗談じゃないけど、はは、死ぬまでいられたらなあと思うときある。でもそんなにここにもいらんないっていうの聞いてるけど……。それにはやっぱりここの規則も、自分じゃ守ってるつもりでも、守んないもんね。出かけりゃ何時に帰って来るか、ははは。それこそ糸の切れた凧じゃないけど。」

スミコさんと同じようにカズコさんの場合にも、生活保護受給の決定権がケースワーカーにあり、処遇方針について十分に説明を受けていないことも加わって、将来の生活について明確なビジョンを持つことができず、不安を感じていた。そのためA宿泊所でできるだけトラブルなく過ごすことが、生活保護を受給し続け、A宿泊所に長くいるためには大切だと理解されているのである。

アキさんの場合には、A宿泊所に入所してすぐ、医師の指示で依存症を治療するために、自助グループに通うことになった。

「(自助グループが) どういうことやってるか見学来て、初日は。でその日からじゃあもう行くって決めちゃったから、もう。やんなさいっていうのもあったし。ギャンブルも、そういう生活からやめたいっていう。逃げたい。で、行ったら仲間がそういう話してるでしょ、みんな。それで聞いたらなんか落ち着いちゃったのかな、そこで。ああ、自分もここなら治せるんじゃないかなって。」

見学に行ってみると、ここならギャンブルをやめられるのではないかと思ったという。それからアキさんは、毎日三回あるミーティングに通うようになる。その当時のアキさんの処遇方針は、単身で居宅生活をするか、他の福祉施設に入るのがいいか、A宿泊所で見きわめるというものだった。

「今までアディクションだって言われてもわかんなかったもん。だからパチンコ依存症だって、パチンコにのめり込んでるって思ってただけだったから。みんなそう思ってんでしょ、結局は自分は違う違うって思ってて。でも自分はお酒の問題もあったし、ギャンブルはもちろん、男性依存もあるし、共依存もあるし、だからそのものにずっと依存しちゃうっていう、好きな人に。」「そういうのを自助グループで言われて気づくようになった。」「だから仲間の話を聞いてて気づくようになる。言われるわけじゃなくて、仲間の話を聞いてて。……グループセラピーだから。」

しだいにアキさんは、「パチンコにのめり込んでるって思ってただけ」の状態から、医師の診断を受け、自助グループに通うなかで、自分は依存症なのだと認識するようになっていく。そしてギャンブルへの依存だけではなく、自身の男性関係も依存ととらえるようになっていた。A宿泊所ではアキさんの離婚と自己破産の手続きを進めていたが、そのあいだも彼女は毎日自助グループに通い、そのプログラムに魅了され、そこで会う「仲間」との関係を大切だと思うようになる。そうしてギャンブルをしない日々を重ねていった。

「仲間がいるから、同じね、気持ち持ってる。だからやめられるんだよなって。だから毎日朝早くても雨降っても行くじゃない、自分は。自分のためだもん、これほんと。……何回も逃げ出したい逃げ出したいって思ってたけど、今は逃げ出したくないよね。ここまでよくしてもらったもん。……仲間が待っててくれるし、仲間は信じてくれてるし、自分のこと。……仲間がいるから歩けるよね、ほんと。」

アキさんはA宿泊所を出たあとは、アパートで一人暮らしをしたいという希望を持っていた。しかし医師の許可が出るまではA宿泊所に居続けなければならないと考えており、ケースワーカーからもそう言われていたという。

「だからまあここでね、置かしてもらえるうちは、ここにいても仕方ないんだよなって、自分で。でもまあ、担当者の、クリニックの先生がアパート出てもいいよっていう提案してくんないと出れないし。先生のOK出なきゃだめだよって言われてるから、役所からも。」……〔じゃあアパートとかに入れるとしたら、OKが出たら……。〕「入りたい。やっぱ自分でね、自分のことやんないとね。」

そしていずれは「よくなってもう一度幸せな結婚したいもんね。家族欲しいもん」と語っていた。「一生一人ではいられない」のだという。しかしアキさんは、自助グループに通うようになってからは、自分には男性依存があり、依存症の治療のためには男性についても、これまでの関係を改めなければならないと考えていた。自助グループにはアキさんが想いを寄せる男性が一人いたが、その男性との関係について、自助グループの女性の先輩にさまざまなアドバイスを受けているという。

「想うことはいいんだって、想っても。ただ手を出すなって言われてる。いっぺん手出しちゃうと、それでずるずるずるってはまるぞって。……昔の生活ひどかったから。だって絶対自分の隣にはもう誰かいたからね、男の人が。彼氏もいたし、だんなもいたし、友だちもみんな男性ばっかりだったから。だからもうこれ以上スリップしない、悪い方いったら大変だよって。」

さらに「女の子なんだから女の友だちつくらなきゃだめよ」という、同性同士仲良くしなければならないというアドバイスを受け、女性限定のミーティングにも参加するよう先輩に言われているという。この自助グループでは一般に、三年間ギャンブルを断つことができ、単身での生活を立て直すことができるまでは男性関係を持ってはならないと考えられていて、アキさんも三年間我慢してその日が来るのを夢見ているのだと語った。

「それがまあソーバー（ギャンブルをやめてからの期間）三年以上経たないと、結婚できない、一応三年が目安だからって言われてるから、スポンサー（自助グループでアドバイスをくれる女性の先輩）なんかね。」「じゃあ三年経ったら一応結婚していいっていう感じなんですか？」「一応まあ、提案が出ればね、スポンサーから。いいんじゃない、そろそろっていう。だからみんな先輩たち結婚してるの見てたら、もう三年間我慢してて、それで結婚したっていう人がいるし、仲間同士で。だからそれ夢見てんだよね、夢だけ。」

アキさんは自助グループに通うなかで、それまでの自分の男性関係を見直し、そこで見聞きする望ましい家族像や男性・友人関係を受け入れ、その助言にしたがって「幸せ」になろうとしている。そしてギャンブルをやめ続けるために、自分は自助グループには一生通い続けるのだという。

「一生通うの。足止めることできないもの。止めたらみんなね、飲んじゃった、やっちゃったって死んじゃう人いるから。だからもう先輩たちの話聞いてわかってるし、実際見してもらってきてるからね……。だから（ミーティングに）出続けないと自分おかしくなるよって。出てるからやめられてるんだよ、仲間の力で。だからもう一生出るよ。」

このようにアキさんは、自助グループの理念に深く賛同し、そこで受けるアドバイスに忠実にしたがおうとしていた。そして医師の診断も考慮しつつ、いずれは一人暮らしをし、自助グループに通い続けて依存症を治し、数年後にはまた結婚するという将来の目指すべき生活を、明確に思い描いていた。そして麻痺の残る身体でも一人暮らしができるよう、トレーニングも続けていた。

アキさんの場合には、彼女にかかわる福祉機関の調整の場として、生活保護のケースワーカー、女性相談センターの婦人相談員、保健センターの保健師、障害者課のケースワーカーらによって、三カ月に一度会議が持たれており、現状の課題や将来の生活について、周囲の人も明確に認識できていたということがある。またアキさん自身も、日々自分の問題と向きあう自助グループという場があることによって、自分の将来やそのために今しなければならないことを、冷静に認識していた。そうしてアキさんは、離婚と自己破産の手続きが終わり、A宿泊所での滞在が一年ほどになったころ、自助グループが新しく開設することになった女性用の居住施設に移っていった。

ナミエさんは以前にいた施設で、人間関係にトラブルが多いと言われており、そこでけんかをしてA宿泊所に移ってきた人だった。A宿泊所でも何カ月も入浴しないなど、問題とされる行動が見られていた。彼女には身体障害もあったため、将来は救護施設に入所するのが妥当ではないかというのが、当初の処遇方針だった。

ナミエさんはたばこが好きで、毎日一箱以上喫煙をしていた。毎月自由に使える小遣いのほとんどはたばこと、ときどき買う缶コーヒーに使っていた。しかしあるとき、生活保護費が減額されて小遣いが減ってしまい、これまでのようにたばこを買うことができなくなってしまう。それからナミエさんは、月末になると頻繁に小銭やたばこを貸してほしいと、他の利用者や職員に頼んでまわるようになった。施設長は保護費が減額されたこと、今までどおりのペースでたばこを買うことはできないことを何度も説明したが、ナミエさんは出金してほしいと繰り返して怒り出し、理解しているように思われなかったという。

そのころ他の利用者が喫煙所に置いておいたたばこがなくなり、それをナミエさんが持っていたという噂が立つ。また他の利用者が自分の部屋に置いておいた菓子やたばこがなくなることが何度か続いていた。ナミエさんが他の利用者の部屋から出て来たところも何度か目撃され、そのたびに「部屋を間違えた」と繰り返していたが、ナミエさんが盗んでいるのは明らかなように思われた。A宿泊所ではこれ以上盗みが続くようなら、ナミエさんを滞在させておくわけにはいかないと判断し、つぎに他人の部屋からものを盗めばA宿泊所を退所させるという約束をナミエさんと交わす。そしてその旨をケースワーカーに連絡した。

その数日後、ナミエさんはふたたび他人の部屋から出て来たところを目撃される。そして約束どおり、A宿泊所を退所させられることになった。A宿泊所ではナミエさんを単身の居宅生活に移行させ、この

NPO法人が行っている退所者向けのアフターケアのプログラムでサポートを続けることを提案したが、ケースワーカーは居宅保護は認められない、保護廃止にするという。ナミエさんは、それならまた野宿生活に戻るつもりだと言ったが、結局ケースワーカーはナミエさんが入所できる精神病院を探してきた。そしてナミエさんは、約一年間A宿泊所に滞在したあと、精神病院に移っていった。

このようにナミエさんは、約束を破ったという理由で、事実上強制的に退所させられていった。A宿泊所では私の調査期間中に、ギャンブル禁止などの規則や門限が破られたり、利用者が万引きをして捕まるということはあったが、それが原因で強制退所になることはほかにはなかった。窃盗はA宿泊所の規則として明示されていたわけではなかったが、社会的なルールに反しており、それを繰り返したために強制退所にいたったのだろう。他の利用者に被害が及ぶことも、他の規則違反とは異なる対応になった理由と考えられる。しかしそれでも最終的にナミエさんの生活保護が廃止になることはなく、ケースワーカーは新たに彼女が入所できる場所を見つけてきていた。ナミエさん自身は野宿生活に戻ることも考えていたが、飲酒とギャンブルで生活保護を打ち切られたスミコさんの夫とは異なり、ナミエさんの保護が打ち切られなかったのは、ケースワーカーの方に、身体障害のある女性が野宿生活をすることは回避しようという判断があったためだと思われ、男性と女性とでは保護廃止の判断基準が異なる可能性があることが考えられる。

以上のことからまず指摘できるのは、スミコさんやカズコさんが施設の印象をたずねられたときに、最初に職員の対応について語っていること、またスミコさんが他の施設に移りたくない理由としてまず人間関係を挙げているように、女性たちの施設での居心地のよさを左右する要因として、施設内部での人間関係や職員の対応が大きな役割を果たしているということだった。また生活保護を受給するということも、カズコさんには「みんなの税金」である以外に、それを決定するケースワーカーの「おかげ」としてとらえられていた。つまり福祉制度や施設は無機的なものではなく、それを行使し運用する具体的な個々人として、それぞれの人には認識されていたことが、指摘できるだろう。

またA宿泊所では入所時に示される規則は、飲酒とギャンブルの禁止、門限だけだった。しかし実際には、カズコさんのように告げていった帰宅時間に帰ることや、ナミエさんのように定期的に入浴することなど、さまざまな生活態度についての期待が注意という形で持ち出されていた。それにしたがわないことが直接的に保護廃止や強制退所につながるわけではなかったが、利用者の多くはスミコさんやカズコさんのように、退所後の生活について十分にケースワーカーに説明を受けておらず、いつまでA宿泊所にいることになるのか、将来はどうなるのかと不安を覚えていたため、できる限りA宿泊所でトラブルなく過ごし、職員に感謝の気持ちを示して心証をよくしようと努力していた。このことから、A宿泊所での滞在や福祉受給に際して守るべき規範が存在するがゆえに、それに従順であるというよりは、将来の生活についての見通しが立たないために、トラブルを起こさないよう、自ら規範と考えられるものに従順であろうと、ときに過剰なまでに努力をしていた、ということができるだろう。

そしてしたがうことを求められるのは、生活保護受給の可否を決めるケースワーカーやA宿泊所の職員の言うことだけではなかった。アキさんのように、医師や自助グループなど連携する福祉・医療機関のアドバイスもまた、女性たちの処遇に大きな影響を与えていた。このように複数の立場からの期待が存在するなかで、処遇の方針や支援の方向性が決まっていったのだった。

さらに女性と男性との支援の方向性の違いに関しては、一般に生活保護受給に際して、稼働年齢層の男性が就職活動を求められるのに対して、女性はそもそも賃金が低く就労しても生活保護水準以上を稼ぐことは難しいため、年齢や健康状態によってさまざまではあるが、男性ほどは就労を期待されないといえるだろう。スミコさんやカズコさんの場合も、女性で高齢であったため、就労は期待されていなかったが、それでも二人が、稼働年齢層の男性と同じように就職活動を行っていたのは、周囲からの方向づけよりも、本人の希望が優先されたからであった。

6　ひとつの社会的期待としてのジェンダー

ホームレス状態に陥った女性の前に現れている福祉制度の体系は、第3章で見てきたように、社会で支配的な女性役割に沿って女性を方向づけるようなものとして存在していた。しかしこれらの制度が運用される場面においては、自治体やケースワーカーの裁量も大きく、またどの制度や施設を利用することになるのかは、施設の空き具合や自治体のローカル・ルールなど、さまざまな要素によって左右されており、つねに一定の役割を個々の女性に求めるものとして現れているわけではない。そしてこうした制度が運用される場面や、処遇方針が決まっていく過程では、したがうことを求められる明示的な規範は多くはなかった。むしろ将来の生活の見通しが立たない女性たちが、保護廃止や強制退所になることを不安に思い、トラブルを起こさないように自ら過剰に従順であろうとしていた場面はあった。そしてそうしたなかで、ジェンダーというカテゴリーを参照した規範的言説は、じつはそれほど多くはなかった。

したがってパサロがしたように、女性が福祉の体系によって方向づけられていることと、個々の女性ホームレスたちがしたがうことを求められる規範とを、単純に同一視することはできないだろう。福祉制度を利用するにあたって女性たちに求められるものは、必ずしもジェンダーに枠づけられているわけではない。ケースワーカーによる福祉受給の可否の決定や処遇方針、福祉・医療機関の助言や診断、施設の規則、施設職員の注意、施設における他の利用者とのやりとりなど、さまざまな形を取って発せられる多様な社会的期待のうち、ジェンダーにかかわる期待は一部にすぎない。そしてさまざまな行為者から多様な形で発せられる社会的期待には、相互に矛盾するものもあった。そしてA宿泊所にいる女性たちが、性別にかかわる言説をどのように利用するかも、個別さまざまであった。このように理解すれば、野宿生活にとどまり続ける女性と福祉の保護を受ける女性の違いを、「ジェンダーに背く者」か否かの違いとして、ジェンダー本質主義的にとらえるパサロの視点は、規範の複数性や流動性、そして女性たちの個別性を見落とすものであることがわかるだろう。

このことは、野宿生活を続けている女性たちの実践を見ることで、より明らかになると思われる。つまり、パサロの主張にしたがえば、A宿泊所の女性たちと野宿生活を続けている女性たちのあいだに、本質的なジェンダー・アイデンティティの違いがあるということになるが、こうした理解が妥当なのか、次章からは、野宿生活をしている女性ホームレスたちの生活について、その様子を具体的に見ていこう。

第5章　女性野宿者たちの生活世界

1　女性野宿者の生活史

ここからは、野宿生活を続けている女性たちの存在に目を向けていくことにする。この章ではまず、女性野宿者の日常生活の様子を紹介していきたい。

野宿者の生活は、駅や道端で寝ているのか、公園や河川敷にテントや小屋を持って定住しているのかで、食事や収入手段、人間関係などが大きく異なってくる。本章で事例とするのは、東京都にあるB公園に調査を行った二〇〇三年に定住していた女性野宿者たちの日常の様子である。このB公園は比較的大きく、当時で約二五〇人の野宿者がテントを張って暮らしていた。そのうち一〇人前後が女性だったが、そのなかでとくに深い関係を持つことのできた四人の女性野宿者をとりあげる。はじめに、彼女たちがどのような経緯で野宿生活をするにいたったのか、順に見ていきたい。

一人目のインフォーマントであるエイコさん（第2章表5㉙）には、私がB公園で行われている女性野宿者の集まりに参加していたときに出会った。彼女は気さくで人懐こい雰囲気の女性であったため、B公園の女性野宿者たちのなかで、最初に親しくなることができた人だった。年齢は六〇歳だと言っていたが、別の人が彼女に行ったインタビュー記録のなかには、五四歳と書いてあるものも六六歳と書いてあるものもあり、定かではない。

エイコさんは東京近郊の県で九人きょうだいに生まれた。幼いころに両親が離婚し、父子家庭に育つ。二歳のときに患った大病のためにもの覚えが悪くなり、また貧困家庭に育ったためいじめられ、しだいに学校からは足が遠のいていったと語り、彼女は現在でもほとんど字が読めない。

「小学校は、行ったようになるんだけど、行ったり行かなかったり。行くともうさ、もうこんなに進んじゃってさ。男子とかがまた……意地悪するの。よけてくの。（教科書）見せてくんないの。汚い汚いってさ。学校の帰りに、帰るでしょ、……ああ、汚い汚いってよけてくの。ああ汚い汚いってね。」

「だから習うたって習いようがないよ。……かっぱらったこともある、人のもの（ノート）。欲しくて欲しくてしょうがなくてね。今だったらなんでそんなことしたのかなあと思うけど、よっぽど欲しかったんだね。……配給だったからね。お金持ってこないと買えない、お金ないから。たまに（学校）行くとね、こんなにもう進んじゃってるから、もうわかんないわけよ、もう。わかんない。男子と並んでるでしょ、着るもんだってないでしょ、で汚いとかなんとかって言われる。で内気だからしゃべんないでしょ、で私も学校行くの嫌になっちゃった。」

小学校を形だけ卒業したのち、旅館などで働く。二〇代後半で結婚し、四〇代後半で夫と死別。子どもはできなかった。夫の死後は、仕事をしながら生活保護を受給する。字が読めないことや計算が十分にできないことは、日常生活でも仕事をする際にもハンディとなり、それが原因でいじめられることも多かった。そこから生じる劣等感は、彼女の気持ちも萎縮させてきたという。

「私はなにしろ学校行ってないから、学問がないから、どっか行くっていっても履歴書が書けないから、履歴書書かなきゃなんないから。自分で書ければいいんだけど、それができないから……書かなきゃなんないからね、全部そうやって考えちゃうのよね。」

「パートで、燻製の会社があったの。……パートで行ってたのよ。……知ってる? こういう量り。……中身が五つあって、箱があって、その中身と風袋を引くわけよ。(計算)わかんないじゃない。随分いじめられたよ。……全然わかんなくてね、計算できないし。……つらかったもん、そんとき。できたらなあと思ってさ。教えてくんないよね。こういうふうにやるって教えてくんない。ばかにされてね。つらかった。(計算が)できたらなあと思ってさ。」

その後、姉と二人暮らしをはじめて生活保護は打ち切りになる。野宿生活をするようになった経緯については、姉に紹介された会社で就職しようと上京してくるが道に迷ってしまい、探すうちにお金も尽きたためだとエイコさんは語った。調査当時で野宿生活は一〇年目になるといい、最初の三年間は定住地を持たない放浪型の生活を送り、のちにテントに定住するようになった。しばらくしてテントが火事に遭い、周辺に暮らしていた野宿者とともに、四年前にB公園の現在の場所に移動してきた。

二人目のインフォーマントであるユウコさん（第2章表5⑥）にはじめて会ったのも、同じく女性野宿者の集まりだった。私はまずエイコさんのテントに通うようになったが、ユウコさんはエイコさんのテントに頻繁に遊びに来ており、しだいにユウコさんとも話をするようになっていった。

ユウコさんは調査当時、六〇歳だった。四人姉妹に生まれ、一〇歳のとき母親が死去し父子家庭に育つ。夜間高校卒業後、貿易会社に就職した。二〇代のとき職場で知りあった男性と結婚するが、夫の実家と折りあいが悪く、数年後に離婚し、その後長く単身で通す。子どもはいない。女性でありながら男性と肩を並べ、ときには女性であることを利用しながら仕事を続けてきたことは彼女の誇りとなっており、ユウコさんは仕事の話をしばしば「女であること」と結びつけながら、好んで語った。

「そういう意味では私……、やる気があったらね、……女で生意気にさ。そのかわり一生懸命勉強したよ。……教えてくれないから、新幹線乗って横浜に行って勉強して……税関に行って教えてもらったり。……横浜に行って荷役の見に行ったりね。そんなの（普通は）しないの、なかなかね。」

「結構ね、ここまで来るあいだに女のいいとこいっぱいあったから。自分で仕事をするときに。それ利用するわけじゃないけど、……やっぱ女の方がいいわよ……。男なんかに生まれたくない、ははは。でどっかに必ずあるじゃない、女っていう逃げ道が。自然に身についちゃうみたいね、意識して私女だからっていうことじゃなくて、なんか自然に身についちゃって、どっかでだからそういう意識はあってやってるんじゃないかって。」

私が泊まったタマコさんのテント。

バブルの時期に独立して貿易会社を設立、社員二人の会社の社長となる。五二歳のとき、大工をしていた男性と行きつけの店で知りあい、内縁関係になる。しかし不況の影響でしだいに彼女の会社にも夫にも仕事がなくなり、家賃を滞納してアパートを出た。夫とともに駅などで野宿したのち、五年前からB公園のテントで暮らすようになった。

三人目のインフォーマントであるタマコさん（第2章表5㉚）にはじめて会ったのも、女性野宿者の集まりだった。タマコさんは調査当時三六歳、二〇〇三年当時は若年の野宿者が少なかったこともあり、公園内でももっとも若い一人だった。人前で話をするのは苦手なようで、女性野宿者の集まりでもほとんど話をせず、短時間だけ参加して帰るということが続いていた。私はエイコさんの紹介でタマコさんと話すようになったが、一対一で会うと彼女はよくしゃべりよく笑った。

タマコさんには、一見しただけではわからないが軽度の知的障害があり、四級（もっとも低い等級）の療育手帳を持っている。しかし両親は彼女に障害があることを受け入れられず、それを長く認めようとしなかった結果、養護学校に入ったのは中学二年生になってからだった。そのため、小学生のあいだは学校での勉強についていけず、学力は小学校低学年程度だと彼女は言う。タマコさんは私によく携帯電話からメールをくれたが、濁点や促音が抜けているなど、そこには文章の間違いが頻繁に見られた。

「小学校のときから知的障害だったら……そういうとこに入るじゃん、障害児学校に。でも入れなかったから、普通の学校に入ったから、結局はほら、（授業が）わからないで、意味もわからないでそのままうんうんうんうんやってたから、結局は同じなんだよね。勉強ついていけなかった。」「普通学級に入ったのはご両親は知的障害って知らなかったの？　じゃなくてわかってたけど普通学級に入れたかったのかな。」「じゃないの。だからもう結局は、もう知恵遅れだってまわりに知られたくないっていうのもあって、そういうふうにやったんじゃないの。中学二年になってから入れたんだから。それだったら最初から入れればよかった。」「そんなことしてね、一番困るのタマコさんなのにね。」「うん。だからなにも知らないまま来てるから。どこも出してもらえないし一人で地下鉄乗れないし。親と一緒だったから。」

中学卒業後、通っていた養護学校の紹介で縫製工場に就職する。両親は障害のあるタマコさんのことを気にかけて職場まで付き添ったり、彼女の交友関係に口を挟んだりしていたが、タマコさんはしだいに、それを干渉と感じるようになる。また父親は彼女に暴力もふるった。両親との生活を窮屈に感じはじめたタマコさんは、二八歳から家出を繰り返すようになる。家出中はテレホン・クラブで出会った男性に「お小遣い」をもらって生活していたという。

「もう嫌だから。家にいるのも息苦しくて。詰まりそうで。……生まれてきてもさ、つまんないじゃん。自由になんないし。そういう思いもあるからね。で、なんで家出してきたかっていうとさ、親にわかってもらうために家出してたから。自分から言えないから、お父さんに。自分自身のこと、思ってること言えないから家出してたから。」「家出いつも何日くらいしてたの？」「一カ月、一カ月とかそんくらいかな。」……「一カ月とかどこに行ってたの？」「だからテレクラにしょっちゅうかけてたの。」……「家出してどうやって過ごしてたの？」「いろいろとね。あっちふらふら。」

「私なんでテレクラに電話してるか知ってる？　家出してきてるから、お金ないでしょ。」「くれたりするの？」「や、お金、だからお小遣いちょうだいとか言う人もいるじゃん。」「くれたりした？」「したよ。行くとこもないし。」

テレホン・クラブで知りあった四〇代の男性と、二九歳のとき「家を出たくて」結婚する。タマコさんは子どもが好きだが、知的障害を抱えたまま育児をするのは無理だから子どもは持たないようにと、両親や医師に言われてきたといい、子どもはつくらなかった。夫はすぐにギャンブルに明け暮れるようになり、彼女はまた家出をはじめる。家出中に知りあった男性に覚醒剤を打たれそうになっていたとき、助けてくれたのが元やくざだったという現在の内縁の夫だった。前夫とは離婚し、しばらく内縁の夫とともに夫の友人宅に居候していたが、行くところがなく二人でB公園で野宿をはじめる。夫にB公園に連れて来られるまで、野宿をすることになるとは思わなかったが、とくに抵抗はなかったという。野宿生活は一年半になる。

「お父さん（夫）になにも、なにも言われない、ここへ来るまで（野宿生活をすることを）知らなかったから。私知らない。部屋がなかったから。それでここ来るまで知らない、言わないから。こういう生活なんて思わなかったから。」「アパート行くんだと思ってた?」「うん。それでね、ね、ここだけどって言うから、まあ別にいいでしょうねって思ったの、私も、ね。普通に暮らしてりゃあね、変わりないんだから。まわりはね、どういうふうに思ってるかわかんないけど、別にまわり気にしてやってたらやってけないと思って。」

四人目のインフォーマントはフジコさん（第2章表5③）である。フジコさんには、私がタマコさんのテントに泊まり込んでいたときに、タマコさんの紹介で出会った。彼女は調査当時四八歳で、きょうだいはいない。両親からは女に生まれた限りは結婚するように、家計を預かれるように算数だけできれば勉強する必要はないと言われて育てられてきたという。彼女は「良妻賢母」たるべき主婦の心得について、さまざまなことを語った。

「私もほら、私一人っ子だからよく言われてたのは、子どものときから勉強しろって言われた覚えないの、親から。うちはほら、女の子だからね。……昔の人はよく言われたのはね、女に生まれた以上はね、……一

タマコさんのテントの前のスペースで，ここをさまざまな人が訪れる。雨が降るとブルーシートを被せて濡れないようにする。

週間で帰って来てもいいから一回は結婚しろってね。……勉強はしなくてもいい。ほら、数学とまでいわない、算数ね。ね、だんなさんが働いてきたお金をうまく使える。家計簿をつけるとかそういう感じで、お金の使い方をきちんとできれば、後はいらないって。だんなさんが持ってきたお金をうまく使ってそれを毎日……そういうふうな使い方をする。計画的に。算数だけよければいい。で……洗いものを溜めたらいけない。料理をしたら即洗う。……洗濯物を溜めない。」

高校卒業後、医療事務の仕事をする。その後、職場で知りあったタクシー運転手の男性と結婚するが、子どもはできなかった。三五歳まで医療事務を続けたのち、専業主婦になる。パートでスーパーに勤めていた時期もあった。あるとき夫が友人の借金の保証人になるが、友人が失踪し、借金の肩代わりをさせられることになる。しかし返済できずに自己破産をし、知人のいないところでやり直そうと、夫とともに上京してきた。一週間ほど駅で野宿したのち、二カ月前から夜だけB公園にやって来て、ダンボールを敷いて寝るようになる。そのうち空きテントを見つけ、公園に定住しはじめた。

2 野宿生活の困難

つぎに、女性野宿者たちが日常生活のなかでどのような困難を抱えているかを、この四人の女性たちにおもに焦点をあてながら見ていくことにしたい。

多くの野宿者は、極度の貧困と物質的な欠乏状態のなかにいる。野宿者は通常、住む場所を失い、わずかな現金しか持たず、必要最小限のものだけを手にして、野宿生活をはじめる。とりわけ野宿をはじめたばかりのころは、眠る場所や食べるものを見つける方法がわからず、命をつないでいくための最低限の欲求さえ満たすことができないこともある。エイコさんは、野宿をはじめた当初、寝ることも食べることもできない日を何日も過ごしたと語っている。

「全然食べてないから、……。で寝てないから、……こうやって座ってたの、冬だったからね。こうやって、ベンチのとこ座って。……四日も五日も寝てないから、寝てないからね……。」

眠る場所を見つけたのちにも、生きるためには食料を毎日手に入れ続けなければならない。しかし野宿生活では、食料をはじめ最低限必要なものにもこと欠くことが多く、こうしたなかで体調を崩す野宿者も少なくない。二〇一二年の野宿者全国調査では、二六・七％の野宿者が身体の具合が悪いと回答している〔厚生労働省 2012〕。フジコさんは過酷な野宿生活のなかで、夫が体調を崩したときのことを語っている。

〔お父さんは具合が悪くなって救急車で？〕「うん。」〔それまでは病気は？〕「持ってても出なかった。それまでは……。だからこういう生活をして精神的に疲れる。結局寝てない。私がいるから（心配で）寝てない、やっぱり。……だから寝てもほんと一時間くらいくっと寝る。だから……熱四〇度くらい出て。」

このような物質的な欠乏に加えて、野宿者はつねに行政・商店・地域住民などからの排除の圧力にさらされている。野宿者の排除を明文化したホームレス自立支援法制定以来、野宿者が野宿場所を追われたり野宿者の荷物が強制的に撤去されることは、各地で起こっている。

野宿者に対する嫌がらせや襲撃がなされることもある。少年による野宿者の暴行事件は毎年のように報道されており、野宿者が負傷するだけではなく、死にいたることもある。それ以外にも、テントに石を投げられたり、花火を打ち込まれたり、テントや荷物に放火されたりするような事件は、報道されないだけで頻発している。公共の空間のなかで無防備な状態をさらさざるをえない野宿生活は、つねに危険と隣りあわせである。

身体的暴力以外にも、偏見や差別にもとづいた言葉やまなざしを投げかけられることがある。B公園の野宿者のようにテントに定住していて視線が遮られる場合と比べて、駅や道路などで野宿をしている場合には、このような嫌がらせや襲撃の危険ははるかに大きくなる。ユウコさんは駅で寝ていたとき、通行人からの視線にさらされていたつらさを語った。

「でそのころほら、ダンボールでしょ。寝るとこがないでしょ、昼は、ね。夜になるとテント、テントみたいなのかぶしてくれるけどさ、昼間はね、取らなきゃいけないのね。そしたらのぞいてく人とかいるわけよ。のぞかなくてもさ、顔はもう全部出てるんだからさ。じろじろじろじろ見ていく人もいるし。この人、生意気にこんないいたばこ吸ってるとかさ、聞こえよがしに言ってさ。なんでそんなこと、こっちは買ってんだからいいじゃない。なに食べてるの?とか。ほんとダンボールにいるときはちょっとね、恥ずかしいしみじめだなあ、なんて。」

B公園では二〇〇三年当時、テントの強制排除の動きはなく、野宿は黙認されている状態だった。しかしB公園の近隣にある公園では、テントの強制排除が行われたばかりであり、B公園でも同じことがあるのではないかと住人たちは恐れていた。公園では、公園管理をする職員が一日二回見まわりをしており、洗濯物を干す場所や荷物の大きさ、公園の掃除の仕方など、生活のあらゆる場面において、野宿者たちにこまごまとした注意をしてまわっていた。公園内のテントはすべて公園管理職員に把握されており、テント表面をブルーシートで覆うことや、高さ制限などのルールを守らなければならず、新たに

住民がいなくなり，撤去される直前のテント。

公園内にテントをつくることは許されていなかった。

さらにB公園内の一画では、公園管理職員から通達があると、用意された代替地にテントを移動させなければならなかった。数日後にはまたもとの場所にテントを戻すが、この移動を毎月のように定期的に行わなければならない。通達のたびごとに、地面に木屑をまくためなどといった理由が説明されるが、テントを広げすぎたり荷物を増やしたりしないようにという、嫌がらせの意味が込められているという。実際この一画にあるテントは、頻繁な移動に備えて、他の地域に比べてコンパクトなつくりものが多かった。

たとえ排除や襲撃などの実害を被らなかったとしても、見知らぬ人が自らの生活空間の近くにいるということ自体が、野宿者にとっては恐怖になりうる。女性野宿者たちに公園の生活で怖いと感じることはなにかとたずねると、ほとんどの人が夜中にトイレに行くのが怖いと、真っ先に語った。日頃パートナーとともに暮らしているタマコさんは、大多数の男性に囲まれて暮らす女性であることを引きあいに出し、一人になると夜だけに限らず昼間でも怖いと感じることがあるという。

「やっぱりここにいたら女の人でさ、一人でいたらやっぱり怖いよ。慣れりゃ、そりゃあ慣れりゃそうでもないだろうけど。うちはほら、（夫が）いるからそうでもないけど。夜なんか私でも怖いよ、はっきり言ったらさ。……わざわざ私（夫を）起こすんだもん、トイレに行くとき。」……〔だんなさんがいても怖いこととかある？〕「いや、ないけど、ほとんどないけど、いないときが、いないときに一人になったとき怖いんだ。昼間でも。」

さまざまな危険のなかで暮らしている女性野宿者にとって、自分に近づいてくる見知らぬ人は誰でも、とりわけ男性であった場合には、すべて恐怖を感じるという。差し入れを届けに来たり、野宿者の安全や健康を気遣ってテントの見まわりをするボランティアの男性の場合もあるが、声をかけられるまではその意図がわからないため、近づいてくればその足音だけで怖いとエイコさんは語っている。それを考慮して各地の野宿者支援団体のなかでは、アウトリーチ活動を行うとき、女性野宿者には同性の支援者が声をかけるようにする配慮がなされているところも多い。

〔パトロールとかするときに、女の人のところにまわるときに、女の人は女の人に声をかけるようにするとか、そういうのってあります？」「あるよ。……集まってみんなでね、女性の人が話したらいいいんじゃないかって。」……〔男の人だと怖いとかもあるんですかね？〕「あるよ。私なんかも地下にいるときさ、やっぱり怖かったもんね、やっぱりね。」〔パトロールの人？〕「うん。」〔なんの人かなんてわかんないですもんね。〕「うん、わかんないもんね。」

女性野宿者たちは、通行人だけではなく、周囲の野宿者たちからもいじめや暴力の対象にされることがあった。男性が圧倒的多数の野宿者社会のなかで暮らすエイコさんのような単身女性の語りにはとりわけ、暴力の恐怖だけではなく直接的な暴力被害の経験が、集中して見られるように思われた[1]。エイコさんは自分が暴力の対象になった理由を、「弱い人」だからと説明している。

「暴力ふるったりして……逃げて来たのね、夜中で。夜中に、夜中に公園に。逃げて来て。……〔暴力を受けて〕骨が折れちゃしょうがないでしょ。だから逃げて来たの。……逃げて来たの、公園にね。」「〔野宿者仲間から酒を買ってくるようにと使い走りを頼まれたが〕まだ来たてだからわかんないじゃない。そいで酒売ってるとこね、どこにあるかわかんなかったの。……行って帰って来たら、……すごかった。ぶん殴られたりね。すごかったのよ。……コンクリートの塊でさ。殴られたの。〔使い走りを〕断ればいいのにね、わかんなかったからさ、断れなかったからね。行ったはいいけど〔道が〕わかんなくてね、やっとわかって買ったと思ったら、今度は帰って、どういうふうに行くかわかんなくなっちゃって、そしたら夜が明けちゃったの。それで金持って逃げちゃったのかってね、みんなに言われてね、帰って来たら……、怒られて。嫌になっちゃうね。」

「うるさいからね。……すごかったんだから。……暴力ふるうの。酒癖悪いからね。」「みんなに、誰にでもするんですか?」「だから弱い人、弱い人にやるの。」

さらにエイコさんは、セクシュアル・ハラスメントや性暴力に遭いかけた経験も、言葉少なながら語っていた。こうしたセクシュアル・ハラスメントや性暴力も、単身で野宿生活を送る女性に集中して語られた経験だった。そのときエイコさんは、親から言い聞かされて身につけてきた自分の貞操観念を引きあいに出し、困惑したことを語っている。

「大変だった。……すごかったんだよ、あの時分。すごかったの。みんなこれ(酒)飲むもんばっかりでさ。……テントで男の人がお尻触って、迫ってきて、なんとかなんとかって言ってくるわけ。……その人から逃げた。……小さいときに親から言われてたから。……困るから……。」

テントのなかでパートナーから暴力を受けている女性もおり、ユウコさんは夫からたびたび殴られたり蹴られたりしていた。彼女は顔を腫らしていた時期があり、あるときは夫に殴られて頸椎にひびが入り、数カ月間首にギプスをつけていた。そのとき夫は酒を飲んでおり、周囲のテントに暮らす人は誰も見ているだけで助けてくれなかったという。夫が仕事に行ったあとは、一人テントに残され食事をすることもトイレに行くことも、けがの治療のために病院に行くことすらできなかったと語った。

【ユウコさん】「……まだぬるっとしてるわけ、血が出て。でね、そういうふうに……トイレに行くときも這ってったもん、ほんと。……もう声も出ないもん。」【エイコさん】「……まわりの人なにか言わなかった?」【ユウコさん】「ううん、みんな怖がって出て来ない。だってね、おい、みんな出て来いって……。……みんなもう止めようもないじゃない。……下手に手出すともうなに言われるかわかんない。だからみんな見てるだけ。……トイレ行きたくたってトイレも行けないし、ご飯だって食べられないし。……治るわけないわよ、病院も行けないんだから。でそのときにね、……（夫に）仕事が入っちゃって、仕事行って、一人でしょ。ご飯の支度できるわけじゃないしね、ご飯置いてってくれるわけじゃないし、お金置いてってくれるわけじゃないし。……食べる気にもならなかったし飲む気にもならなかったから、水も飲まないし、だから排泄物はなにもないわけよね。」

女性野宿者のふるまいや語りには、野宿生活にいたるまでに社会のなかで受けてきた差別などに加え、生存に最低限必要なものにも不自由するという生活上の制約や、行政からの排除の圧力や通行人からの襲撃といった危険、圧倒的多数の男性野宿者から受ける暴力、セクシュアル・ハラスメントなど、さまざまな抑圧が何重にもなって刻印されていた。このような状況は彼女たちが野宿をしている限り逃れようのないものとして存在しており、彼女たちはこうした圧倒的な抑圧的状況にいったんは巻き込まれ、それを受け入れることでしか野宿を生きていくことができないということを、まずは確認しておきたい。

3　女性野宿者たちの生活戦術

しかしこのような抑圧的状況のなかに、野宿者たちはただ巻き込まれているというだけではない。野宿者たちの日常的実践のなかにも、そうした状況自体を変化させることはできなくても、思うようにならない生活のなかで、智恵を使い工夫を重ねながら、少しでも困難を軽減して野宿を生きぬいていこうとするさまざまな生活戦術が見られる。これらの生活戦術は、たとえ当人の積極的な意志に裏づけられたものではなかったとしても、野宿生活は生命を維持するために行動しなければ死がすぐに間近に迫ってくるような過酷な状況であり、そのようななかで野宿者たちによって命をつないでいくために無意識的になされているものも含まれている。こうした野宿生活における生活戦術は、野宿をはじめたばかりのころには十分に獲得されていないこともあるが、他の野宿者から教わったり他の野宿者を真似たりして、野宿の期間が長期化するにつれて、しだいに洗練され身体化されていく。

野宿をはじめたばかりのころは、野宿者たちは駅や地下街、道路などにダンボールを敷いて寝ることが多い。こうした場所は、たいてい夜間しかいることができず、朝になれば移動しなければならない放浪型の生活である。そのため荷物も、持ち歩くことのできる必要最小限の身のまわりのものだけに限られる。そうしたなかで、野宿者たちはより安全に眠ることのできる技術を学んでいく。フジコさんも野宿をはじめた初日に、周囲の野宿者から野宿生活の手ほどきを受けた経験を語った。

「で、たまたまそこでいい人に、（野宿をはじめた）その日にいい人に会って。……毛布だとか、ダンボールの拾い方もわかんないから、それから教えてくれる人がいて。」〔声かけてくれたんですか？〕「声かけてくれた。最初ほら、わかんない、これなんだろうなってじっと見てたのよね。そしたら声かけてくれた。そしたらもうそのときにほら毛布とか、寝るのはダンボールの上に毛布をかければ違うからって言って。」

そして多くの野宿者たちは、放浪型からしだいに定住型の生活に移行していくようになる。野宿者がテントを張って定住できる場所は都市空間から消失していっているが、二〇〇三年の調査当時はまだ多くのテントが存在していた。駅などと比べてＢ公園のようなテントでの定住生活は、人目を避けられるためにより安全で、多くの荷物を持つことができることで、生活の基盤は安定する。寝具を備えればより快適に眠ることができ、廃品回収など収入につながる仕事もはじめられ、調理器具があれば自炊も可能になる。ユウコさんは、放浪型と定住型の野宿生活を比べて、定住型がいかに安定しているかということを語っている。

「今日は寝るところね、雨降ったらどうしようか、場所取られたらおしまいだから、それが心配でね、しょうがなかったこともあった。それと比べれば（テントは）天国に住んでるみたい。帰ればね、足伸ばして寝ることもできるじゃないの。でダンボール片付けることもないし。……それでそういう場所がはっきりすれば仕事だってなんだってできるじゃない。……だからさ、本拾って売るから、それ並びができるし、ダンボールなんかにいたらさ、本置くとこもない。……今ある程度土台ができたから落ち着いて本も拾いに行けるるじゃない。昼寝もできるし……。……で食べ物だって、あのお弁当とかこういうものだったり……。コンビニでしょ。(自炊ができないために)もう捨ててるものしか食べられないからバランスが全然取れないじゃない。身体だって壊すわよね。野菜なんてないでしょ。」

B公園では当時約二五〇人の野宿者が生活しており、多くはテントをつくって定住していた。住まいはベニヤ板で覆った小屋型のものや、ブルーシートを張ったテント型のもの、頻繁に移動させられる地域では容易に建てることのできるキャンプ用のテントを用いたものが多く、どれもブルーシートで覆われている。B公園では公園管理課の管理が厳しくなってから、新しくテントをつくることができなくなっていたが、住人が出て行って空いたテントは、公園管理課に知られて取り壊されないよう、地域を取り仕切っているボス的地位にある存在の野宿者を中心に管理されていた。そしてフジコさんのように新たにB公園に来た野宿者は、周囲の野宿者の了解が得られれば、公園管理課に知られないよう空きテントを提供してもらい、B公園に定着していっていた。テントは平均して四畳半くらいの広さがあり、中には衣服をはじめ日用品が置いてある。発電機で発電したり、電池で動くテレビがあるテントもあった。

野宿者たちの多くはまったくの無収入ではなく、さまざまな方法で現金収入を得ていた。公園に住みながら、日雇やアルバイトなどの一般的賃労働を行っている野宿者もおり、ユウコさんもテントから保険の外交員やビルの清掃の仕事に通っていたことがあった。ユウコさんの夫も、かつては建設業などの日雇仕事に就いていたという。アルミ缶・雑誌・大型ゴミといった廃品回収をしている人もいた。ユウコさん夫婦は雑誌回収をしていたこともあり、そのときは夫が外に出て雑誌を集め、ユウコさんはテン

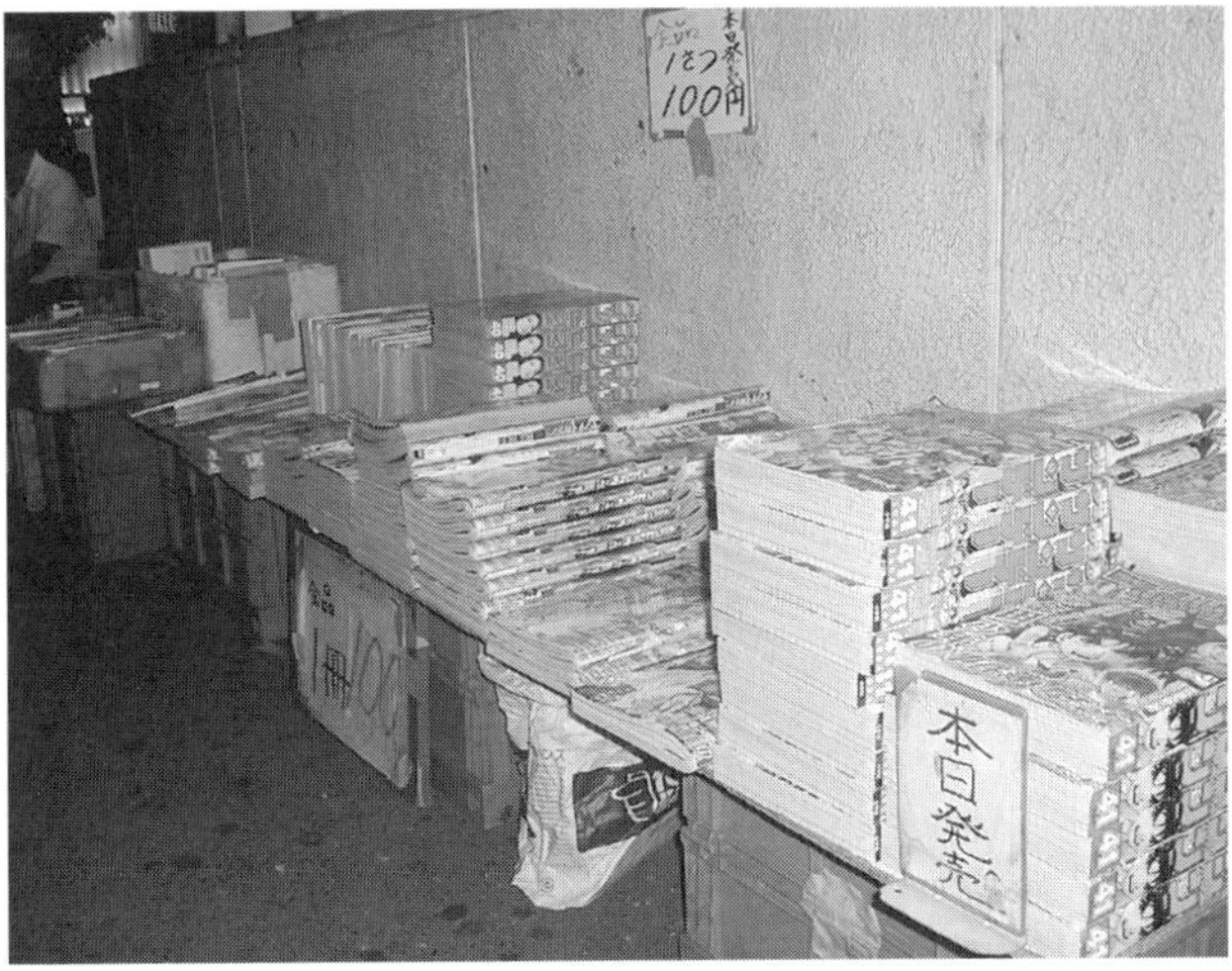

野宿者が駅のゴミ箱などから回収した雑誌が，道端で格安で売られている。

トに残って雑誌を磨いたり家事をするという、性別役割分業が行われていたという。

「やっぱりいいときはいいわね。一回行って七〇〇〇円くらいになった。それもね、二時ごろ行って、ほいで一〇時前に帰って来るのかな。そいで昼から本磨いて……やすりで削るわけ。」〔だんなさんがやるんですか？　ユウコさんがやるんですか？〕「私がやる。で全部まとめて持ってくの。」〔紙やすりで？　……じゃあだんなさんが拾ってきてユウコさんが磨く？〕「うん、であとは二人で……。」……〔どこに持ってくんですか？　古本屋さんに持ってくんですか？〕「あのね、ブックオフ。」〔雑誌とかも？〕「うん、雑誌も。」

「並び」の仕事も行われていた。これは合法的な行為ではないが、ダフ屋がコンサートやスポーツのチケットを転売目的で購入するとき、野宿者を使って購入させ、野宿者が一定の報酬を受け取るということを指し、列に並んでチケットを買うので、「並び」と呼ばれている。シーズンにもよるが、月数回ほど行われ、報酬は一回につき一五〇〇円程度、毎回B公園内で数十人から数百人の野宿者が集められていた。野宿者のなかには、ダフ屋からの依頼に応じて必要な数の野宿者を集め、チケットを買い上げてダフ屋に売るといった元締めのようなことをしている人もおり、タマコさんの夫は野宿者を集める際に一人につき五〇〇円の中間マージンを得ているとのことだった。その他、エイコさんは頻繁にマスコミの取材を受けて謝礼をもらっていた。またユウコさんは、知人宅に住所を設定させてもらい、年金を受け取っていた。タマコさんの場合も、障害者手当の支給額が高い区に住む友人の住所を借りて、月八〇〇〇円の手当を受け取っていた。

食事は、野宿をはじめたばかりのころは、手持ちの現金で買ったり廃棄物を拾っていたという人が多い。しかししだいに他の野宿者から、廃棄物の出される場所や時間、福祉事務所で配布される食品のもらい方、炊き出しの日時などを教わり、食事を確保する技術を学んでいったという。

【ユウコさん】「ほんと夜中の二時ごろ起きてさ、コンビニにちょうどほら、回収に来るじゃない、ゴミを。その車が来る前に行くわけ。そうするとほら、出してある。それもさ、……ご飯。」「それはわかるんですか？　だいたいこのコンビニが何時くらいとか。」「だいたいどれもね、それがわかるみたい。でもそんなのはじめ知らないじゃない、二人とも。やみくもに歩いてさ、はは、今日は落ちてないとか、みんなどこに拾いに行くんだろうなんて、はは。そのうちにほら、みんなも教えないでしょ、荒らされるから。何時ごろ行くのって。で……人が、この辺まわれば、だいたい何時ごろに。そういう人もいたのね、教えてくれる。」

【エイコさん】「だから私探しに行くの。……ゴミ箱のなかにね、探したり。汚いあれだけどね。汚いもんじゃないよ。なんでもない。見ればわかるから。けっこう落っこってんのよね。……。」〔炊き出しとかは？〕「知らなかったから、そのときは。全然知らなかった。わかんないから。だんだん教えてもらって……教えてもらったの、仲間にね。……そのうちだんだんわかってきて。並んで。一回もらっちゃうでしょ、もらって、それで（列の最後尾に）駆けてって、また並んで、もらって。それでだんだん……。」

Ｂ公園は東京都のなかでも人目につく場所にある大きな公園だったため、周辺ではさまざまな団体による食料の配布や炊き出しが、毎日のように行われていた。近くの福祉事務所で平日の朝九時に乾パンが支給されているほか、ある教会が一年中Ｂ公園の近くの道路で毎日朝五時におにぎりかパンを配っていた。その他、日曜日には一八時半からボランティア団体が白飯を配り、月曜日は八時半からある教会が、一七時から別の教会がＢ公園で炊き出しを行っていた。火曜日・木曜日・金曜日には、Ｂ公園近くに住む市民が、六時に集合し公園周辺の掃除に参加した野宿者に豚汁と白飯、カレーなどをふるまっていた。水曜日には一六時から、ある教会がＢ公園で炊き出しを行う。土曜日は九時から、「米軍」と呼ばれる団体が炊き出しを行っていた。冬季にはさらに、別の教会による炊き出しも加わる。教会が行う炊き出しのなかには、炊き出しの前に説教を聞いたり賛美歌を歌うことが義務づけられているものもあった。このようにＢ公園周辺は、比較的食事には恵まれた地域であるといえるだろう。その他遠くまで足を伸ばして、別の地域の炊き出しに並んでいる人もいた。

B公園で行われる炊き出しでは、女性は優先的に食事を受け取れるよう、炊き出しの実施団体やその場にいる他の野宿者たちによって、さまざまな形の配慮が行われていた。その配慮の仕方は実施団体によって異なっていたが、女性が炊き出しの場に現れたときは、列の先頭に並ぶことが決められている場合や、一定の時間までに炊き出しの場所に現れれば、女性は列の先頭に出すと決められている場合、炊き出しの手伝いをしている男性野宿者が、女性に配慮してこっそり先に番号札を手渡すという場合、それ以外にも列に並んでいる男性野宿者が、自発的に女性を列の先頭に並ばせるという場合もあった。女性は野宿者社会のなかでも特別な配慮が必要という暗黙の了解が、B公園では広く共有されていた。フジコさんはそのことを、つぎのように語っている。

「だから今はね、私たち来たときみたいに（炊き出しの）並びにしてもね、前にね、出してくれるからね。だからわーっと来ちゃうから、だから女性は入れない。最初はね、タマコさんに私並んでて、いっつもこっち来いって言われてね。一番前にね。ここ並べって。なかに入れてって。でタマコさんのだんなさんが言うとみんな入れてくれる。」「今どの炊き出しでもそういうふうになってるんですか？　女の人は前に。」「女の人は前っていうか、全部じゃないけど、結局朝月曜日のは早く行けば。だから早く行くってこともあるんだけど。みんな並ぶ前にいれば自然と前に行かせてくれる。ほして月曜の夜は三時半までに行けば女性は前だよって決めて。で水曜日のは＊＊さん（炊き出しを手伝っている野宿者）かな、のところにお願いしますって言ったら前の方に。最初はね、並んでたの。そしたら並んでしまうとこっちにおいでとは言えない。みんないるから。だから来たら俺のところに来れば前の方の券あげるからって言われて。だからみんな配る前に早めに行って、前の方の。」

B公園の野宿者の多くは定住していたため、自炊をすることも多かった。カセットコンロを用いて、購入したりボランティアから差し入れのあった食材を料理する。インフォーマントの女性野宿者は四人とも、炊き出しを利用するより自炊をする頻度の方が高かった。ただし雨天のときは炊き出しが中止になることもあり、テントの外に置いてあるカセットコンロも使用できなくなるため、食事に困るという。ペットを飼っている野宿者も少なくなく、エイコさん、タマコさん、ユウコさんの三人は猫を飼っていた。ペットの餌は公園に犬の散歩に来る動物好きの地域住民やボランティアからの差し入れでまかなうか、購入していた。

B公園ではある教会によって、無料で散髪をするなどのサービスも行われていた。またボランティアの医師による無料の医療相談や、ボランティアによる福祉事務所への同行などが行われており、体調を崩した野宿者はこれらを利用して医療を受けていた。野宿者が医療にかかるときには、福祉事務所に行き生活保護を受けて入院するか公園から通院する。東京都では野宿者が生活保護費のなかから医療扶助だけを単給することが認められており(2)、フジコさんの夫も医療扶助を受けて週三回通院していた。フジコさん一人を公園に残して入院することを夫が拒否したためだという。夫は妻であるフジコさんのことは自分が「面倒を見なければならない」と考えていて、そのように夫が自分のことを気にかけていることを、フジコさんは「うれしい」と語っている。

「最初は入院って言われたんだけど、結局こういう生活してたらおそらくね、……自分が入院しなきゃいけないっていったら……いくらまわりに（面倒を見てくれそうな男性が）いても絶対それはしないと思う。……はっきり言われたの。……一人にできないからっていって。いくら＊＊さん（面倒を見てくれそうな男性）たちがしてくれてもやっぱ考えちゃう。……一人ならわーって、何人かで来られたら太刀打ちできないから。いくら＊＊さんがいてても＊＊さんにはわかんないぞと。そこまで面倒は見切れないだろって。だから女性一人でアパート暮らしをしてるんだったら一人暮らしできるけど、こういう状態では入院したって反対に病気は悪くなるって。」「心配で。」「うん。だからしないって。だからやっぱりほら、うれしいよね、そこまで心配してくれるってのは。」

衣類や布団、毛布などはボランティア団体によって配られることがあり、それらが活用されていた。その他必要なものについては、野宿者たちは自分で購入するか、教会やボランティアに頼んで手に入れていた。ある教会では野宿者ごとに番号の書かれてあるカードを渡しており、カードを見せて必要なものを紙に記入しておくと、次週までに教会が用意しておいてくれる。こうして野宿者たちは入手しにくい眼鏡や靴などを、自分のサイズを告げて依頼することで、手に入れていた。その他B公園では、月に一度女性野宿者の集まりが持たれており、生理用品など男性に頼みにくいものは、そのときに女性ボランティアに頼んで手に入れていた。私もカセットボンベや銭湯利用券、蚊取り線香や防虫剤、たばこなどをもらえないかと頼まれることがあり、そうしたものを聞き取りをさせてもらったお礼として渡すこともあった。

【フジコさん】「生理用品どうしてんだろうってそんなことが気になって。」「……私もお金があるときに買った。だからなくなったときに二回分くらいまでは、あのね、大きいやつと長細いのと。……だからそれがね、なくならないでまだあるからね。最終的になくなっちゃったら（生理用品が）一番だけどね、風呂とね。……であとはほら、ハレルヤ。教会に行って（紙に）書いてもらうこともできる。」

【タマコさん】「婦人会出るんだったら＊＊さん（女性ボランティア）に頼めば持って来てくれる。……私一番先に頼んだ。はじめて会ってね、いろんなもん頼んだよ。」

入浴には近くの銭湯が利用されていたが、入浴料が高くて頻繁に行けないのがつらいと、四人の女性野宿者たちはみな語っていた。男性野宿者は公園内で裸になって水道の水で身体を拭いたりしていたが、女性の場合には、銭湯に行く余裕のないときには、トイレで髪を洗ったり身体を拭いたりするということだった。フジコさんは、その様子をつぎのように語っている。

「お風呂ははっきり言って、髪も洗おうと思ったら水で洗える。あの音が出るトイレ。あそこで私洗ってたの、髪。あそこ（水が）溜まるからね。みんなあの蛇口（公園に設置されている水道）でしてるけど、あそこでしちゃうと（髪が）下についちゃうのよ。私はね、あそこで洗うと下についちゃうと嫌なの。……私はやっぱり音の出るトイレに行って、で水溜めて。確かに水で洗うとぎしぎししちゃうけど、そのかわりそういうときにリンスを多めに使うでしょ。さらっとなるわね。」……「わかった。あのきれいなところ。」「そうね。一応鏡もついてる。だから鏡もついてるからちょうどいいのよね。」

洗濯はほとんどの野宿者が、公園の水道から水をたらいに溜めて手洗いし、柵やロープを使って干していた。コインランドリーを利用している人もいた。女性野宿者たちも同じようにしていたが、エイコさんは若いころに下着を盗まれた経験があってそれが嫌だったと語り、男性が多いところでは女性ものの下着を干せないと感じて、タオルで隠したり人目につかない木陰などを選んで干していると語った。

「洗濯とかね、干せないじゃん。男がいっぱいいるからさ、ここにね。……やだからさ。昔ね、若いころさ、取られたの、下着。……（コインランドリーで）洗濯したりすると五、六〇〇円かかる。干せないじゃない、あそこさ。ブラジャーとかさ。干すわけにいかない。」「下着とか干すわけにいかないですね。」「うん、いかない。取られちゃう。……しょうがないからってここ干しとくと（乾くのに）二日くらいかかる。」「どこに干してたんですか？」「裏の方。タオルで、見えないようにしてさ。」

その他、女性野宿者にしばしば見られる生活戦術として、男性とともに暮らすということがある。第4章で紹介した単身で野宿していた経験のあるカズコさんは、危険の多い野宿生活のなかで身の安全を守るため、夜間だけある男性野宿者の側で寝ていたと語っている。都市生活研究会の調査（2000）では、一五人中一一人の女性が、大阪市立大学都市環境問題研究会の調査（2001）では二〇人中一二人の女性が男性とともに暮らしていた。それにはパートナーの男性と二人で野宿をするようになる場合と、野宿生活中に知りあった男性野宿者と生活をともにするようになる場合とがある。B公園のインフォーマントの女性野宿者四人のうち、エイコさんだけが単身で、他の三人は男性とともに暮らしており、三人とも野宿をする以前からのパートナーであった。ユウコさんは夫がいなければ野宿はしていないだろうと言い、フジコさんとタマコさんは野宿生活の困難を乗り越えていくなかで夫婦の絆は強くなったと語っている。そして二人とも、女性が単身で野宿をすることの困難を感じていると話す。

【ユウコさん】「まあいるからでしょうね、だんながね。もし一人だったらもう。まあ一人じゃあこんなことしてないわね、はは。考えられない生活。」

【フジコさん】「だからやっぱりそれなりに寝るときもほら、（夫が）外側に。絶対に、座ってても外側には（自分を）座らせない。ある程度の時間になったらなかへ。大変だけどそれなりに。反対に夫婦の絆は強くなるんじゃないかな。」〔前より仲いいですか？〕「仲いいんじゃないかな。けんかするときはけんかするけど……。」

【タマコさん】「……うちも一緒だよ。そうじゃないとやっていかれないもんね。やっぱりこういう生活してるから仲がいいの。ここでけんかしたってしょうがないの。」

一方、単身で野宿生活を続けているエイコさんに、単身で暮らすうえで気をつけていることがあるかとたずねると、彼女自身がとくに意識していたわけではなかったが、周囲の人に逆らわないようにしているとの答えが返ってきた。これも、単身で暮らすエイコさんの生活戦術のひとつといえるだろう。

〔女の人一人で気をつけてることとかありますか？〕「うーん、別にない。別にない。黙ってればいいんだからね、逆らわなきゃいいから。それに合わしてればいいからね。……そういう人間だと思ってさ、腹立てないでね。」

こうした女性野宿者たちの生活戦術のなかには、住居や仕事の獲得など、性別にかかわりなく野宿者に一般的に見られるようなものも多くあった。しかし一方で、入浴や洗濯の方法、危険から身を守るやり方など、女性野宿者がとくに女であることを引きあいに出して、困難やそれに対処する工夫を語るようなことがらも存在していた。また女性であることを根拠に、炊き出しで優先的に食事を受け取れるようにするという配慮が、B公園の多くの人に共有されており、また女性野宿者のなかにも、こうした配慮をうまく利用している様子の人も見られた。

ここまで見てきたように、B公園の女性たちのなかでも、女性であるということをどのように認識し利用しているかは、当然のことながらさまざまであった。単身者のエイコさんと、夫と暮らすタマコさん、ユウコさん、フジコさんとでは、暴力の経験や危険から身を守る方法に対する語りの内容や量は異なっていた。また現在は夫と暮らすユウコさんは、単身生活が長く経済的に自立していたことから、女性という言説を持ち出すときには「女性ながらに男性と肩を並べて働いてきた」ということを語りたがっており、「主婦の心得」をさまざまに語るフジコさんとは対照的であった。したがってパサロのいうように、福祉の保護を受ける女性と野宿生活にとどまり続ける女性の違いを、「ジェンダーに背くものか否か」の違いとして単純にとらえることは、女性たちのこうした個別性を見落とすことであることがわかるだろう。

第6章　野宿をすることと野宿を脱すること

1　野宿者の抵抗と主体性

ここまでは、B公園における四人の女性野宿者たちの生活世界に焦点をあて、彼女たちが経験している困難と、そのなかでさまざまな生活戦術を繰り広げながら、日常を生きぬいている様子を見てきた。つぎに焦点をあてたいのは、女性野宿者たち自身による野宿生活の意味づけであり、彼女たちが他者と結んでいる関係である。さらにこれらに大きくかかわる、野宿を続けるか否かを女性野宿者たちがどのように決めているのか、その「選択」の様子を見ていく。

これらを通して検討したいのは、野宿者の主体性や抵抗に着目するという従来の研究の視点が見落としてきたのはなんなのか、ということである。第1章でも述べたように、従来の野宿者研究では、野宿者は無気力や怠け者というまなざしに対して、野宿者自身の主体性や、野宿者も働いていることが強調されてきた。しかしながらこうした視点が主張されるとき、そこで暗黙のうちに想定されていたのは、

「寄せ場労働者」に代表される男性野宿者であったように思われる。野宿者の主体性や野宿者の働く姿を強調することは、ホームレスを排除しようとする社会への異議申し立てとしては有効だろう。しかし野宿者のなかには、必ずしも労働を期待されていない女性や、働いていない野宿者もいる。それにもかかわらず、野宿者は労働していると主張すれば、こうした女性をはじめとする少数派の存在を、ふたたび排除することになる。

したがって本章では、これまでの研究で存在を見落とされてきた女性野宿者たちを対象に、その実践に日常的なレベルで着目する。それを通して、女性を排除することによって従来の研究でなにが見えなくなってしまったのかを、具体的に検討していきたい。

2　野宿生活の意味

野宿者たちは一般に、野宿にいたるまでの社会のなかで数々の不利益を経験しており、野宿生活においても、野宿をしている限り逃れられないさまざまな制約のもとにある。しかし野宿生活は、社会の支配的な価値を再生産する場であるだけでなく、ときに新たな価値や意味の創造の場にもなる。以下では、社会のなかで構造的弱者であり続けた人の世界が書き換えられていく創造的な側面を、エイコさんとタマコさんの例を挙げて見ていくことにしたい。

エイコさんはばかにされることを恐れ、読み書きができないということを、以前はまわりの人になかなか言えなかったという。

〔そういう読み書きできないっていうのは、仕事してるときとかにまわりの人に言えたりしました？〕「ばかにされたもん。よっぽど信用のある人に……、その人にしか話せなかった。ばかにされた。ばかにされたもん。わかってくれない。反対にばかにされる。」

しかしエイコさんは私に、字が読めないために被ってきたと彼女が考えるさまざまな不利益やコンプレックス、たとえば身内や職場の人にばかにされ続けてきたことや、履歴書が書けないために就職に苦労したこと、ＡＴＭの使い方がわからずに他人に頼んでお金をごまかされたと思っていることなどを、繰り返し語った。そして野宿生活をするにいたった理由も、字が読めないことと結びつけて語られた。

「姉が、……いつでも、いつでも（会社で）使って（雇って）くれるからって、ちゃんと書いてくれたわけ、電話番号。だけど、向こうからこっちへ、会社の方から（働いてほしいと）頼まれたわけじゃないから、迎えに来ないわけ。電話すれば出るんだけど、迎えに来ないわけ。向こうが頼んだわけじゃないからさ。そういうふうに言われてもわかんなくなっちゃった、ばかだからさ。字もわかんないんだからさ。そのうち電話代もなくなっちゃったし、野宿するしかないじゃないの。電話番号も荷物も取られちゃったし。……荷物も持ってきたのよ、でも全部取られちゃった。」〔それはなんの会社だったんですか？〕「そこは清掃の会社。それしかできない、私は。学校行ってないから。」

「私わかんないわけ、左も右もわかんないし、どこだかわかんない、わかんないから。……そのうちお金がなくなっちゃったの、電話代もさ、なくなって、帰るときの汽車賃もなくなって、それでこう野宿の生活になったの。」

読み書きができないということを、彼女は私だけではなく、取材者やボランティアなど、彼女が出会う人の多くに打ち明けていた。とりわけ野宿をするにいたったこの話は、エイコさんがすでに何度も受けているマスメディアや研究者によるインタビューのなかでは、いつも語られる話のようだった。私はすでに他者によってなされたエイコさんへのインタビューのトランスクリプトを何度か目にする機会があり、その話のなかには、私に向けて語られたこととは矛盾している部分もあったが、この野宿にいたる話に限っては、まるで録音したかのようにいつも同じように繰り返されていた。読み書きができないということは、エイコさんがこれまで受けてきた不利益を象徴し、野宿をせざるをえなかった理由を人びとに了解させるという意味を持つものだったということができるだろう。

エイコさんの読み書きにまつわる不利益の物語は、以前は隠しておきたいことだったのだが、野宿という場面に埋め込まれ、野宿者の語りとして耳を傾けられるようになって、積極的に語るべき物語として構成し直されている。ケン・プラマー（Plummer 1995）は物語には語られる時機があり、それまで語られなかった物語が語られるようになるのは、それを受け入れるコミュニティが存在するようになったからであり、またそうした物語を通じてコミュニティ自体も構築されていると指摘した。エイコさんの読み書きにまつわる物語も、それを野宿者の語りとして受け入れる聞き手や、彼女の語りをとりあげるマスメディア、彼女に共感的なボランティアや彼女が帰属感を抱いている野宿者運動といったコミュニティを獲得したとき、彼女のなかで語るべき物語へと変化している。

そしてエイコさんの語りが変化し、彼女のまわりにコミュニティが醸成されていくにつれ、彼女の世界は広がり、また新たな人とのつながりが生まれていった。エイコさんが読めるようにとカタカナで葉書を送ってくれるボランティアがいたり、そうした人が差し入れを持ってエイコさんを訪ねてきたり、エイコさんについて書かれた新聞記事を読んだ見知らぬ読者から、エイコさんの勉強のためにと辞書が送られてきたこともあった。エイコさんが自らの物語を語ることで獲得した人とのつながりは、エイコさんの野宿生活を物質的にも支えるものとなっている。さらに野宿者運動に参加するようになって、これまで一人で乗れなかった電車に一人で乗れるようになり、字を学習する機会も増えたという。

「＊＊（野宿者運動団体）の（ビラ）なんか平仮名ふってあんじゃない。そうすっと何度も何度も読み返すの。ずっと取ってある。」

「（野宿者運動に参加して）いい経験さしてもらった。……ここだっていうのもわかるようになったしね。田舎にいれば電車なんてめったに乗らないでしょ。いつもこうやって見んでしょ、看板や。こういうふうにも読めんだ、こういうふうにも読めんだってなる、ね。いっぱい読み方あるでしょ、ひとつの字でさ、だからわかんないの。わかんなくなっちゃう。……だからいろんなとこ行くじゃない。平仮名がふってあるじゃない。こういうふうに読むんだなって。」

エイコさんにとって、それまでは圧倒的不利益でしかなかった読み書きができないということの持つ意味が、野宿生活をするようになって変化している。そしてその不利益の物語を積極的に語るようになることで、彼女は新たなコミュニティをつくり出し、彼女の語りが埋め込まれたそのようなコミュニティのなかで、彼女は野宿生活に必要な日用品や学習の機会を獲得していった。そして野宿をする以前は内気でほとんどしゃべらなかったが、野宿をはじめて「いろんなことがわかってくる」につれ、「強くなっていった」と彼女は語る。

「でもね、私タマコさんと同じで内気だったの。あんまりしゃべんなかったの。しゃべんなかった。親がおしじゃないかって言うぐらいだからしゃべんなかったの。」「やっぱこっちに来てしゃべれるようになったんですか?」「落ち込んじゃう方だからね。考え込んじゃう。こういうとこでさ、男の人のなかにいるでしょ。いるようになってから強くなった。強くなんなきゃね、こんなんしてたらだめだなあと思って。やっぱり強くなんなきゃだめだなあと思って。……ばかにされるなあと思うでしょ。でばかにされる、ばかにされて、あれだからね。強く生きなきゃなんないなあって。……いろんなことわかってくると、強くなってくる。一人男のなかにいるとね、そういうふうにね。」「黙ってたら損ですもんね。」「そうそうそう。自然に強くなんのね。」「どういうのわかってきたら強くなったって感じしました?」「やっぱり一人で歩いてるでしょ。歩いて。黙ってるとばかにされるから、やっぱりね。生きてかなきゃなんないからね、こんなことしてたら死んじゃうからね。……と思って、……そしたら強くなった。」

エイコさんが「タマコさんと同じで内気だった」と語っているように、タマコさんも以前は他人と会話ができなかったという。タマコさんの両親は、彼女の知的障害を恥ずかしいことだと考えて周囲に隠してきたため、タマコさん自身も障害を負い目に感じ、他人にそれを打ち明けられないだけではなく、「笑われる」ような気がして会話をすることもできなかった。

「友達ができないんじゃないかなってそれが心配なのよね。私ほら、こういう障害持ってるから、結局自分で入っていけないわけよ。……怖いっていうか、自分で話をしたら、なんていうのかな、自分で話したらみんなに笑われるような、そんなような感じで怖くなっちゃうんだよね、しゃべるのが。どういうふうにしゃべっていいかわからない気持ちもあるから……。」

しかし現在の夫は周囲の人にタマコさんの障害のことを隠さず、積極的に打ち明けて理解を求めたため、夫に出会って彼女は他人と話せるようになったという。そしてそれは彼女が「公園に来てから」のことだった。野宿者たちは一般的に、野宿にいたる過程や野宿生活のなかでさまざまな差別や不利益を被っており、フジコさんが「こういう生活してればみんな一緒なんだよね」と語るように、そうした差別や不利益をお互いに共有しているという感覚を抱いている。タマコさんが他人と話せるようになったのは、知的障害のことを隠さない夫に出会ったということもあるが、野宿者に見られる「こういう生活してればみんな一緒」という感覚に支えられてのことでもあったのだろう。とりわけタマコさんはエイコさんに「よくしてもらった」と語っているが、それもタマコさんとエイコさんが似たような境遇を共有していたためであったと思われる。そしてタマコさんはしだいに、彼女が最大の不利益だと感じている知的障害のことを、自分から他人に打ち明けるようになっていった。タマコさんにはじめて聞き取りをしたとき、彼女ははじめにおもむろにかばんから療育手帳を取り出し、私に見せてくれた。

〔そういう知的障害っていうの、前から人に言えたりした?〕「私はっきり言ったら知的障害なんて言ったことなかった。親元にいたときは誰にも言ったことなかった。＊＊（夫）に会ってからだよ、言うようになったの。不安があったんだよね、友達に嫌われるんじゃないかと思って。知的障害なんて言ったら嫌われるんじゃないかと思ってさ。公園に来てからだよ。＊＊（夫）が話してくれて、おばちゃん（エイコさん）とかに。それわかってもらって話せるようになった。＋＋（野宿者仲間）にも＊＊（夫）が言ってくれたんだ。知的障害だからお願いしますって。……あのおばちゃん（エイコさん）とかね、よくしてもらったから。」〔でも私には自分で言ってくれたよね?〕「自分で言ったね。なんか知らないけど自分で言ったね。びっくりしてるよ、自分でも。こんなこと自分で言えなかったんだよ。いつも＊＊（夫）に言ってもらってたから。」

こうしてタマコさんは、知的障害を打ち明けても受け入れられるコミュニティを獲得し、そのことで「明るく」なっていき、そうしてさらに自分のまわりのコミュニティを拡大していった。タマコさんの夫はB公園のなかでもボス的な地位にある野宿者の一人であり、それにともなってタマコさんもB公園では一目置かれているということもあって、タマコさんは新しくB公園に来た野宿者の住居や食事のことを気にかけ、ときに自分が「面倒を見てやっている」という意識を持っていた。とりわけ女性の野宿者が新しくやって来たときは、「女の人じゃ生きていけないから」と、特別気にかけていた。

「あの人（新しくB公園に来た女性野宿者）そこの階段にこうやって傘さしていたから、行って、うちのお父さん（夫）がその近くにいる人に聞いてもらったの。ご飯食べてないんじゃないかと思って。で言ったら食べてないって言うから、うちでご飯食べさして……。で一人でやってみるからって言って、で今一人でやってる。……面倒見てやったんだけどね、一人でやってみるって。」

「で病気してるからって、いろんなもの（フジコさんに）届けてあげた。親父さんが寝てるからってね。寝っぱなしだから、病気で。ね、しょうがないからこれ届けてやろうって届けてやったり、いろんなもん届けてやったり、じゃあテントが空いた、ここいないからじゃあここ入れてやろうって入れてやって、＊＊さん（ボス的地位にあり、空テントを管理している野宿者）に話してあげて。」

「女の人だったらかわいそうだなと思ってやってあげることもあるけど、男の人はね、なんだかんだって生きてけるから。女の人じゃ生きてけないから、このへんでは。ましてさ、男ばっかりだし。」

エイコさんの場合にもタマコさんの場合にも、野宿にいたるまでの社会のなかでは不利益であるとしか感じられず、彼女たちのコンプレックスの原因となっていた字が読めないということや知的障害ということの持つ意味が、野宿生活において変化している。そしてそうした変化にしたがって、彼女たちは積極的にこうした不利益について語るようになり、そのことによって「強く」なったり「明るく」なったりしていた。こうした彼女たちの変化は、必ずしも野宿生活でなければ得られなかったものではないだろうが、二人の人生ではじめてのできごとで、ここにはこれまで弱者であり続けてきた人の世界が書き換えられていく可能性が見られる。これは野宿生活の与えた、無視できない創造的な側面だといえるだろう。

3　創発する共同性

岩田は野宿者を、「生きていく場所」すなわち「ある具体的な社会集団への帰属」（岩田 2000：28）を喪失した存在だと述べている。確かに多くの場合、野宿者はそれまで築いてきた社会関係を失って野宿生活をするようになる。しかしB公園では、それまでの社会関係を失ってきた野宿者たちが、新たなつながりを生み出している場面が見られた。とくにB公園では、ほとんどの野宿者が長期間テントに定住して生活していたため、つながりが緊密になる条件があった。野宿者たちは気軽に声をかけあい、頻繁にお互いのテントを行き来する。野宿生活のなかでは、炊き出しに並ぶときなど、ともに過ごす時間も長く、水道やトイレを使う際にはテントを出て公園内を移動していく必要があるため、お互い顔をあわせて挨拶したり会話をしたりする機会が頻繁にある。また野宿生活のなかでは時間に追われるようなこともあまりなく、「苦痛なのはすることがないこと」と語る野宿者もおり、お互いを訪ねあって会話をするのは重要な時間の過ごし方のひとつと考えられていた。それには前述した「こういう生活してればみんな一緒」というフジコさんの言葉に見られるように、野宿生活という困難な境遇を共有しているという認識にも支えられていた。野宿者たちの日常の会話では、とりたてて意味のない世間話やB公園の噂話、仕事などの情報のやりとり、軽い冗談のほかに、野宿生活での愚痴や決して幸せとはいえないような身の上話が、しばしば自発的に語られていた。

こうした不利益や、ものが欠如している状態をお互いに共有しているという感覚は、野宿者たちのあいだに活発なもののやりとりを生むことにもなっていた。B公園の野宿者たちの多くは、野宿者同士のあいだで頻繁にものを贈与しあっており、贈られるものは食べ物だったり、たばこであったり、日用品であったり、本であったり、人形やおもちゃなどとりたてて意味のないと思われるようなものもあった。そのときに自分に不必要だと思われるものだけではなく、ときには自分に必要なものであっても、他者と分けあうということがごく日常的に行われていた。必要なものが確実に手に入る保証のない野宿生活においては、他者と円滑な贈与関係を結んでおくことは、生活のリスクを減らす生活戦術のひとつでもあり、困ったときには助けてもらうことを期待できるということは、安心感を得るために重要なのだろう。そのため自分に不必要なものなら、たとえそれが相手に必要だと思われるものでなくても、捨てるよりは誰かに贈った方が野宿者たちにとっては合理的であるということになる。贈られたものは受け取る義務があり、また贈られたものと同量ではなくても、なんらかの形で返礼をすることも期待されていた。タマコさんは野宿者同士のもののやりとりについて、つぎのように語っている。

「ここだいたい近所、近所づきあいが激しいからすごい親切。だいたいほら、お互いに助けあってるじゃん。他んとこは知らないよ。他の……とこは知らないけどここは助けあってるから、結構助かるんだよ。なんだかんだ持って来てくれるし。さっきのほら、＊＊さんいたでしょ。あの人だってなんか食べ物持って来たりさ、してくれるんだよ。」［さっきみたいになすび。］「ああやって持って来てくれるから助かるんだよ。助けられてるんだもん、こっちは。なにも食べ物ないときは焼きなす作ってくれたんだよ、あの人は。」

野宿生活をするうえで必要な情報も、野宿者のあいだで頻繁にやりとりされていた。寝場所の確保の仕方、廃棄食品の出る時間や場所、炊き出しの日時、仕事の見つけ方などの野宿生活をしていくうえで欠かせない生活戦術は、野宿者同士で教えあったり、他の野宿者の真似をすることで、伝達されていっていた。またこれらの生活戦術をある程度獲得した場合でも、新たに「並び」の仕事があるとか、どの炊き出しがおいしいといった情報は、常時やりとりされていた。前述したフジコさんの語りにも見られたように、新しく野宿をはじめた人が経験のある野宿者に声をかけられて、このような生活戦術を伝授されることも少なくなく、こうした情報が野宿者同士の関係を新たに紡いでいく役割を果たしてもいた。

また、ものや情報だけではなく、行為としてやりとりが行われることもあった。テントの移動などで多くの人手が必要なときには、作業を手伝ったりお互い助けあったりすることも見られた。しかしテントの移動のような一時的な場合だけではなく、ある人がものを贈り、他の人がそれを行為で返すということが、ある程度固定したメンバーのなかで持続的に行われている場合も見られた。それはフジコさんやタマコさんのように、数人の野宿者でグループをつくって共同生活をしている場合に顕著だった。

フジコさんの場合は、隣接したテントで暮らす夫と一組の夫婦を含む七人の野宿者と、食事をほぼ毎日ともにしていた。彼女の属するグループには「役割分担」があり、食品や日用品などものや金銭を提供する人と、家事などの行為を提供する人、そのどちらもする人など、ある程度決まった役割が存在していた。こうした関係は必ずしも水平なものではなく、ものやお金を提供する野宿者を上位に、行為を提供する野宿者を下位に置くような野宿者内部の階層として表れているように思われた。そしてこれが「面倒を見る」という関係や、ボスのような地位の野宿者を生むことになっていた。フジコさんの夫は病気療養中で賃労働ができず、フジコさんも夫の世話をしていたため、フジコさん夫婦にはほとんど現金収入がなかった。しかし彼女はグループの他のメンバーから食事や日用品などを差し入れしてもらい、引き換えに「自分ができること」、つまり「主婦ができること」を積極的に引き受けていくことで、グループ内での居場所を確保し、野宿生活を維持していくことを可能にしていた。

「コーヒーとかいうのは＋＋さんが出して、食事行ったり……はFさん。あとなにかいるものっていったらFさんっていう感じで。私たちはそんな感じでしてもらってる。……私たちはもうそれしかできない。ほら、してもらって返すってことができないから、だからもう動く。……自分がしてもらって、やっぱり仕事に行くんだったら仕事に行ってお金が入ったときになにかするっていうのがあるけど、もうまだ当分（収入のめど）は立ってないわけだから、自分ができることをする。」

「お風呂はFさんが出した。かといって＋＋さんは割り切ってる。よく食べに行ったときに人からおごってもらうってことはしない。そこははっきり割り切ってる。だからなにかしてるときに、△△さん作ってるでしょ、××さん仕事遅いでしょ、で私たちは結構いろいろ切ったりとかしてるでしょ、で自分はなにもしないでしょ。でも後片付けはする。私たちがお茶碗洗いに行ったら運ぶのにってついてくる。それの役割分担。」

「みんなほら、……助けあいっていう感じ。だから自分ができることをすればなにも誰も言わない。……だからあそこ、みんな男性があそこに来てるでしょ。だから主婦ができることをすればそれでみんな喜んで。」

しかしこれはジェンダーによる役割の分担というよりは、所有する資源の過多から生じる役割であるように思われた。このグループでもフジコさんだけではなく、フジコさんの夫をはじめ提供する資源が少ない男性は、家事をする傾向にあった。タマコさんの場合にも同じことが見られた。タマコさんは夫と、隣接するテントで暮らす男性野宿者三人と五人で共同生活をし、ほぼ毎日食事をともにしていた。このグループでは、男性野宿者三人が寝泊りするのはタマコさん夫婦が所有するテントであり、タマコさんの夫がこの三人に「並び」や「ノミ屋」[1]の仕事を紹介していて、タマコさん夫婦がグループ内でもっとも力を持っていた。そのためグループの家事は、女性であるタマコさんではなくこの三人の男性野宿者がおもに担当しており、タマコさんも気が向いたときは料理などをすることもあったが、ほとんどの料理や掃除、片付け、洗濯、ペットの世話などは、彼ら三人の男性野宿者が引き受けていた。

「遊んでないんだよ、扶養家族(共同生活をしている野宿者のこと)が多くなってから。……いっぱいいるのよ、夜になると。まだ他から来るの。多いときで七人だから。食べに来るの。面倒見がいいんだ、またこの＊＊さん(夫)が。ご飯食べてけ、食べてけって言うでしょ。」……「まわりの人も一緒に食べるの？」「そうそうそう。まわりって言っても寝泊りしてる人だけね。その他にもまだいるけどね。」「一緒に寝てる人がいるの？」「うん、二人いる。……あの人もあそこの向かい側に二つあったでしょ、部屋(テント)が。あれうちの部屋だから。三つあるんだけど。うちはこっちだけど、こっち側に反対に二つあったでしょ、ね、ね。こっち側に二つあったとこあんでしょ、あそこに一人寝てるでしょ。でこっち側に一人寝てんでしょ。で前にベッドが置いてあんの。そこでも寝られるよ、もう一人。でそこで面倒見てね、私らが。でその他にまだ面倒見てやってる奴がいるから、そいつが来るの。うちのお父さんが面倒見いいの。」

タマコさんの「夜になるとまだ他から来る」「多いときで七人」という語りにも見られるように、これらのグループのメンバーは固定されたものではなく、そのときの状況に応じて頻繁にメンバーが入れ替わったり、増減を繰り返していた。

このように野宿者たちの関係は固定化されておらず、気軽に声をかけあったり困っていると思われる人の「面倒を見たり」する一方、お互いの距離が離れていくのも非常に早かった。野宿者のあいだでやりとりされていたものや情報は、関係が壊れ、お互いの距離が離れていくときのいさかいの種にも、容易に転化していた。贈与したものに対する返礼が同量になされていないことや、返礼が遅延されることは、いつか返礼されることが期待できるあいだは生活上のリスクを減らす安心感の獲得につながっていたが、生活に困ったときなど、返礼が期待されるときに期待しただけのものが返ってこないと感じられれば、築かれていた関係は容易に壊れていっていた。とりわけやりとりされるものがその状況下で希少だと思われているものだった場合には、やりとりの失敗は人びとのあいだに根深い禍根を残すことになっていた。一方で今回の調査では話を聞くことはできなかったが、こうした変化の激しい関係性から意図的に距離を置き、他者との必要以上の接触を避けてトラブルを防ぐという生活戦術を取っている野宿者もいた。

またタマコさんが女性野宿者のことをとりわけ気にかけていると語っていたように、女性野宿者同士は意識的にせよ無意識的にせよ、日常的に結びつく傾向にあったことがうかがわれた。四人のインフォーマントの女性たちも互いに知りあいであり、テントを行き来しあっていた。ユウコさんがエイコさんと親しくしていると語るときには、同性同士であるということが、その関係を説明する言説として用いられていた。

「でもね、エイコさんとね、知りあう前はね、ほんともう一人でしょ、女。」「やっぱり女の人としゃべるのが楽しいですか？　エイコさんとか。」「そうね。男の人だったら聞いてくれないもん。……発想が違うからね、男と女だったらね。くだらん話なんてあんまりしないじゃない。」……「じゃあ今一番エイコさんと仲いいんですか？」「ほか知らない。あと男の人ばっかりでしょ。エイコさん知る前はほんとしょうがないから、本読んだり図書館行ったりばっかりね。デパートぐるぐる回ったりとかさ。」

ユウコさんが夫の暴力を受けて頸椎を骨折したときにも、同じような危険を共有しているという感覚からか、女性野宿者たちはユウコさんのことを非常に心配した。一度テントを出て夫のもとから逃れたユウコさんが結局また夫のもとに帰って来ると、エイコさんやタマコさんはもう一度夫のもとを逃げるようにユウコさんに勧めたり、ユウコさんをできるだけ夫のもとから引き離そうと外に誘い出したり、ユウコさんの夫に暴力をやめるよう言い聞かせたりした。

【エイコさん】「あんた、もう、出て来なきゃだめだよ、あんなとこくっついちゃってさ、殴られちゃつまんないよ。みんな心配してんだよ、あんた。……いい人いっぱいいるよ。ほんとよ。ほんとだよ。一人でいた方がよっぽどいいよ。」……【タマコさん】「殴ってやったんだって。……そんなに（ユウコさんのことを）探すんだったら、なんでね、大事にしてやんないだって。……（ユウコさんの夫が）俺お父ちゃん（タマコさんの夫）に話があるからって言ってよ、なんの話なんだかわかんないけど、来たんだよ。そんでね、お母ちゃん出て行ったって言うの。じゃあさ、私……言ってやるって言ったの。そしたら笑って帰って行ったけどね。……治んないよ。どっか行った方がいいよ。ユウコさんどっか行った方がいいよ、絶対。離れてみないとわかんないよ。少し離れてどっか行ってるとかさ、した方がいい。」【ユウコさん】「二ヵ月ぐらいね、……どっか出てたらね。」【タマコさん】「二ヵ月じゃだめよ。きかないよ。だからこっちで話もちかけるわけじゃないけどさ、ほんとに離れた方がいいと思うよ。そんなしょっちゅうしょっちゅうさ、けがしてたんじゃ身体もたないよ。……絶対治らないって。ああいうのは、もう、手出す人は治らない。今ね、流行ってるからね。」【エイコさん】「流行ってるらしいからね。ああいう男の人は絶対にね、絶対治らないって。二ヵ月一ヵ月じゃ絶対治らない。一年二年だったらわかるけど。それだって治るかどうかわからないんだからさ。」

しかしこうした女性野宿者同士のつながりも、強固で一貫したものではなかった。その後エイコさんは、ユウコさんが飲酒をする場面を目の当たりにし、飲酒をしたユウコさんが家事を十分にすることができないとユウコさんの夫から聞いて、「夫がユウコさんを殴るような気持ちもわかったような気がする」と語るようになる。この話を耳にしたタマコさんも、「殴られる方にも原因がある」と言うようになり、ユウコさんと距離を置くようになっていった。このように女性野宿者のあいだでも、同じ女同士であるという言説が動員されて関係が構築されていく場面がある一方で、女性は家事をするものだという規範が持ち出され、女性同士のつながりが壊れていく場面もあった。

「あの人焼酎飲むからさ、すごいでしょ。であんま食べないじゃない、だから。すぐ……危ないじゃない、火使うからさ。そしたら危ないって。あの人アパート一人いたら、アパート生活はできない。……前にアパート借りてたんだって。だんなさん働いてて帰って来たらお風呂もう煮立っちゃって、つけっぱなしで。つけっぱなしでお風呂が煮立っちゃった。火事起こすとね、自分だけですまないじゃない。そんなこと言ってた。ひどかったよ。でみんながだんなさんが悪いことばっかり言ってるじゃん。言ってるけど両方の話聞いてみたらそんなことない。一人でいてね、……すると心配だって。……だからね、心配だって。わかんないもんだね、だから二人の話聞いてみなきゃ。……お金があるとそうみたい。酔っぱらっちゃってさ。もうこうやって寝ちゃうじゃん。……男はほら、気が短いから、どうしてもね。(ユウコさんの夫は) 悪い人じゃない、……俺は自分の女房だからね、お互いにね、殴ることになるんだろうって。そりゃそうですね、って言った。……やっぱ心配してるんだもんね、だんなさんは。……だからね、パパがね、殴る気持ちもわかったような気がする、気持ちね。それじゃね、だんなさんがあれするのも無理ないなあと思って。」

しかしその後もユウコさんは、おかずが余ったからなどと言っては、エイコさんのテントを訪れており、まったく関係が壊れてしまったわけではなく、つねにその関係は流動的だった。

またエイコさんは、以前に隣のテントに住み、助けあいながら暮らしていたある女性野宿者について、彼女から「いじめられて」もっとも屈辱的だった体験として、「パンパンやってる」と言われたことを挙げている。そのときにエイコさんは、幼いころから父親に言い聞かされてきた貞操観念を引きあいに出して、その屈辱を語った。このように女性野宿者のあいだで共同性が構築されていくときにも壊れていくときにも、ジェンダーに関する規範的言説が、女性自らによってその理由としてしばしば持ち出されていることがわかるだろう。

「その女のあれが、いじめるわけよ。いじめられたの、意地悪のがいたの。意地悪だったの。……随分言われたんだから、私もパンパンやってるなんて。……やるんならとっくにやってるわよ。うん。だから会うの嫌なの、私。……酔っ払ってね、酔っ払ってパンパンやってって。……随分いじめられたんだから、私。父親に小さいころ、これしないようにって言われてたからね。悔しかった。」

野宿者たちが関係を結んでいるのは、同じB公園に暮らす野宿者のあいだだけではない。B公園で炊き出しなどの活動を行っている宗教団体やボランティア団体とのあいだに、共同的な関係を結んでいる野宿者も少なくなかった。とりわけエイコさんは、毎日のように複数の野宿者支援活動に積極的に参加していた。こうした活動は本章第2節で見たように、エイコさんにとって充足感だけではなく学習や日用品の獲得の機会にもなっていた。またこれらの団体のなかには、B公園をパトロールして一つ一つのテントに声をかけてまわっているボランティアの人もおり、積極的に野宿者たちと関係性を構築しようとしていた。公園の近くに住む地域の住民のなかでも、食品や洋服などを届けに来る人もいた。とくに

Ｂ公園にペットを散歩させに来る人は、散歩中に野宿者とお互いのペットについて話したり冗談をかわしたりしており、そうした人から野宿者のペットにといって餌が差し入れされることも頻繁にあった。またかつてＢ公園で暮らしていて、現在は生活保護を受けている元野宿者が、差し入れを持ってＢ公園に遊びに来ることも少なくなかった。

このようにＢ公園の野宿者たちは、社会関係を失ってＢ公園にたどり着いたとしても、個々ばらばらにあるわけではなく、ゆるやかな共同性を構築していた。この共同性は西澤晃彦（1995）が寄せ場における社会関係として、「不可視の共同性」と呼んだものに近いだろう。寄せ場においては過去に触れあわないことが相互作用における重要な関係規範になっており、それはつきあいの抑制としてもはたらく。寄せ場での関係性は固定的・反復的なものではなく、それゆえに可視的に確認しづらいが、一方でこうした関係規範がお互いに「過去がある人」として、寄せ場の人びとのあいだに「われわれ意識」を生むことにもなる。これを西澤は「不可視の共同性」と名づけたのである。同じようなことは野宿者の場合にもあてはまる。自発的に語られるのではない限り、野宿者たちもお互いの過去に触れあうことをほとんどしなかったが、それはお互いのあいだに似たような境遇を共有してきた人としての「われわれ意識」を生んでいた。この「われわれ意識」には、野宿という困難な生活の経験を共有しているということも含まれるだろう。しかしこうした意識の共有から生まれる共同性は、野宿者という同質性を基盤にするものではなかった。野宿者の困難な状況に共感を寄せる地域住民やボランティアとのあいだにも、野宿者との共同性は生まれていた。ここでいう共同性は、独立したばらばらの個人の寄せ集めでも、個々人が帰属するようなものでも、個々人を統合するようなものでもない。こうした共同性によっても絶対的に補われることのない、野宿という状態を続ける限り不可避的な抑圧や欠乏の共有が、人びとのあいだに新たな関係を生起させ、こうした関係の連鎖としてその場面ごとに編み直されるような共同性が、人びとのあいだに立ちあがっていたといえるだろう。

4　彼女たちの「選択」

B公園にいるエイコさんに今後の生活の希望をたずねると、彼女は体力の続く限り野宿生活をしていきたいと答えていた。その理由としては、以前に生活保護を受けていたとき、肩身の狭い思いをしたということがある。しかし彼女が野宿を続けていきたいと語るのは、生活保護のスティグマに対する嫌悪感という消極的理由からだけではなく、野宿生活に対する彼女の積極的な意味づけに裏打ちされている。公園にいればエイコさんを気遣って「みんなが来てくれる」、それは生活保護を受けて一人アパートで暮らすよりも、彼女にとって喜びを見いだせる生活であり、彼女が進んで参加し彼女の参加が期待されてもいる野宿者運動は、彼女にとって「やることがいっぱいある」、つまりひとつの生きがいともなっている。「今の方がよっぽどいい」という言葉に続いて語られるのは、自分の野宿生活を支えてくれる他者の存在である。このようにエイコさんが積極的に野宿を続けていきたいと語るときには、必ず他者の存在が不可分のものとして意識されている。

「エイコさんは生活保護とか受けないんですか?」「私は受けない。アパートで一人とかで暮らしてたら寂しいでしょ。ぼけちゃう。ここだとみんなが来てくれるからね。」

〔グループホームとかには入りたいと思わないですか？〕「今はね。他にやること（野宿者運動への参加など）もいっぱいあるからさ。……他にもやることがいっぱいあるからさ、ね。」

「（以前に姉と同居していたときと比べて）今の方がまだいいよね。ここ来てさ、よかったもん。いろんな人がね、あれしてくれてさ、エイコさんって言ってくれるし。あれしてくれるしね。今の方がよっぽどいいよ。＊＊さん（ボランティア）だってあれしてくれる（差し入れをしてくれる）しね、みんな。……こないだもね、持って来てくれるしさ、みんな持って来てくれるからね、持って来てくれるから、ありがたいよね。……うれしいよね。……結構みんな持って来てくれるからね、助かる。ね、うれしいよね、あれしてくれてね。ありがたいなあと思って。」


これまで数々の不利益を受けコンプレックスを抱き続けてきた彼女にとって、そのコンプレックスの最大の理由である字が読めないということを隠さずに語れ、それでも他者に必要とされたり承認されたりすることができるということ、その手ごたえを感じられるのが、彼女がこれからも続けていきたいと語る野宿生活なのだろう。そして彼女の野宿生活は、彼女の抱える困難に共感して生活に必要なものを与えてくれたり、自分の存在意義を確認させてくれる他者の存在が、つねに不可分のものとしてあるからこそ続けることが可能であり、また彼女にとって続けていく意味のあることになっている。このようなエイコさんの「選択」は、「主体的」で「個人レベルでの抵抗」（中根 2001：16–17）といったものではなく、他者との関係のなかで、絶えず暫定的に決まり続けていっていることがらなのではないだろうか。

一方、フジコさんに生活保護を受けることは考えないかとたずねると、しばらくはB公園での生活を続けるつもりだという答えが返ってきた。その理由はまだ働けるということ、三年後には年金を受給できるようになることなどいくつか語られたが、それはほぼ夫の意志にしたがっているのだという。彼女自身は生活保護を受給したいのだが、男性は福祉制度を利用することに抵抗があり、そうした夫の気持ちを優先させているのだと彼女は語った。

〔生活保護とか考えたりしませんか？〕「私は受けたいと思ってるんだけど、お父さん（夫）がね。やっぱり男の人は受けるっていうの抵抗あるみたいよ。」

フジコさんが野宿を続けるという「選択」をしたのは、彼女が夫に従順であったためである。一方、第4章で見たA宿泊所のスミコさんにも夫がおり、彼女も従順であろうと努力していたが、その対象は夫ではなくA宿泊所だった。つまり、彼女たちが従順であるべきだと期待されるものが単一ではなく、福祉制度と夫とのあいだでダブルバインドの状態にあって、そのときの状況に応じてそのどちらと結びついていくかが「選択」されていった結果、野宿を続けるフジコさんと、野宿を脱して施設にとどまるスミコさんとの違いが生まれていたのだろう。

B公園で暮らすユウコさんは、夫から暴力を受けて、一度夫のいる公園のテントから逃げたことがある。彼女は知人に勧められて一人で福祉事務所に相談に行き、夫に知られないように、そのまま女性相談センターに緊急一時保護されることになった。そして緊急一時保護の期限の二週間が過ぎたあとは、第4章で見たような福祉制度の運用によって、婦人保護施設に移動する。しかし一度B公園に夫の様子をのぞきに来てみると、夫は食事をしておらず、それを見てペットの猫にも夫は餌をあげていないのではないかと思い、心配になって公園に戻って来てしまったという。

「それで、都庁のあれで、行きなさいって言われて、福祉（事務所）行って、で（女性相談）センターに行って、それで寮（婦人保護施設）に入ったのね。で寮長さんが、……ユウコさんには出てもらいたくないわって。でも猫が心配で、帰って来ちゃった。でも寮はすごいよかった。……うちのだんなちょっと一回見に行ったら、三日もご飯食べてないって言うの。三日間。ご飯食べずにやせ細ってね。でそのときになにか食べなさいって私が（お金）置いて行ったの。でそれ見たらさ、猫もご飯食べてないってことじゃない。もう……とうとう帰って来ちゃったの。……寮母さんも寮長さんももうちょっと（婦人保護施設に）いなさいって言ったんだけど、親父飯食ってないって言うから。猫もね、あげてないんじゃないかな、なんて思って、それが怖かった。猫にご飯あげてなかったらね、嫌だなと思って。……（女性相談）センターであなた（夫が）好きなのよ、って言われて、ははは。あんな奴が好きなのかって言われて。猫を見てればって言ったら、猫じゃないのよって。だんな好きなのよ、なんて言われてね。だけど一回一緒になったらば、そう簡単には（別れることは）できないわね。だんなにも食べさせなきゃいけないし。……そう簡単に私はできない。みんなは私のことばかにするけど。言わないけど、ね、あとで出るじゃない。（夫は）働きもしないのに。で、一緒になったらさ、そう、なんていうのかな、あれがあんのね。私が食べさしてあげるわっていうさ、ははははは。ずっと私ほら、自分が仕事してたじゃない。だからそれくらいの気概はあるわけよね。……全部やんなきゃいけなかったから。その辺の生半可な男よりは男のすることができたときもある。」

ユウコさんは、福祉制度や施設に不満を持っていたわけではない。むしろ婦人保護施設に対しては、職員も寮内の人間関係も「すごいよかった」とよい印象ばかりが語られ、B公園に戻ってからも施設が懐かしくて遊びに行ったことがあるとも言った。それでも彼女は、暴力をふるい「働きもしない」夫のもとに、「だんなにも食べさせなきゃいけない」と戻って来てしまう。そしてそれは、彼女が生きていく過程で身につけてきた、「男勝りな」性分と結びつけて語られるのである。

一般的にDVは女性の構造的地位の低さに由来しているが、それは女性の学歴や収入にかかわりなく見られるといわれている（「夫（恋人）からの暴力」調査研究会 2002）。ユウコさん夫婦の場合にも、二人はおもにユウコさんの年金収入で暮らしており、彼女が望めばユウコさんは夫から離れて一人で野宿生活を脱することも可能であるように思われた。しかし彼女は、「一回一緒になったらば、そう簡単には別れることはできないと語り、暴力をふるう夫のもとに戻って来る。しかし「私が食べさしてあげる」という言葉に見られるように、それは夫への全面的な依存を意味しているわけではなかった。

第1章でも言及したパサロは、福祉制度を利用している人は「従順」で、野宿を続けている女性は「ジェンダーに背く者」だと述べていたが、フジコさん、ユウコさんの経験を見たとき、彼女たちが従順であることを期待されているのは、パサロのいうような福祉制度だけではなく、路上にいる夫でもあったことがわかる。このように相互に矛盾する複数の規範的言説の前で、彼女たちは半ば強制的にではあれ、そのときの状況に応じていずれかの言説に沿って行為を遂行し、そのときにもっとも結びつくことができると感じられるような他者と結びついており、その結果として野宿から脱することや野宿を続けることが、彼女たちに「選択」された現実として存在していたのではないだろうか。そしてこの三人の「選択」とそれの結果として存在している野宿／脱野宿という差異も、支配的な女性役割に適合的、もしくはそれへの反逆としてとらえられるような実践でもないだろう。

B公園で暮らすタマコさんはこれらのあいだをゆれ動いていた。タマコさんに今後の生活の希望をたずねると、彼女はいつもさまざまな一貫しない答え方をしていた。野宿生活は不便なのでアパートで暮らしたいと語り、一人暮らしをしてみたいと言うこともあれば、夫と二人で生活保護を受けて暮らしたいと言うこともあった。生活保護については、野宿者がカップルであった場合、単身の女性ならば生活保護を受けやすいということを利用して、妻だけ一時的に施設に入り、アセスメントが終わってアパートでの居宅生活に移行したあとに、夫がそのアパートに居候するという形式ならば、夫婦の野宿者の二人での生活保護受給が認められやすいといわれている。そのためタマコさんも、以前に一度夫と相談して生活保護を受けようと、それを試みたことがあった。しかし夫から離れて一人になる施設での生活が、たとえ一時的なものだとタマコさんと夫とケースワーカーのあいだで確認されていても、タマコさんはそれに耐えられずに急に不安を感じ、結局一日で施設を飛び出して来てしまう。その後は生活保護を受給することについて、一時的にせよ夫から離れなければならないことに対するあきらめから、不可能だと思うと語るようになった。それと同時に、生活保護制度に関する情報がないことや、彼女の望むようなアパートでの夫との生活が、アセスメントの結果によっては約束されているわけではないという不満も語った。一方で彼女は野宿生活の気楽さや、B公園には彼女のはじめての友達がいることのうれしさを引きあいに出して、野宿生活もいいと思うと語っており、結局変わらず夫とともにB公園での暮らしを続けていた。

私がB公園での調査をいったん終了し、京都に戻ってしばらく経ったころ、タマコさんの夫が「並び」の仕事の手配をしていたことが明るみに出て、勾留された。タマコさんは一人でいることができず、しばらくフジコさんのテントに身を寄せていたが、その近くで暮らす男性野宿者Fさんとしだいに親密になる。そして公園でFさんとの関係が噂されるようになると、公園での生活に耐えられなくなり、一人B公園を飛び出してしまった。その後はFさんのしていた仕事の収入で、Fさんとともにホテル暮らしをするようになる。それ以降の彼女は非常に不安定で、私のところに毎日のように電話をしてきては、今後の生活について、あるときはFさんと結婚してアパートで暮らすと言ったり、あるときは夫が留置場から出て来るのをB公園に戻って待つと言ったり、あるときは一人で生活保護を受給しようと思うと言ったり、長く連絡を取っていなかった実家に帰ろうかと言ったりした。

「私こういう障害あるでしょ。障害あるから、一人になるといられないから、誰かに頼ってっちゃうでしょ。頼っちゃうのよ。それが怖いから。今だってFさんに頼っちゃってんでしょ。それが怖いのよ。一人で待てないから、一人で＊＊さん（夫）待つことできないから、誰かに頼っちゃうの。」「それは男の人でも女の人でもいいの？」「どっちでもいいよ。男の人でも女の人でもどっちでもいいんだけど、それはね。」「＋＋さん（ある女性野宿者）とかでもいいんだ？」「いいよ、あの人はしっかりしてるから。……私もしっかりしなきゃいけないんだけど、こういう障害あるから。……誰か泊めてくれたらいいんだけどね（私に泊めてほしいと暗に言っていると思われる）。誰かに頼れればね。誰かに頼るでしょ、男の人に。寂しいから結局頼っちゃう。結局私男の人になっちゃうから。結局いつも男の人に頼っちゃう。いまだに頼っちゃってんだから、Fさんに。男の人に頼っちゃうから。」〔なんで男の人なの？〕「わかんない。頭真っ白になっちゃうから。家出（B公園を飛び出したこと）のときも頭真っ白になっちゃった。……私障害持ってるから、ここに一人でいるといろいろ考えちゃうんだよね。……実家には帰りたくても帰れないしさ。帰りたいけどね。心配かけたくないしさ。」

タマコさんは自分の知的障害を理由に挙げて、誰かに頼ってしまうと繰り返し、そのことが怖いとも言った。そして頼る相手は男性でも女性でもいいのかと問う私に、まずどちらでもいいと答え、そのすぐあとにやはり男性に頼ってしまう、と言い直した。私はそんなタマコさんに、彼女が取りうる選択肢を示し、福祉制度について説明し、それと同時にどんな選択肢を選ぼうと私はタマコさんを応援するというメッセージを伝えようとしながら、ときには深夜にもかかってくる電話のタマコさんの話に耳を傾け続けた。

彼女が公園を出て二カ月半が過ぎたある日、福祉事務所にいるというタマコさんから電話があった。Fさんとの二人だけのホテル暮らしのなかで、全面的にFさんの収入に頼り、つねにFさんの機嫌をうかがわなければならない生活が急に不安になり、一人で生活保護を受給する決心をして、福祉事務所を訪れたのだという。相談の結果、緊急一時保護施設に入所が決まり、これから施設に向かうところだとタマコさんは語った。彼女はそのとき生活保護受給について、「こんな楽なんだったらもっと早くやればよかった」と電話の向こうで安堵したように言った。

「もうこの際だから受けちゃえってふっ切った。……結局自分の生活力つけなきゃしょうがないでしょ。ほんとは行く自信がなかったの、一人で。……三食ついてるんだってよ。こんな楽なんだったらもっと早くやればよかった。こんな楽なことないよ。」

しかしその日彼女が施設に着いた直後、B公園で以前に共同生活をしており夫とともに捕まっていた野宿者から、一足早く留置場を出てきたと彼女に電話が入る。それを聞いた彼女は施設を飛び出し、またFさんのいるホテルに戻って行った。その数日後、夫が留置場を出てB公園に戻ったと聞き、タマコさんは夫のいるB公園でまた野宿生活をはじめた。

タマコさんの場合にも、野宿をすることや野宿から脱することは、夫やFさんや施設、さらには実家や私との関係のなかで、そしてそこに現れるさまざまな規範的言説の要求の網の目のなかで、状況依存的で暫定的に行為を遂行していった結果として、「選び取られて」いっていた。そして野宿をすることや野宿を脱すること、さらには他者との関係について彼女が語るさまざまに矛盾する意味づけの言葉は、そのときの状況に適合するような説明が、そのときの行為の結果としてある彼女の「選択」についての「動機の語彙」として、はりつけられていたのではないだろうか。

5　断片的であること

これまでの野宿者研究は、野宿者を更生すべき存在や救済の対象とするまなざしに対して、人びとの主体性や自立性を見る必要があると主張し、そこに状況変革へ向けた可能性を見いだしてきた。しかしそのときに、女性野宿者をはじめとする「勤勉な男性寄せ場労働者」的ではないような存在を、見落とすことになってしまったことは否めないだろう。さらに、ここで見てきた女性たちのような、周囲の人びととの関係性に応じて変化する実践は、「排除のイデオロギーに対抗」するために野宿者の「主体的」で「個人レベルの抵抗」に着目しようとする視点からは、抜け落ちてしまうものである。しかし彼女たちにとっては、主体的な意志にもとづいて野宿を続けることも、意識的にせよ無意識的にせよ生活戦術を用いながら野宿を生きぬいていくことも、福祉制度を受け入れて野宿を脱することも、それぞれ絶えず生起され続けていく関係性のなかで営まれている日々の実践の、一場面として現れているようなことがらだった。ここに、野宿をすることと野宿を脱することのあいだに明確な境界が想定されるような、野宿者の抵抗や主体性を読み取ることはできないだろう。

これまでの研究では、野宿者の主体性や抵抗の姿に着目しようとするあまり、一貫した自立的な意志のもとに、合理的に行為を選択していく主体が前提とされてきたのではないだろうか。そのため、周囲の人びとと取り結ぶ関係性に依りながら、日々変化していく状況に対応する過程で現れていくような、行為遂行的な生活実践がとらえられなかったのだろう。しかしときには支配を受け入れ、ときにはそれに正面から抵抗し、ときには工夫をこらしつつ支配をくぐりぬけている野宿者の日々の生活のなかでは、主体的であったり抵抗として解釈されるような行為は部分的なものにすぎない。それにもかかわらず自立的な主体を想定し、自らの意志にもとづいた行為の結果として野宿をしていると野宿者を表象してしまうことは、野宿者自身の意志が援助を受ける際の選別の基準となるようなホームレス自立支援法が制定された現在の状況では、「排除のイデオロギーに対抗」しようとする研究者の意図を超えて、排除を正当化する現実的効果を持ってしまうことになる。むしろ、ここで見てきたような女性野宿者たちの実践に接近することに先立ってある、野宿者の抵抗の姿や主体性を見たいという研究者の欲望が、このような実践のうち、野宿しているという一時的な場面だけを切り取り、女性野宿者の存在やその生のあり方を見落としてしまうことに荷担してきたのではないか。

ディペッシュ・チャクラバルティは、グラムシに言及しながら、サバルタンの歴史を指して、「必然的に断片化されていて挿話風である」（Chakrabarty 1995 = 1996: 100）と述べているが、女性野宿者たちの実践も、長期的な視野に立った一貫性を持たない、断片的でしかないようなものとして現れていた。つまり、周囲の人との関係性が続くことを前提に野宿を続けていきたいと語るエイコさん、「いつも男の人に頼った」結果、野宿生活と野宿からの脱却とを繰り返すタマコさんなどの実践は、限られた資源や暴力という制約のなかに置かれ、伝統的に女性に期待されてきた役割に沿って行為を遂行しているために、一貫性や主体性のなさと見えるようなものとして現れている。こうした断片的でしかないような生のあり方は、野宿者であり女性であるということで、二重に周縁的な場に追いやられている女性野宿者たちの置かれている状況を、よく示すものである。しかしこれは、女性野宿者に本来的に固有なものでも、女性野宿者だけに見られるようなものでもない。むしろ、主体性や合理性の残余としてあるネガティブなものが、伝統的に女性に押しつけられてきたことの結果として、女性に顕著に見られるようなことがらとして現れているのだろう。ここで見られるような女性野宿者たちの断片的で一貫しない実践に着目することは、人びとの生が営まれている日常的な場から、自立した主体であることを欲望する知のあり方を問い直す手がかりとなるのではないだろうか。

第7章　変化のプロセス

1　支援のはたらきかけと時間の流れ

ここまでの第5・6章では、B公園に暮らす女性野宿者たちの日常生活の様子を見てきた。女性野宿者たちは、さまざまな抑圧と生存に必要な最低限のものすら自由にならない生活のなかで、工夫をこらし、他者と関係を結びながら暮らしていた。

つぎに本章では、私自身が大阪市内において継続的に参与してきた女性野宿者と女性支援者のグループ「女のおしゃべり会」の活動と、そこでかかわってきた女性野宿者たちの様子を見ていきたい。「女のおしゃべり会」の活動では、私自身もその一人であった支援者の存在が、女性野宿者の生の選択に影響を与え、ときにそれに積極的に介入していくことになる。その九年あまりにわたる活動のなかでは、女性野宿者の日々の暮らしにもさまざまな変化があった。第5・6章で見た東京都内のB公園では、私自身は女性野宿者の生活世界を観察する、いわば傍観者の役割に徹していた。また調査期間は一〇ヵ月間で、それにもとづいて書かれた第5・6章は、女性野宿者の生活世界の一時的な断面を切り取ったものに相当する。それに対して本章では、私自身も含めた支援者による女性野宿者へのかかわりと、そのかかわりのなかで彼女たちがどのように変化していったのか、数年間にわたる時間の経過を中心に見ていくことにする。

これらを見ていくことを通して検討したいのは、女性たちがものごとを決めていくプロセスのあり方である。第1章でも述べたように、これまでの社会学の野宿者研究のなかでは、野宿者を改良されるべき客体とするまなざしに対抗するために、野宿者自身の主体的な意志にもとづく社会への抵抗の姿や、日々を生きぬく日常の実践などに見られる主体性や創造性が強調されてきた。またフェミニズム研究においても、売春をめぐる人権派に対して、セックスワーク論に見られるように、女性自身が主体性を持って性労働をしていることが主張されてきた。この野宿者研究においてもセックスワーク論においても前提にされているのは、合理的判断のもとに自律的に行為を決定する、他者から切り離された自己である。しかしながら、女性野宿者たちの将来の生活は、時間の経過のなかで見ていけば、変化を続けるひとつのプロセスのなかで決まっていっており、そこには他者の介入や周囲の人との関係性の影響も色濃く見られる。

本章では、私自身も含めた支援者の女性野宿者へのはたらきかけと、そのかかわりのなかで彼女たちがどのように変化していったのか、時間の経過を追って見ていくことにしたい。

２　「女のおしゃべり会」

「女のおしゃべり会」は、二〇〇三年七月に大阪市内で結成された、女性野宿者と女性支援者のグループである。野宿者・元野宿者・支援者の女性が月一回集まって食事やお茶をともにしながら話すという活動を基本に、現在まで九年以上にわたって続けられてきている。

「女のおしゃべり会」は、一人の女性野宿者が女性の悩みを相談する場がないという言葉をもらしたことをきっかけに、はじまったものである。それを聞いたある女性支援者の呼びかけで、大阪のＣ公園に暮らす女性野宿者と、呼びかけにこたえて集まった、すでに野宿者の支援活動にかかわっていた女性支援者によって結成された。なかには、医師や看護師、女性施設の職員として働きながら、ボランティアとして「女のおしゃべり会」にかかわる人もいる。私自身も、結成当初から参加している一人である。

活動の中心は毎月一回の集まりで、屋外にござを敷いて座り、菓子や食事を囲みながら、女性野宿者が圧倒的多数の男性のなかで生きることの悩みや、生活上の困難などを、雑談を交えながら話す。そのなかで出てくる悩みに解決できる可能性があるものがあれば、それへの対応を考え、グループとして申し入れを行うような活動もしてきた。また野宿者と支援者ができるだけ「平らな関係」を築くことを目指しており、支援者自身が支援活動のなかで出会うハラスメントなども、同じ女性として直面することが多い悩みとして、対応を話しあうこともあった。女性にとって安全な場にするために、月一回の集まりは基本的には参加を女性のみに限っている。(1)

一般に、野宿者支援にかかわる人のあいだでも、野宿生活を脱却すべきものと考えるのか、野宿生活を続けることもよしとするのかは意見のわかれるところだが、「女のおしゃべり会」に集まる人には後者の考えの人が多い。そのため、当面野宿生活を望む女性には、野宿生活を続けられるようサポートをし、野宿生活をやめたいと望む女性には、生活保護申請への同行をするなど、本人の希望に応じた支援を柔軟に行ってきた。また生活保護を受給して居宅生活に移った女性たちを訪問して継続的な関係づくりにつとめ、居宅生活のなかで抱えるさまざまな問題の相談に乗ることもある。ほかにも、九年間にわたる活動のなかでは、時期やそのときのメンバーに応じてさまざまな形の活動がなされており、女性野宿者が支援者に少額の借金を申し込むことが頻繁にあったことから、「女のおしゃべり会」として少額を貸し付けて毎月回収するマイクロクレジットを運営していた時期もあった。またC公園以外の公園や駅で女性野宿者に声をかけ、安否を聞いたり月一回の集まりへの参加をうながすアウトリーチを、女性野宿者とともに行っていた時期もあった。その他、参加者でカラオケに行ったり映画の上映会をしたり、野宿者支援団体同士の交流会に参加したり、大学の授業でおしゃべり会の女性野宿者たちが野宿の経験を話すこともある。会の運営に必要な費用は、支援者からの寄付でまかなっている。

月に一度の集まりを行っていたのは、最初の二年間はC公園だった。その後は会に集まる女性野宿者たちのテントが相次いで撤去されたこともあって、固定した場所を定めずに複数の公園で場所を変えながら行い、ここ数年はD河川敷か、屋内の貸しスペース、メンバーの自宅などに集まることが多くなっている。九年以上にわたる活動のなかで、「女のおしゃべり会」への参加者は、野宿者である程度の期間にわたって定期的に参加していた人が一〇人程度、一、二回だけ参加したという人が同じく一〇人程度いる。現在では現役の野宿者よりも、かつて野宿生活をしていて今は施設や居宅で暮らす女性の参加がおもになっている。支援者では、中心的に会の運営にかかわっていたのが私自身も含めて五～六人、ある程度の期間にわたって定期的に参加していた人が一〇人程度、一、二回だけ参加したという人が三〇人ほどいる。ほかにも「女のおしゃべり会」に参加している支援者が、個別に生活保護申請をサポートしたり連絡を取っている女性野宿者も何人かいた。

3　女性野宿者の生活史と野宿生活の状況

つぎに、「女のおしゃべり会」になんらかの形で参加した女性野宿者のなかで、生活史を中心とした個別の聞き取りをすることができ、かつ長い期間かかわりを持つことのできた三人をとりあげて、生活史と野宿生活の様子を紹介していきたい。

C公園のテントで男性とともに暮らしていたケイコさん（第2章表5⑳）は、「女のおしゃべり会」がはじまった当初から参加を続けている、唯一の人である。調査をした当時四四歳だったケイコさんは、北陸出身。農家で五人きょうだいに生まれる。学校でもきょうだいのなかでもいじめられて育ったという。中学校卒業後、いとこを頼って関西の工場に就職。それから関東の飲食店などを転々とした。二三歳のとき、家族の勧めで地元に帰り、結婚する。夫は二〇歳近く年上の農業をしていた人だったが、大量に飲酒すること、性的関係がなかったことから嫌気がさし、一カ月で離婚。その後は関東周辺で飯場に住み込み、賄いの仕事を転々として過ごした。三七歳のとき、東京都内の公園ではじめて野宿をすることになる。六年間野宿をしたあと、大阪市にやって来て、駅前でダンボールを敷いて野宿をはじめる。野宿場所には、トイレに近く、人目につかないところだと「怖かった」ために、人通りの多いところを選んだという。

「女はトイレがないとあかんねん。トイレのあるところでないとあかんから……。悪いとは思ったよ。あんな目のね、上から見られるわね。……見られるけども。……トイレのある場所ってあそこしかないねん。であそこしかいられへんねん、私は。怖かったから、やっぱり。」

そのうちそこにテントを張るようになった。当時は野宿者支援団体の炊き出しの手伝いに参加して食事を手に入れたり、通りすがりの人から援助を受けたり、売春をして収入を得ていたという。ケイコさんは、通行人から誘われてしたという売春の経験を、「こっちは遊んでるわな。ちょっとまあいたぶってやるかって気持ちになるわな」と、ケイコさん自身がその関係をコントロールする主体であったかのように語った。

「駅のとこにいると、みんなどういうわけだか助けてくれる人もいればね。まああと、スケベ心を出す人もいるけどね。」「へえ。どういうこと?」「まあ女なら女なりの、そういうものを望む人もおんねん。」「野宿してる人とかで? じゃなくてサラリーマンとか?」「サラリーマン。」「なにを言ってくるんですか?」「いや、こんなこと言っていいのか悪いのかわからんけどな、やっぱ男の生理的。」「どう言って声かけてきはるんですか？」「いや、まあ飯食いに行こうとかな。」「ああ、そうかそうか。いくらくらいでって言ってくるんですか？」「いやいやいや、これだけ出すけどいいかなって来るわけや。」「だいたいいくらくらいなんですか？」「まあ一〇〇〇円のときもあれば三〇〇〇円のときもあるし。まあ今で言えばフードルだな。フードル的に。でもね、こっちは遊んでるわな。ちょっとまあいたぶってやるかって気持ちになるわな。まだ若いからね。」

一年後、ケイコさんは工事を理由に、その場所から立ち退きをさせられることになり、C公園に移動してきた。そして以前から知りあいだった七〇代の男性野宿者と二人で、猫とともにテントで暮らすことになった。私が出会ったときのケイコさんは、野宿者支援活動の炊き出しなどを手伝いながら、そこから食事や生活必要品を手に入れて生活していた。

大阪市内の小さな公園で暮らすミドリさん（第2章表5⑱）は、そこで「女のおしゃべり会」の集まりが開かれたことをきっかけに、毎月参加するようになった。ミドリさんは明るくよく話す人で、話の内容や記憶も、私が出会う女性野宿者のなかでは珍しいほどいつも理路整然としていた。

調査当時、五一歳だったミドリさんは、九州で八人きょうだいに生まれる。高校中退後、看護師見習いをしていたが断念、一八歳で関西に出てきて水商売をはじめた。二五歳のとき、客だった一まわり年上の男性と結婚。夫は再婚で連れ子がいたが、すでに職に就いて独立していたため、連れ子とは同居はしなかった。夫は当時労災の保険金で生活しており、定職を持っておらず、ミドリさんとのあいだに娘が生まれたあとも、彼女が水商売をして一家の生活を支えてきた。しかし阪神大震災後、夫の親戚一家がミドリさん宅に居候をはじめたことで、もともと円満ではなかった夫婦関係が悪化し、ミドリさんは家を出る。結婚してから一六年が経っていた。それからは単身でヘルパー、土工、旅館の住み込み仲居などをしながら生きてきた。最後に勤めたのは有名な温泉旅館だったが、歳を重ねるにつれて仲居の重労働を続けるのは体力的に厳しくなり、仕事のできる彼女に負担が集中したこともあって、身体を壊して退職する。とりあえず実家に帰ろうと向かう途中、泊まったサウナで所持金や身分証をすべて盗まれてしまい、失意のなかで座り込んだ公園で、野宿者がアルミ缶を集めているところを見かけた。

「もうほんまもうね、いつ死んでもいいわいうくらいの気持ちでね、公園のなかに最初座ったんや。それでもうどうでもいいわって。それでもう最初座ったときに、缶拾いしてる人が見えて、ふふ。それ見て、ホームレスって、そのときにテレビとかでは見てたけどはじめて見たやんか。ほんでそのホームレスの人らの動き見てたら、缶持ってやってる人が。いろんな缶をな、それで椅子に座ってなんやしとんの見えたわけや。ああそやな、こないして缶やったら売れるなとか思って。」

これなら自分にもできるかもしれないと思ったミドリさんは、それから見よう見まねで野宿生活をはじめることになった。

周囲の野宿者の助けを借りて、三〇人ほどが暮らす公園にテントを構えた。アルミ缶回収の途中で出会った男性野宿者に、資源ゴミの日にあわせてまわれば効率がいいこと、缶がよく集まるルートや集め方などについて手ほどきを受けてからは、一日一五〇〇～二〇〇〇円を稼ぐ(2)。朝まだ暗いうちに公園の

アルミ缶を積んだミドリさんの自転車。

テントを出て、自転車で住宅街をまわる。集めた缶を整理して売りに行くと、毎日八時間ほどの労働になる。マンションの管理人がいると一声かけてからアルミ缶をもらい、お礼に掃除やゴミの仕分けを手伝う。回収の最中に通りかかる近隣の人にも、必ず「おはようございます」や「行ってらっしゃい」と挨拶をする。するとしだいに顔見知りが増え、ミドリさんのためにアルミ缶を取っておいてくれる人や、食べ物を差し入れしてくれる人なども出てきた。退屈しのぎに毎週回収を手伝ってくれる高齢者も現れ、その日の収入はいつもの倍になるという。

「今仕事みな教えてもらっとるから、人よりは取れる。ほんでね、人の、素人さんのね、応援が多いんや。ね、素人さん、一般の人。……おじいさんが応援来てくれんねん。自分とこのマンションから缶持って。自分とこのマンションの集めとってくれて。……定年退職しておじいさんって籠りがちゃん。だからもうすごいなんか、身体の調子も悪かったし。それからなんか近所のおばちゃんとしゃべってたんが、＊＊さん（ミドリさんと仲のよい男性野宿者）としゃべるようになって。で＊＊さんがもともと大阪の人間やからどこでも知ってるわけ。でいろんなとこ連れてったげてんねん、自転車で。そのおじいさんを。ほんならすごい健康になり、身体も顔も笑顔になり。顔色がようなったっていうて、みんな言うねんて。ほんなら結局そないしとったら私んとこ来出したんやんか、その＊＊さんと一緒におじいちゃんと。ほんで私としゃべってる方がおもしろいって、ふふふふ。せやからいっつもな、お姉さんと行こ、お姉さんと行こって言うねんて。」

こうして曜日ごとに決まった回収ルートを確立していくにつれ、しだいに回収できる量は増え、生活は安定していった。自分の仕事を支えてくれる人の信用を失うといけないからと、ミドリさんは雨や雪の日でも必ず毎日仕事に出かける。

他にもミドリさんは多くの一般市民とのかかわりを持っていた。彼女のためにいつもアルミ缶を取っておいてくれる人が、車椅子と交換するためにプルタブを集めていると知ると、ミドリさんは毎日回収する膨大な量のアルミ缶からすべてプルタブをはずし、いつも缶を取っておいてくれるお礼にと届けに行く。それは時間のかかる作業で、プルタブ重量分の稼ぎも減ってしまうが、それでも自分にできるお返しはしたいと毎日続けている。ミドリさんが住宅街のなかでアルミ缶の整理をしたりしていると、悩みごとを聞いてほしいと話しに来る人もいる。

アルミ缶からプルタブだけをはずしたところ。左側にあるのは，アルミ缶についている懸賞シールを集めたもの。これも１枚１円程度で売れる。

「まだ二〇代の子やったけど、アルバイトしてる子。おばちゃん頑張っとるなあって。……その子夜勤明けで、コーヒー買うてきたるわって。ほんで……私の横座り込んでな。……このマンションで俺嫌われてんねんって。……なんで嫌われてんの？って、いや、言いたいこと言うからかなって。嫌われたってええやんって。……嫌われたってええやんかって言って。」

虐待されていた高齢者の身の上相談を持ち込まれ、公園を巡回してくる役所の人に連絡して、ミドリさんが福祉事務所への橋渡しをしたこともあった。

このようにミドリさんの生活は、情報や食べ物などを交換しあう周囲の野宿者や、彼女の仕事を支える一般市民など、多くの人のなかにおいてこそ成り立つものだった。他者とこうした関係を維持していることについて、彼女は自分の稼ぎで生活しているという自負が、野宿をすることになっても彼女の自尊心を支え、それが基盤にあるからこそ他者と関係を結ぶことが可能となっていると語る。そしてそうした関係がまた、彼女の稼ぎを支えているのだった。

「普通にしゃべるからちゃう? ……ホームレスやったら卑下するやん。自分がこう下向いてまうやん。私は絶対したくないねん。確かにやってることね、家も公園で住んで、確かにね、一般の人間ではないねんけど、でも自分で缶やってね、お金あれして食べるもんとか自分で買えるしお風呂も行けるし。……だから普通に前向いてしゃべれば、相手も絶対普通にしゃべってくれる。……必ずその人に対して愛情持って……好きと思ってしゃべる。」

自分の力で稼いで生活していくミドリさんのような姿は、運動や研究がこれまで描いてきた野宿者のモデルストーリーとでもいえるものだろう。こうした生活を詳細に描写することは、野宿者は怠け者だというまなざしが偏見であり、野宿をしていても多くの人と変わらない生活を送るあたりまえの人間であることを示す、説得的な説明になりうる。だが彼女が自分の力で生計を立てているということは、彼女のジェンダーを考えるとき、より複雑なものになる。ミドリさんのような生活は、野宿者の生き方としては模範的なものだが、女性の生き方としては望ましいものとは考えられていない場面があった。

ミドリさんは結婚し娘を出産してからも、働かない夫にかわって一家の生活を支え、家を出てからも自分の稼ぎだけで生計を立ててきた。建設現場で働いていたときには、男性ばかりの職場で男性と同等に働いてきたという自負もある。そして野宿をするようになっても、男性に頼ることなく独力で収入を得ている自分を誇りに思っていた。ミドリさんはその心中を、「男性を頼れれば楽」だと表現しているが、そこには経済的に男性に依存することのできる境遇にいる女性に対する、わずかな羨望も感じられた。

「ホームレスしてても……男頼れれば楽よ。……その方が私思ったもん、楽やろうと思う。相手があれしてくれて、自分がちょっと家事すれば済むことやから。」

しかしミドリさんの男性並みに働いてきたことへの自負に反して、周囲の男性野宿者はミドリさんを指して、「あれは女じゃない」と陰口を言い、そのことを否定的に評価していた場面もあった。男性野宿者のなかには、女性には女性らしい役割を求める性別役割分業の規範意識を強く持ち出す人も少なくなく、ミドリさんと同じ公園で暮らす男性野宿者のなかにも、女性は廃品回収などの仕事はすべきではないと考える人がいたのである。ほかにも、女性が単身で野宿生活をしていると、それを見かねた男性野宿者が女性を一人で放っておけないと食事や収入を分け与え、それをきっかけに二人で生活をともにするようになるという例も少なくなかった。こうしたなかで、男性並みに稼ぎ一人で生活を続けるミドリさんは少数派の存在であり、ミドリさん自身も自分のことを「自分で自分を女と思ってない」と語っている。

このことをミドリさんは、夫の住む家を出た理由とも結びつけて説明した。男性と友人以上のつきあいをすることを「身体が受けつけなくなった」と語り、そんな自分のことをミドリさんは「男」であると表現した。そしてそれが娘と夫を捨てて家を出た最大の理由だというのである。

「もう親父があれして、横来られたらぞっとする。……私が身体、ほら、男受けつけんようになったって言っとったやろ。もう嫌で嫌で。で、そんときに男おるんやろ、なんやろって（夫に）ずっと言われとってん。もういいわ思って（家を出た）。子ども生んでからね、あかんようなったから。……体質変わったんだと思う。男や、ははははは。」

ミドリさんは、他の女性野宿者が将来の夢として再婚したいということを挙げたとき、「ホームレスしててね、なにが男やって思う」と、非常に冷ややかな反応を示している。

「おかしいって思うのはね、ホームレスしててね、なにが男やって思うもんね。みんな結局なんだかんだ言うて、それでもみんな男背負ってるやん、ね。……おっちゃんとどっか行って金もらったとか。……生きていかれへんもんね。」

彼女は、「そうでなければ女性は生きていけない」といいながらも、男性並みに働いて単身での生活を続ける自分は、こうした依存的な女性たちとは違うと考えていたのである。実際に女性野宿者にとっての労働とは、ミドリさんのような賃労働である場合もあるが、路上においても主婦としての役割を引き受け、外に出て金銭を稼ぐよりも、テントに残って家事労働をしていることが少なくなかった。ときにはミドリさんが言うように、生活のために男性の性的相手をして、金銭をもらっている女性野宿者もいた。

D河川敷にある立派な小屋で夫とともに暮らすイッコさん（第2章表5⑨）とは、「女のおしゃべり会」の支援者たちとアウトリーチをしていたときに出会った。彼女は社交的な人で、月一回の集まりに誘うと、「私そういうの好き」と、それから毎月参加するようになった。

イッコさんは六九歳、中部地方のある県で生まれた。その後、両親は台湾に赴任することになり、イッコさんは祖父母に育てられる。幼いときから活発で男勝りだったという。

「やんちゃやったで、私。言葉もそらやんちゃやったで。男、顔負けしとったからな。男ども蹴っ飛ばしてから、なにやっとんじゃい、とかってやったぐらいや。……そのときはもう、男か女かわからんかった。」

イッコさんは小学校にはほとんど行かず、中学校は一年間でやめてしまったため、今でも文字の読み書きが得意ではない。そして一三歳からマッチ工場で働きはじめた。同じ職場で働く男性と一五歳のとき結婚。息子が二人生まれる。しかしイッコさんの男性関係は派手で、結婚後にも缶詰工場に勤めに行っていたこともあり、あまり育児をしなかったという。二六歳のとき、「もう別れさしてくれ」と言って離婚。子どもは父親に引き取られ、イッコさんは家を出て芸者になった。それからの生活については、繰り返したずねても多くを語ろうとはしないが、刑務所に入っていたこともあるという。釜ヶ崎のパチンコ屋に勤めていた五〇代のとき、知りあった男性と河川敷で野宿生活をはじめた。内縁関係のこの男性と、それから一五年間、テントで犬二四とともに暮らしている。周辺の河川敷には、一五人ほどがテントを建てて生活している。

年下の夫は頻繁に日雇労働に出ているため、ある程度の収入があり、食料や日用品の多くは購入していた。二人の暮らす小屋は、発電機を使ってテレビも蛍光灯も点く立派なもので、倉庫用のスペースを確保するために別に小屋をもうひとつ持っている。夫が仕事に出ているあいだ、イッコさんは小屋にいて家事をしながら夫の帰りを待つ。こうした彼女の暮らしは、野宿生活をしていても専業主婦のそれとほとんど変わらないものである。夫婦の家計はすべて夫が管理しており、仕事に行って余裕のあるときに、気分に応じてイッコさんに数千円から一万円を手渡し、イッコさんがそれで食料や日用品、コインランドリー代、犬の餌などをやりくりしている。必要なものは夫が買い置きしておいてくれることもある。だが収入の残りは、夫がパチンコなどに行って一人で使ってしまい、イッコさんもパチンコが好きだが、夫に遠慮してほとんど行くことはないという。

このように生活費は「お父さんがくれるときとくれんときがある」ため、イッコさんは不足を少しでも補おうと、細々とアルミ缶回収をしていた。夫が仕事に出かけると、イッコさんは犬の散歩をすませ、アルミ缶を集めに行く。以前は自転車で遠くまで回収に出ていたが、歳をとった今では身体がついていかなくなり、近所を歩いて集めるだけになっている。集めた缶がある程度溜まると、数週間に一度売りに行く。遠くの寄せ屋まで持って行くと高価格で売れることは知っているが、つきあいを優先してイッコさんの住む小屋のすぐ近くにある寄せ屋に売りに行っている。たいした金額にはならないが、夫が家計を管理しているため、それが彼女自身が自由に使えるわずかなお金だという。

それでも生活費や小遣いが足りなくなると、ときには売春をすることもあると、イッコさんは語った。近くのテントに住む野宿者男性で働いていて収入のある人や、近くの住宅に住む男性で、イッコさんの住む河川敷に小屋を建てて自分のペットを飼い、頻繁に世話をしに来る人を相手に、一回五〇〇〇円をもらっているという。


「運転手がな。な？　五〇〇〇円もらいよって。」〔運転手？〕「うん、うちの近くにおるねん。会社行きよるねん。勤めとるねん。その男と、今、縁が切れんわけや。……それでまあどうにかやるわけじゃ。……そうでもせなんだら、あれやで（生活できない）。あれ（セックス）も一瞬のうちやもん……。」

4　居宅生活へ

私はこれら三人の女性野宿者たちと、「女のおしゃべり会」を通して知りあい、その後「女のおしゃべり会」の活動の一環として、もしくは個人的に、長年かかわりを持ってきた。その過程のなかで、彼女たちの生活や生活に対する認識は、当然ながら変化していく。つぎはその変化の過程と、私も含めた「女のおしゃべり会」がそこにどのようにかかわっていたのかを見ていきたい。

C公園で暮らすケイコさんが突然失踪したのは、「女のおしゃべり会」がはじまってすぐのことだった。心配した会のメンバーで探しまわり、ようやく見つけたケイコさんは、釜ヶ崎で知人の男性宅に居候していた。ケイコさんが野宿者支援団体の活動で知りあった男性野宿者が、彼女の暮らすテントに押しかけてつきまとってきたことから、ともに暮らしていた七〇代の男性はどこかへ逃げ出し、ケイコさんも釜ヶ崎に逃げたのだという。そこでしばらくダンボールを敷いて野宿をしていると、支援活動のなかで顔見知りだった男性が声をかけてきた。

「センターのところで寝てた。ダンボール囲ってもらって。」〔一人で？〕「一人で。」〔危なくないの？一人で。〕「あんまりそんなことない。うん。そんなことはない。……んで、＊＊さんが来て、帰り道に私を見つけてご飯作ってくれないかって言われて。それで今日はちょっとだめだけどって言って、いついつ来てって言ったわけ。来りゃせんと思ったから。雨降ってたから来りゃせんと思ったらほんとに来ちゃったのよ、夕方ね。四時か五時やったからな。えー、ほんとに来たのって私言ったくらいだから、ふふ。」〔そこではじめて知りあったんですか？〕「いや、もともと炊き出し食ってたことあるから。私あんときに、最初のころ手伝ってたでしょ。それで顔は知ってた。でも言葉かけられたことはなかった。」〔それでご飯作ってくれって言われて。〕「そうそうそうそう。自分でなにやってんのって、いや、いつも外食だって。自分でなんもできない。なんもできないから。ただご飯しか炊いてないねん。おかずなんもないねん。あきれかえった、ほんとに。子どもでもするで。」

そして食事を作ってくれないかと頼まれ、それをきっかけに男性の家に居候するようになった。

そのとき『ビッグイシュー』という雑誌を販売する仕事(3)について知ったケイコさんは、しばらく居候をしたのちにその家を出て、雑誌を売って生計を立てることにする。そして駅前でダンボールを敷いて野宿をしたり、お金のあるときには二四時間営業の喫茶店で眠る生活をはじめた。愛想のよいケイコさんの雑誌はよく売れ、一日一八〇〇円ほどの収入になったというが、決められた販売場所まで行くには電車賃が毎日六〇〇円以上必要で、食事代・寝場所の喫茶店代などを出すと、生活はぎりぎりだった。雑誌の仕入れ代には、当時「女のおしゃべり会」がはじめたばかりのマイクロクレジットの制度で借りた五〇〇〇円を充て、売り上げから少しずつ返済をしていた。しかし毎日長時間の立ち仕事をし、夜もあまり眠れない生活は長くは続かず、真冬だったこともあって体調を崩し、三カ月後には入院することになった。

それまでの野宿者支援団体とのかかわりのなかで、野宿者でも福祉事務所に行けば生活保護制度で入院できることを知っていたケイコさんは、体調を崩したため一人で福祉事務所に行き、生活保護を受けて入院する。そして持病の糖尿病の治療を行っていた。野宿生活をはじめた当初、拾ったハンバーガーばかりを食べていて、糖尿病が悪化したのだという。私も含めた「女のおしゃべり会」の支援者は、ケイコさんの退院後の生活を気にかけて、何度もお見舞いに行き、ケイコさんと相談した。ケイコさん自身は野宿生活に戻ると言ったり、生活保護を受けて居宅生活をしたいと言ったり、将来の生活を考えあぐねていた。

当時、入院している野宿者は、退院すると行くところがなく、ふたたび野宿生活に戻ることがほとんどだった。ケイコさんの場合にも、本人がなにも主張しなければ、退院後の生活をケースワーカーが考えてくれることはなく、野宿生活に戻ることになるだろうと考えられた。仮にケースワーカーがケイコさんが路上生活に戻ることがあってはいけないと考え、退院後も生活保護を継続できるように手続きをするとしても、その場合には施設に長期入所することになると予想された。しかしケイコさんは施設生活はしたくないと言う。そのため「女のおしゃべり会」の支援者たちとも相談し、医師に「就労不可」との病状報告書を書いてもらい、それとともに居宅保護への変更願を退院時に福祉事務所に提出すれば、居宅で生活保護を受給することができるのではないかと話しあっていた。

ケイコさんが入院して三ヵ月になろうとするころ、突然彼女から私に電話があった。翌日に退院することになりそうだという。退院しても行くところがないのに、突然の退院の指示には納得がいかない、今から福祉事務所に居宅保護への変更願を出したいので付き添ってほしいということだった。突然のことだったためすぐにケイコさんのところに向かうことはできず、また病院・福祉事務所との交渉の経験が乏しい私がうまく彼女の希望する方向で交渉を進められるのかという不安もあって、誰かかわりに付き添ってくれる人を探すと言って電話を切った。しかしかわりの人はすぐには見つからず、二時間ほどのちにケイコさんに電話して、今から私が付き添うと告げる。しかしケイコさんは、私が交渉を不安に思っていたのが伝わったのか意気消沈しており、居宅保護への変更願など受けつけてもらえるわけがない、もう野宿生活に戻ると繰り返した。私はうまくいかなくてもとにかく手続きはしてみようとケイコさんを何度も説得したが、ケイコさんはすでにあきらめており、野宿生活に戻ろうとしていた。

しかしそれからすぐ、別の支援者がケイコさんに電話をする。彼女は手続きを不安に思っていた私とは異なり、保護の変更願はケイコさんの権利なのだから、うまくいかないわけがないと考えていた人だった。彼女は病院に電話をして、退院を数日待ってもらいたいこと、病状報告書を書いてほしいことを頼む。それに励まされたケイコさんも、ふたたび手続きをする気になり、彼女に影響されて「居宅保護が取れないわけがない」と言うようになっていた。

そして数日後にその支援者とケイコさん、私とで、福祉事務所に保護変更願を出しに行った。ケイコさんの体調で野宿生活に戻るのは不可能なこと、すぐには働くのも難しいこと、居宅で生活保護を受給したいことを説明すると、女性用の緊急一時保護施設に入所し、二週間の滞在期間中に住宅探しをすれば、そののちに居宅保護が認められることになった。それから病院を退院したケイコさんは、予定どおり施設に入所した。そして二週間の滞在期間中に「女のおしゃべり会」の支援者が付き添って家探しをし、無事契約することができた。そして二週間後、ケイコさんは九年間続けた野宿生活に終止符を打ち、居宅生活をはじめることになった。

アルミ缶回収で生計を立て、単身で野宿を続けているミドリさんの生活は、安定していて持続性のあるものだった。彼女はそれを基盤に、今後の生活についてもつねに一貫した希望を持っていた。とりあえずしばらくは、このままの野宿生活を続けていきたいというのである。

「今ここの生活が一番ええ。ね、あほや、ふふふ。あほやなあ思いもって。一応ほんとは一年以内に自立支援センター入る予定ではおる。一応気持ちでは。だけどここがおもしろいなあ思うのはある。……ただ今がおもしろい。缶拾いとかすんのおもしろいやんか。ほら、いろんな人と会えるし。」

ミドリさんはいずれは施設に入り、住所を定めて仕事を探し、アパートで生活したいと考えている。

そのときには、以前にも経験があり世話好きな自分には合っていると思っている、介護の仕事に就きたいという希望もある。そして支援団体が配るビラを読んだり役所の人にたずねたりして、野宿生活のあとにはどのような選択肢があるのか情報収集をし、ヘルパーの資格を取るためにはどの施設に入るのがいいのか、実際に検討もしていた。

「私なんか聞くもん。聞かんと。っていうのは、自分がもし被害受けたときにどうせないかんか、っていうのを自分で考えとかんといかん。」

しかしこうした明確なビジョンを持ってはいても、当面は多くの人に支えられながら自力で生活を営み、思いがけない出会いもある今の暮らしが楽しいと、ミドリさんは言うのだった。

けれども現実には、ミドリさんのように都市の公園にテントを張って野宿生活を続けることは、しだいに難しくなってきていた。大阪市では二〇〇六年に大阪城公園・靫公園、二〇〇七年に長居公園で野宿者のテントが強制撤去されたのを筆頭に、説得や脅迫などの形で野宿者を目につく場所から追い出す圧力が高まっていたのである。ミドリさんの暮らす公園にも、公園の管理をする職員や、野宿者の福祉相談に応じる職員が頻繁に巡回し、施設入所を勧めていた。

「今日もだいぶ勧められたしな。……施設入って身体を治しなさいって。……そうしたら働けるしって言うんやわ。私ここにおっても働ける。……だから嫌や言うたんや。……今も缶集め、働いてる。……で仕事するのは好きやから。じっとしてるよりは働いてる方がいい。」

ミドリさんは、施設に入って仕事を探すよううながす役所の人に対して、施設には入りたくない、野宿をしていても自分はすでに働いていると主張している。そしてもしミドリさんの暮らす公園で強制排除が行われるようなことがあれば、そのときにはテントをたたみ、施設に入って就職活動をすることに決めているという。

「だからそれまでやね。そのときはもうだからね、施設入るって自分でもう決めてるから、どっか。そのかわり公園局の人に最後まで残ってあげるわね、って言うてあんねん。……絶対最後までおる。みんな見届ける。一人誰か抜けるやん、ほんならあと抜けなあかんやん。それやったら誰かが一人頑張っとけば、頑張っとける人間もおるわけやん。そうやって役所の人に言うて。だけどほんまはどうなるかわからへんしな。だからどれぐらいおろうか。おれるあいだおって、それで今度はなんかあったら、身体がもたんとか、もしそういう状態になったら施設入ってもええかなって。」

ミドリさんはまだ再就職も可能な年齢で、女性であるため施設にも優先的に入居でき、そこにも適応できる自信がある。そのため自分自身はテントの立ち退きにあってもかまわないと考えているが、そのようにしてはやっていけないだろう公園の他の野宿者のことを思い、行き場のないその身を案じて、こう言うのだった。

弱気になることもあると言うが、このようなミドリさんの将来に対する見通しは、いつ聞いても一貫していた。彼女のように仕事を続けて安定した野宿生活を築きあげ、将来の明確で一貫した見通しを持ち、それを役所の人などにも主張できる野宿者は、とくに女性には非常にまれだった。

一年以内には施設に入所するつもりだと語っていたミドリさんの野宿生活は、その後も安定して続き、野宿生活をはじめてから二年が過ぎていた。しかしこれほど明瞭なビジョンを描いていたミドリさんは、それから一年後、生活保護を受けて居宅生活をはじめた。詳しい経緯はわからなかったが、持病の高血圧が悪化して、市の職員の説得に応じ、そのまま家を探して居宅生活を開始することになったということだった。

家計を夫に管理されていたイツコさんの生活は、つねに夫の顔色をうかがう、夫への依存度の高いものだった。夫婦の仲もしだいに冷え切り、夫が歳をとってきたため仕事に行ける日も減って、イツコさんに手渡される生活費は少なくなっていた。これまで切らしたことのなかったという米が底を尽き、生活が日増しに困窮するなか、イツコさんは一五年間続けた野宿生活に終止符を打つことを真剣に考えはじめていた。しかし夫は年齢も若く仕事もしているため、夫と二人での生活保護受給は不可能だった。イツコさんは夫と「縁やもう、離れられんと思う」と語っているが、一方で夫と別れて一人で生活保護を受けることも考えており、迷う気持ちを吐露している。また生活保護を受けることになると、連れては行けないペットの犬のことも気がかりだった。

「どないしょうかなあて思て、もう一緒に死ぬまでおらんなあかんかなて思たりな。……悪いけど、逃げ出してな。……着るもんだけな。いらんもんはまた隅っこの方へ押し込んどいて。こっちだけな、ええようにしといちゃったら、自分がどないでもしていくやん。悪いけどそうしてやっていくかなあって……。じゃがもうしんどい。……頭が痛いよもう。……犬がもう元気じゃろ？　せやからかわいそうやしな。まあいろいろ心配しとるな。」

こう考えはじめた背景には、野宿者のテントを撤去しようとする圧力の高まりを肌で感じていたこともある。また長年悩まされ続けてきた夫の暴力への不満もあった。

「私らもそれな、この撤去がなかったらな。……だけど、まあ私も逃げんでもええんやけど、やっぱりな、暴力ふるうの嫌やしな。わかるような人間やったらええで、話してやで。もうあんたとは長年おったけど、悪いけどもう自由にさしてくれとかって話に乗ってくれる人間ならいくらでも話する。こんなこと悩まんでも。それが……もう話するとパーンって。頭パーンって。……もう話するたんびに。ものすごかったんや。」

私やほかの「女のおしゃべり会」の支援者は、イッコさんの話を聞いて、必要ならば生活保護の申請を手伝うと申し出ていたが、イッコさんはまだ決心がつかないようだった。

ちょうどそのころ、イッコさんの住んでいた小屋の近くを、Ｅという団体の車が通りかかる。その車の主が以前に相談事はないかと彼女の小屋を訪れていたことを思い出したイッコさんは、その車を呼び止めて迷う胸のうちを話した。すると事務所に来るよう誘われ、そこで相談した結果、その団体のサポートで生活保護の申請をする手はずがすぐに整ったのだった。団体Eでは、懇意の家主に頼んで野宿者をまず無料でアパートに入居させ、そこを現住所として生活保護を申請し、保護が決定されてから敷金・家賃を納めるようにするという支援を以前から行っていた。そうすれば、住所がないからと断られがちな野宿者の生活保護申請もスムーズに受理され、通常は野宿者の場合にはいったん施設に入所してから部屋を探すのだが、そうしたプロセスも必要なく、ただちに居宅生活をはじめることができるようになる。しかしそれには、敷金・家具代が生活保護費からは支給されないという問題があり[4]、そのため毎月約八万円支給される生活費のなかから、イッコさん自身が毎月二万円ずつ一年以上かけて分割で返済していく必要があった。またそこで紹介されたアパートが元の野宿場所から近く、夫に見つかるおそれが大きいことも問題だった。

これらのことがわかったのは、イッコさんが小屋を出るちょうど三日前に、イッコさんが生活保護の受給を迷っていたことが気になり、私と「女のおしゃべり会」の支援者がイッコさんのもとを訪ねたときだった。そのときイッコさんは、その団体Eのサポートで生活保護受給を進めていると話したが、申請は受理されたもののいつから保護費が下りるのかがわかっておらず、不安を抱えている様子だった。イッコさんの話はあまり要領を得ず、福祉受給の煩雑な手続きをイッコさんが十分に理解しているとは思えなかったため、その支援者と私とイッコさんとで、どこまで手続きが進んでいるのかを確認しに、福祉事務所を訪れることになった。

福祉事務所で話を聞いてわかったのは、すでにイッコさんは団体Eのサポートを受ける前に、生活保護について聞こうと、一人で福祉事務所を訪れていたということだった。そこで説明されたのは、イッコさん一人なら高齢ということもあって、生活保護は問題なく受給することができるということだった。その場合、夫の暴力から逃れたいというイッコさんの事情を考慮して、まずは二週間緊急一時保護施設に入り、夫に見つかる心配のないD河川敷から離れた場所にアパートを探して、決まれば敷金・家具代が支給され、すぐにアパートでの居宅保護が開始できる。だがその日は結局夫と別れて新しい生活に踏み出す決心がつかず、決心がついたらまた来るように言われて、保護の申請にはいたらなかったのだという。

この福祉事務所が提示した居宅生活までの道筋は、イッコさんが二週間の施設滞在に耐えられるなら、敷金・家具代を自己負担する必要もなく、夫に見つかる心配もないため、団体Eのサポートする生活よりよいように思われた。しかしイッコさんには、それらの違いもよく理解できていなかったため、私ともう一人の支援者が丁寧に説明すると、今後お礼として団体Eの活動を手伝わなければならないと愚痴を言い、そのサポートを受けたことを後悔する発言もしている。

「だから団体Eに入る前にそこ（福祉事務所）に行っときゃあよかったんや。それを私が決まらなんだんや。」

しかしイッコさんはすでに団体Eの紹介する家の契約を終えており、変更は不可能だった。

イッコさんが将来の生活について相談していた団体E、福祉事務所、「女のおしゃべり会」が、それぞれイッコさんの野宿生活からの脱出に向けて各自ばらばらに動いていたのである。イッコさんは自分をサポートしてくれようとする複数の人の好意をどれも無駄にしたくはなく、福祉制度の手続きの話も難解だったために、誰のサポートに頼るのがもっともいいのかわからなかったのだろう。

「どっちかに迷ったんよ、役所の人に聞いて、支援と行くか、区役所に頼むかどちらがいいしで、(団体Eに) 飛び込んで。……迷ったわけや、迷った挙句が。」

最終的に団体Eのサポートに頼ることになったことについて、イッコさんは迷った挙句のことだったと語っているが、これは彼女自身の合理的な選択だったというよりも、もっとも対応が早く、スムーズにアパート生活までの道筋を用意した団体Eのサポートに、半ば身を任せるようにしていった結果の、なりゆきに近いものであったことがうかがわれる。そしてイッコさんは数日後には身のまわりのものだけを持ち、夫に黙って小屋を出て、アパートに移っていった。

そしてその後もイッコさんは、生活費がたびたび足りなくなって困ったり、ひざを痛めて居宅生活が不可能と思われるような時期を経ながらも、団体Eの活動の手伝いをしてサポートを受け、「女のおしゃべり会」にも参加しながら、居宅生活を続けている。

ここまで見てきたように、ケイコさんもイッコさんも、さまざまな逡巡の過程を経て、野宿生活から居宅生活に移っていった。そしてその過程では、福祉事務所や巡回相談の職員、「女のおしゃべり会」も含む支援者のかかわりがあり、それがケイコさんとイッコさんの「選択」に大きな影響を与えていた。

そしてミドリさんは、将来に対する明確で一貫した見通しを持っていたが、体調の変化にともなって、当初は彼女自身も予測していなかった方法で、職員の勧めにしたがって、居宅生活をはじめることになっていった。

5　「意志」なるもののありか

「女のおしゃべり会」がかかわりを持った女性野宿者たちは、これまで見てきた三人の女性たちのように、長くサポートできる関係を築き、話を聞き取ることができた人ばかりではない。なかにはたとえば、会話や意志の確認が困難に思われるような女性もいた。

エリさんは、「女のおしゃべり会」の支援者が街を歩いているときに偶然見かけた野宿者だったが、真冬に布団も持たず、道端に座り込んでいた。高齢で衰弱しており、立ち上がることもできなくなっていたエリさんの様子を、心配した複数の支援者で見に行った。エリさんは、意識もはっきりしていて会話はできるのだが、たとえば「大使館に勤めに行かなければならない」からこの場を動けないと主張するなど、妄想を語っているように思われ、その様子から医師として働く「女のおしゃべり会」の支援者も、エリさんにはなんらかの障害や病気があると判断していた。自分で立って歩くことができないため、食事は心配してときどき差し入れを届けてくれる他の野宿者がいるときにだけしか取ることができておらず、このまま放置しておけば生命が危ないように思われた。しかし繰り返し入院を勧めても、彼女は頑なに拒否をする。彼女が拒む以上、とりあえず見守ることしかできないだろうと、支援者たちで交代で様子を見に行き、役所の担当部署にも対応を頼むことにした。

数日後、彼女の下半身が濡れていることに気づいた一人の支援者が、このままではエリさんは凍死してしまうと心配して、着替えを持参した。立てないエリさんを手伝って服を脱がせると、彼女の下着には排泄物が大量に溜まっていたうえ、我慢していた便が漏れはじめた。それでもなんとか着替えと掃除をすませると、彼女は「ありがとう」を繰り返す。そこでもう一度入院を勧めてみると、それまで頑なに拒み続けていたエリさんが、はじめて「考えてみる」と答えたのだった。

そう聞いて、エリさんの病院や人への不信感を和らげていくことができるかもしれないと思った矢先、彼女は「女のおしゃべり会」の支援者が連絡した役所の相談員の手で、ほぼ強制的に入院させられることになった。救急車を待機させ、警察官にも立ち会ってもらい、相談員が病院に行こうとエリさんを説得して、エリさんが少しでもうなずく様子を見せたすきに救急車に押し込んだのだという。

のちに精神病院に入院したエリさんに、「女のおしゃべり会」の支援者が面会に行くと、体力が回復して歩けるようになっていた。しかしそもそも精神病院から逃げて路上生活をしていたエリさんは、入院したくはなかったのだとその支援者に繰り返し訴えたという。その支援者は、エリさんの生命が助かったことに安堵はしたものの、自分は正しいことをしたのかわからずつらかったと、のちに語った。この一件はエリさんにかかわった「女のおしゃべり会」の支援者たちのあいだで、強制ではなくより彼女自身が納得できる形を模索し尊重していくかかわりができたのではないかと、深い悔恨を残すものとなった。

またヨリコさんとのかかわりも、同じく悔恨を残した事例である。ヨリコさんは駅の近くで夜に一人でうずくまっているところを、ある支援者が見かけて声をかけた女性だった。彼女は荷物もほとんど持たないまま、単身で野宿をしていた。野宿生活はつらいと語ったことから、「女のおしゃべり会」で、彼女の生活保護申請や住まい探しをサポートすることにした。ヨリコさんとも話しあい彼女の生活歴なども考慮した結果、ヨリコさんは釜ヶ崎にある一〇〇人近くの生活保護受給者が暮らす福祉マンション⑤に入居することになった。

ヨリコさんは七三歳。受け答えや日常生活はしっかりしていたが、過去の記憶があまりなく、生活史についてはわからないことが多い（そのため第2章表5には載せていない）。子どもはおらず、内縁の夫と生活保護を受けて暮らしていたが、半年ほど前に夫が亡くなったという。小学校は三年までしか行っていないため、読み書きがまったくできないといい、自分の名前さえ書くことが難しかった。しかし簡単な計算はでき、買物などには問題がなかった。

福祉マンションに入居してしばらく経ったころ、ヨリコさんが別の地域でも生活保護を受給中になっていることがわかった。その地域で彼女が住んでいた部屋は、一般住宅ではなく、日常生活支援をするスタッフがいるところだったが、そこを突然失踪したのだという。ヨリコさんの部屋は手つかずのまま置いてあるということで、ヨリコさんにもといた地域か釜ヶ崎かどちらに住みたいのかを確認したところ、そこへは戻らず福祉マンションに居続けたいということだった。そのため福祉マンションのスタッフが、もといた地域での生活保護受給を停止する手続きを行った。

ヨリコさんに最初に声をかけた「女のおしゃべり会」の支援者は、医師として働く人だったが、福祉マンションに入居したヨリコさんのもとを頻繁に訪れ、薬の処方だけではなく、話を聞き相談に乗り、家具をそろえるなど、日常生活のこまごまとした面でもサポートを行っていた。ヨリコさんもその支援者を大変信頼しており、野宿中につらかったときに、彼女が声をかけてくれてうれしかったと繰り返し話した。

「あすこにダンボール敷いて座っとった。……もう本当にあのとき死にたいの半分だしね、もう本当にね、どうしようかなと思ってね、……考えたんですよ、考えても考えつかなかったもん。……でそのときに、ね、＊＊さん（「女のおしゃべり会」の支援者）が来てくれてね、もう本当によかったなと思ってね、言葉かけてもらって……。そこにもう座ってずっといられたらええけどね、もう酔っ払いさんなんかがもう来られるのが嫌だからね、あっちやこっちやってね、動かなきゃならないでしょ。もう本当にその日はもう本当につらかったの、一番。」「そこにいたとき、食べ物とかどうしてはったんですか?」「それはね、あのキリストからね、何曜日何曜日ってね、来るんだよね、あのおにぎり持って、おにぎりとなんかゆで卵みたいのをね、持ってね。で、そういうのを持ってくるけどね、あの私がいないとき来たり、いるとき来たりで、毎日会わないから、……だからもう食べないのが多かったもんね、うん。全然もう食べてない飲んでないでしょ。もうつらくって歩けんかったわ、もうしんどうてしんどうて。そんでね、＊＊さんが来たときはね、もううれしかったね。本当にもうあれしてもらって、一番ね、涙が出るぐらい本当うれしくてね。」

ヨリコさんは、なにかと気にかけてくれる福祉マンションのスタッフは信頼していたようだったが、他の入居者とはうまく関係がつくれていなかった。共同風呂で挨拶しても誰も返事をしてくれなかったことから、無料で入れるマンションの共同風呂には入らずに銭湯に行くようになり、しだいに隣室の男性が自分の悪口を言っていると思い込むようになっていった。

福祉マンションに入居してから三カ月が過ぎたころ、ヨリコさんが失踪した。「女のおしゃべり会」の支援者が捜索願を出していたため、数週間後に警察から連絡があり、ヨリコさんは別の地域で異なる名前を使って生活保護を受給していることがわかった。野宿生活をしていたところを、宗教団体の人に声をかけられ、そのサポートで団体の経営する部屋を借りたようだった。福祉マンションを出た理由をたずねると、隣室の男性が自分の悪口を言っていると思い込んでおり、貯まっていた生活保護費を福祉マンションのスタッフに預けたまま取り戻すこともせず、手元にあった七〇〇〇円だけ持って、「死ぬつもりで」福祉マンションを出たという。

福祉マンションの配慮で、部屋はヨリコさんが失踪したときの状態のまま置いてあったため、ヨリコさんは本人の希望でいったん福祉マンションに戻った。そして以降の生活をヨリコさんとも相談した結果、隣室の男性や福祉マンションの他の居住者との関係を気にするヨリコさんには、集団生活を続けるより一人暮らしの方が適切ではないかということで、「女のおしゃべり会」の支援者がサポートして、福祉マンション近くのアパートに転居することになった。家財道具もそろえ、ヨリコさんは支援者の手厚いサポートを受けながら三カ月ほどそこに暮らしていたが、ある日突然、またその部屋から失踪してしまった。その支援者がふたたび捜索願も出していたため、また戻って来るかとしばらく部屋はそのままの状態にしていたが、今度は行方がわからなくなり、そろえたばかりの家財道具もすべて処分することになった。

ヨリコさんが一人暮らしのアパートから失踪して半年以上が過ぎたころ、東京の警察から、ヨリコさんを保護しているとの連絡があった。東京までヨリコさんを迎えに行った「女のおしゃべり会」の支援者を見て、ヨリコさんは涙を流して喜んだという。ヨリコさんに、半年のあいだどうしていたのかたずねても、記憶が前後していてよくつかめなかったが、断片的に話に出てくるところでは、野宿生活をしながら京都や東京、横浜に行き、東京と横浜では野宿者施設や高齢者施設に入っていたことがわかった。一人では電車の乗り方もわからず、所持金もほとんど持っていなかったヨリコさんが、七〇歳を超えた身体でどのようにこれらの都市間を移動していたのかは、何度話を聞いてもよくわからないままだった。

ヨリコさんは内縁の夫が亡くなってから、被害妄想がひどくなったこともあり、一人暮らしを継続することができなくなったのだという。そして失踪して野宿をしては、放っておけない様子から保護され、さまざまなところで生活保護を受けて、また失踪してということを繰り返していたのだった。しかし生活保護を受給する生活から逃れ、野宿生活をはじめるのはいつもヨリコさん自身であるにもかかわらず、野宿生活はつらいと繰り返し、なぜ失踪したのかという理由については説明することができず、本人にもよく了解されていないように思われた。ものごとを交渉したり、不要な申し出を断ったりすることが苦手なヨリコさんにとっては、受け入れられない状況からはとりあえず逃げるということでしか、自分の思いを表せないのではないかと感じられた。

「女のおしゃべり会」の支援者とともに、東京から大阪に帰って来たヨリコさんは、今度は一人暮らしよりも見守りのある環境が望ましいのではないかと、釜ヶ崎にある福祉施設で、生活保護を受給しながら暮らすことになった。相部屋の共同生活はおとなしいヨリコさんにはつらく、施設内の人間関係に悩んで二、三日施設に戻って来ないということもあったが、なんとか耐え、五カ月を過ぎたころ、施設のすぐ近くのマンションに部屋を借りて、念願だった一人暮らしをすることになった。それが決まった日は、うれしくて眠れなかったという。

しかし一人暮らしのマンションに移って二日後、またヨリコさんの姿が見えなくなった。施設のサポートで家財道具もすべてそろえたが、それらを置いたまま、念願の一人暮らしの部屋から出て行ってしまったのだった。一週間後、警察に保護されているのが見つかったヨリコさんは、テレビのコンセントが壁まで届かず、延長コードの使い方もわからずに、パニックになって部屋を飛び出してしまったと語った。近くに住む医師でもあった「女のおしゃべり会」の支援者がたびたび訪問し、もといた施設の手厚いサポートもあってヨリコさんは生活を取り戻したが、それからも何度か、数日間姿が見えないということがあった。そのたびごとにヨリコさんは、マンションの管理人がいない時間帯にオートロックの開け方がわからず、部屋に入れないことでふたたびパニックになったことや、隣人がうるさかったことなどを理由に挙げて、部屋を出て行ってしまったと語った。そして一人暮らしをはじめて二カ月後、ヨリコさんはまた失踪し、その後部屋に戻ることはなかった。同じことの繰り返しだと、このときは捜索願を出さなかったこともあり、それ以来ヨリコさんは見つかっていない。

6　主体となるプロセス

私が「女のおしゃべり会」で出会い、関係を持つことのできたこれらの女性野宿者たちのほとんどは、現在では野宿生活はしていない。なかにはヨリコさんのように、失踪してまったく連絡が取れなくなってしまった人もいるが、多くは数年間にわたるかかわりのなかで、なんらかのきっかけで野宿生活から脱却していた。野宿生活をしていたいと一貫して言い続け、明確な将来のビジョンを描いていたミドリさんでさえ、聞き取りをしていた時点では思いもよらなかった経緯で居宅生活に移ることになった。

その過程では、退院を迫られていた日のケイコさんのように、他者のかかわりやはたらきかけが、女性たちの決断に大きく影響していた。退院後、本当に居宅保護に移行する手続きを取ることができるのか、口では手続きしてみましょうと言いつつも、心の底では不安を抱えていた私と話すことで、生活保護受給をあきらめて路上に戻ると語ったケイコさんが、権利の主体として手続きするのが当然だと信じていた支援者と話すことで、数時間のうちに決断を大きく変える、というようなことがあった。

ケイコさんやイッコさんが野宿生活をあとにしてはじめた居宅生活も、つねに安定したものではなかった。イッコさんは、毎月決まった額の生活費を計画を立てて使うことに慣れておらず、いつも生活保護費の約八万円を受け取った数日のうちに使ってしまい、残り二〇日間を五〇〇〇円でやっていかなければならないが、自分がいったいなににお金を使ったのかわからないなどと言って、「女のおしゃべり会」のメンバーを心配させた。こうした生活の苦しさから、イッコさんは何度も夫のもとへ帰ろうかと思ったという。ほかにもイッコさんの金銭をめぐるトラブルは、さまざまに形を変えながら続いていた。それでも団体Eや「女のおしゃべり会」、友人や近所の人とのかかわりのなかで、イッコさんはなんとか六年目の居宅生活を維持している。そして安心して眠れる今が一番幸せだと言う。

しかしもちろんこのようなかかわりは、いつでもうまくいくわけではない。野宿生活を続けていれば生命の危険があると思われるにもかかわらず、福祉制度の利用を拒否していたエリさんの場合には、彼女の「意志」に反して強制入院がなされてしまった。しだいにエリさんに変化が見られていたにもかかわらず、結局「女のおしゃべり会」では、彼女の決定を支えることができなかった。その後も精神病院に入院させられたエリさんは訪問するたびに、こんなところに来たくはなかったと言うのだという。

ヨリコさんの場合にも、生活保護を受給しながら施設や在宅で暮らす生活から、すべてを置いて失踪して野宿をし、また生活保護を受けるということを何度も繰り返していた。「女のおしゃべり会」のとくに医師だった支援者は、ヨリコさんに献身的にかかわり、彼女の決定をサポートしようとし、ヨリコさん自身もそんな彼女を大変信頼していた。そのため、ヨリコさんはたびたび失踪を繰り返しつつも、ときには自分から、ときには捜索願を出していたために居所が見つかり戻って来た。結局「女のおしゃべり会」がヨリコさんにかかわった期間はのべ一年三カ月に及んだが、最終的には失踪したまま居場所がわからなくなっている。

このエリさんやヨリコさんは、自らのニーズを把握し、それを自らが行った選択として周囲に示し、その選択したことを自分だけでは実現していくことが難しい状態にあった人だろう。「女のおしゃべり会」では彼女たちにかかわり続け、その決定を支えることは最終的にはできなかったが、それでもその過程のなかで彼女たちの「意志」なるものが感じられ、その実現をサポートすることができるかもしれないと思われた瞬間もあった。

このエリさんやヨリコさん、そしてトラブルを抱えながらも周囲の人のサポートを受けてなんとか居宅生活を継続しているイツコさんのような人の選択や主体性とはなにかを考えるなら、主体とはあらかじめ自立してあるようなものではなく、むしろ複数ある選択肢のあいだで迷い、半ば偶然のようであったとしても決断した選択を、その後長い時間をかけて、失敗もしながら他者とのかかわりのなかで維持し実現していく、その終わりのないい過程のなかにこそ表れるようなものではないだろうか。

第8章　主体化の魔力に抗して

1　主体への着目と女性の排除

これまで本書では、女性のホームレスをとりまくさまざまな言説と、彼女たちの日常の様子を見ていくことを通して、抵抗や主体性に注目するというこれまでのホームレス研究がなにを見落としてきたのかを、具体的な場面にそくして理解することを試みてきた。それはたとえば、第6章で見たエイコさんやタマコさんなど、周囲の人との関係性によって野宿生活を続けるか否かを決めたり、第7章で見たケイコさんやイッコさんのように、野宿を続けていくという意志が変化していく過程などである。

しかしながらこのような具体的な記述は、第1章で述べた本書で取り組む問いのひとつ、すなわちなぜこれまでの研究が女性ホームレスの存在を見落としてきたのか、さらにいえば、抵抗や主体性に着目するという研究の視点がなぜ女性の排除につながってきたのか、という問いに答えうるものではない。これまでのホームレス研究が女性を排除してきたのには、単に女性ホームレスの数が少ないということだけにとどまらない、研究の前提となる視点に根深くからんだ問題があるだろう。そしてこの問いこそが、本書を既存のホームレス研究に単に女性の存在をつけ加えるだけではない、男性中心に成り立ってきた研究全体を問い直す視点を持つ、フェミニズム研究の系譜に位置づけるゆえんである。

以下では、これまでの研究で見落とされてきたことはなんなのかをもう一度整理しつつ、自立や抵抗に着目することのなにが問題なのか、そしてそれが女性の排除といかに結びついてきたのかを、検討していきたい。

2　主体化の問題

はじめに野宿者をとりまく法について、その現状をもう一度確認しておきたい。野宿者支援策が国政レベルではじまったのは、第1章でも述べたように、ホームレス自立支援法が制定された二〇〇二年である。そしてそれ以降、野宿者をめぐる問題の布置は大きく変化している。問題の焦点は、保護を受けずに路上にとどまり続ける人びとに移りつつあるように思われるのである。

この法の制定以降、本人が望めばさしあたり野宿生活を脱却できる方途は、しだいに拡大していっている。各地に野宿者の就労を支援する自立支援センターなどの施設が増え、以前なら住所がないということを理由に容易ではなかった野宿者の生活保護受給も、支援団体の粘り強い取り組みによって、徐々に認められるようになってきた。さらに二〇〇八年のリーマン・ショックに端を発する不況により、ここ数年のあいだに貧困の深刻化が急速に進んだ結果、生活保護受給者の数は増大し、二〇一一年には戦後最多を記録し、二〇一二年には二一一万人を超えるようになった。こうしたなかで野宿者についても、野宿生活から脱却するための支援策はしだいに整ってきている。

野宿者への支援策が拡大され、野宿生活から脱却できる道が拓かれていくのは、もちろん望ましいことだろう。しかしそうした道が拡大すればするほど、支援策を利用せずに路上にとどまり続ける人自身の意志がより問われるようになってくる。実際、ホームレス自立支援法では、支援策を利用するための要件は本人に「自立の意思がある」こととされている。同時にこの法では、野宿生活を続ける人を「一般社会生活から逃避している者」と規定し、強制排除も辞さないことが明記された。このことが意味しているのは、野宿者が「自立」をするか野宿生活を続けるのかは、野宿者自身の「自立」の意志にかかっているということ、つまり、すべては個人の責任の問題に帰されるということである。

このような問題の構図は、女性野宿者にとってはとくに目新しいものではなかった。というのも、本人が望めば野宿生活を脱却できる手段は、女性に限っては従来から比較的整っていたからである。しかし男性も含めて野宿者の支援策が整備されていくにつれ、いまやそれは女性だけの問題にとどまらなくなってきている。こうした状況を前にして問わなければならないのは、支援策が十分かということよりもむしろ、自ら路上にとどまることを選択しているとされる人びとの意志とはなにか、ということだろう。

第１章でも言及したバトラーがジェンダーを論じる際に問題にしたのは、まさにこうした意志を持った主体をどのようにとらえるのかということだった。バトラーは法を、起源を問うことなく人をしたがわせる力を持つ規則や規範ととらえているが、そうした法に呼びかけられる以前に、あらかじめ女という主体が存在しているのではないという。なぜなら規範的な法の言説実践以前に主体が存在するのであれば、主体は「これこれのジェンダーであれ」という言説にしたがうか、それに背くかを、あたかも自らの意志で選んでいるかのように理解されることになるからである。しかしジェンダーとはそのように選んで身につけていくものではなく、知らず知らずのうちに身についてしまっているものである。したがって主体とは、法に呼びかけられた結果として、法以前から存在する本質や自然であるかのようにして、構築されたものなのである。

バトラーがこのように主体という概念に疑義を突きつけたのは、主体が存在することを否定するためではない。そうではなく、主体を所与の前提とすることで、「主体という概念が構築される過程や、理論の要請ないし前提条件として安定した主体を位置づけることの政治的意味とその帰結を問う」（Butler 1992 = 2000：248）という重要な契機が排除されてしまうことを、問題化しようとしたのである。

こうした主体をめぐるバトラーの思考は、本書のホームレスをめぐる議論にも、よくあてはまるだろう。バトラーにしたがって、法の効果として、主体があるかのように構築されてしまっていると考えるなら、路上にとどまり続けている野宿者、すなわち「一般社会生活から逃避している者」の意志とは、支援策を利用して野宿生活を脱却できる見込みが生まれ、必然的にそれを利用するか否かという選択が個々人に迫られていくことによって、その行為の結果を説明するために、事後的に構築されてきたものだということができる。つまり、野宿をやめよという法の呼びかけを前にして、それにしたがうにせよ、抵抗するにせよ、いずれかの選択を行う主体が構築されてしまうのである。

このようにいうことは、排除の圧力に抗する主体を打ちたてようとすることを否定するものではない。

そうではなく、そもそも選択肢以前に、判断し決定を下すことのできる自立的な主体など存在せず、自立的主体は決定不能さや矛盾する状態を切断し、そのことを隠蔽する限りにおいて成立するものである。だからこそこのようにいうことによって、主体化の過程で、保護に取り込まれることからも抵抗することからも取り残されてしまうしかない声を、ホームレスをめぐる政治の場にもう一度位置づけたいということ、これが本書の意図するところである。

整備され拡大されてきた支援策を用いて、野宿生活から脱却するか否かという選択が個々の女性野宿者たちに迫られ、それが彼女たちの意志の問題に還元されていくことで、第5・6・7章で見てきたような野宿生活を続けるのか否かについて悩み、逡巡し、つねに変化もしていた女性野宿者たちのような存在のありようが、なかったことにされてしまう。そして彼女たちはホームレス自立支援法に照らしていえば、「一般社会生活から逃避している者」、つまり自らの自由意志で野宿を選んでいる人と規定されてしまうことになるのである。このように事後的に、意志を持った主体の選択として野宿生活が選ばれたのだと理解される状況が生み出されていること、これこそが主体化の問題ではないだろうか。

では、なかったことにされ見落とされてしまうものとは、具体的になんなのか。

3　ケアの倫理

野宿生活を続けるのか否かという選択を迫られたとき、女性野宿者たちは自らの意志をはっきり示すことはそれほど多くなく、自分の思いよりも夫の決めたことを優先させたり、聞くたびに矛盾する異なる答えを返したりしていた。このような女性たちの、ものごとの決断を迫られたときのとらえにくい声をうまく理論化した研究に、キャロル・ギリガンの『もうひとつの声』(Gilligan 1982) がある。

発達心理学者であるギリガンは、道徳的葛藤状況のなかで選択を迫られた人びとが取る対応について研究するなかで、女性は道徳や人との関係について、男性とは異なる語り方をする傾向にあることに気づく。このことを象徴的に示すのが、「ハインツのジレンマ」と呼ばれる、有名な道徳性の発達指標に対するギリガンの疑問である。これは癌にかかった妻を救うために、夫のハインツは高価で買えない薬を盗むべきか否かを問うもので、その回答が男女では異なる傾向にあるとギリガンはいう。男の子のジェイクは薬を盗むべきだとはっきり答え、財産と生命とを比べて生命の方が尊いと判断し、これを権利の問題へと収斂させていく。女の子であるエイミーは、薬を盗むべきではないが妻を死なせるべきでもないと自信がなさそうに答え、薬屋が二人の事情に配慮しないことがよくないのだといって、これを責任の問題として解釈したのである。従来の発達理論においては、人間の発達は他者を気遣うことから、規則や普遍的な正義の原理にしたがうつぎの段階に漸進的に発達すると想定されてきたために、エイミーはジェイクよりも未成熟であると解釈されてきた。だがギリガンは、発達段階をはかるものさしが男性を基準につくられており、伝統的に女性の徳だと考えられてきた他人の要求を感じ取るという特徴こそが、女性の発達段階を低いものにしてきたことを指摘したのだった。

ここからギリガンは、聞き取られにくい女性たちの声をとらえる理論を練りあげる。ギリガンによれば、女性にとって「道徳の問題は、競争関係にある諸権利よりは、むしろ葛藤しあう諸責任から生じてくるものであり、その解決には形式的で抽象的な考え方よりも、むしろ前後関係を考えた物語的な考え方が必要とされることになります。この思いやりの行動にかかわる道徳の概念は、公正にかかわる道徳の概念が道徳性の発達を権利や規則の理解に結びつけているのと同様に、道徳性の発達を責任と人間関係を中心にするものにしています」(Gilligan 1982 = 1986：25-26)。これがのちに「正義の倫理」と「ケアの倫理」という言葉で特徴づけられてきた、二つの異なる道徳の基本的な違いである。ここにあるのは、選択に際して権利を重視する正義の倫理は個々人を分離したものととらえるのに対して、責任を重視するケアの倫理は人を人間関係のネットワークのなかに生きているものととらえるという、基本的な人間像の違いでもある。

このギリガンの著作に登場する女性たちの声は、女性野宿者たちの声とも非常に似通った響きを持っている。たとえばギリガンの著作のなかのある女性は、「わたしのまわりの、わたしが施しを与える他人のことを考えることなしに、自分のことを考えることはむずかしい」(Gilligan,1982 = 1986：95)と語っている。これは第５・６章で見たフジコさんに彼女自身のことを聞いても、すぐに夫の話や夫の言葉にすり替わってしまい、彼女自身と夫とを分離して考えることができなかったことと似通っている。また暴力をふるう夫のもとを逃げ出したユウコさんは、施設は居心地がよかったと言いつつ、ペットの猫や夫の世話をしなければいけないと、夫のいる野宿生活のテントに戻って来てしまう。これは親密な関係にある他者をケアするという、長年女性に期待されてきた役割を引き受けるがゆえに、自らは経済的自立を果たせず、野宿生活を脱却する決心もつかない女性たちの姿と考えることができるだろう。従来のホームレス研究において、抵抗や主体性が主張されるときに前提とされていた賃労働をして自立する労働者という野宿者のイメージこそ、このように依存する人、そして依存する人のケアの責任を負うがゆえに、自らは自立をなしえない人がいることを、見落としてきたのではないだろうか。

さらにこうした女性の声は、規則にしたがうというより文脈依存的であるがゆえに、「男性の視点からみると要領を得ず、散漫にみえる」(Gilligan 1982 = 1986: 30) という。実際エイミーの言葉は、ジェイクの直截で明瞭な言葉に比べて、はるかに不確かでしどろもどろした、合理的には理解のしにくいものだった。だがギリガンは、女性が選択に際してしばしば示す躊躇や逡巡を、選択の結果だけではなくそれを語る様子を含めて掘り起こしていくことで、女性に特徴的なこの語り方の背後には、他者の要求にこたえることを長年期待されてきたために、自分で決断してものごとを実行していくことに対して、女性は自信を持ちにくいのだと考えるのである。

たとえばギリガンは、本人の意志に反して中絶を選んだデニーズという女性について、「女性は、人に依存するという受動性と、思いやりの行動とのはざまにおかれて、行動にたいしても思考にたいしても主導権をもつことなく中ぶらりんの状態におかれているのです。このようなわけで、デニーズは「まさに、流れに従う」ものとして、自分のことを語るのです」(Gilligan, 1982 = 1986: 144) と述べている。ここから思い起こされるのは、第7章で見たイッコさんが夫やペットの犬、そして複数の人に野宿からの脱出を相談するなかで逡巡し、結局流れに身を任せるようにしてアパートに移っていた場面である。

また第5・6章で見たエイコさんは、周囲に自分の窮状を理解し、支えてくれる人がいるからこそ、野宿生活を続けていきたいと語っていた。タマコさんは、そのときの状況下でもっとも信頼できると判断した男性や福祉機関に頼っていった結果、野宿生活とそこからの脱却を何度も繰り返していた。このように女性野宿者たちは、自らの重要な決断をする際に、自分一人で決めているわけではなく、他者との関係を必ずといってよいほど考慮していた。従来のホームレス研究において、構造に規定される客体としての人間像に対抗して、自立して抵抗する人間像が想定されてきたが、その際、人間関係への視点は薄く、その結果、本書で見てきたような女性野宿者たちの他者との関係も含んであるような実践が見落とされてきたのではないだろうか。

このようにギリガンが指摘した女性たちの性質は、彼女の著作に豊富に引用されている女性たちの語りだけではなく、本書で見てきた女性野宿者にも、そしてさまざまな規範的な要求に拘束されて力を奪われてきた多くの女性たちにも、共通して見られるものだろう。

4　自立と依存

こうしたギリガンの理論については、男性／女性という二分法を強化する「ジェンダー本質的なもの」（上野 1995: 8）という評価もある。しかしギリガン自身も明確に述べているように、「もうひとつの声」は女性だけに見られるものではないだろう。「正義の倫理」は男性に、「ケアの倫理」は女性により密接に関係してはいるが、男女どちらのあいだにも見られるものであり、両者は排他的なものではない。女性だから責任や関係性を重視するのではなく、他者のケアを担うからこそ責任や関係性に配慮せざるをえないのであり、家庭内においてケア役割が割り振られてきたのが、しばしば女性だったということである。したがってケアの倫理を重視することは、女性に本質的に備わった性質ではなく、女性が社会的に置かれがちな環境からつくり出される、女性に比較的よく見られる性質ととらえるべきものである。

したがって、ギリガンを端緒とするケアの倫理論が、現在ではフェミニズムの領域を超えて、政治哲学などにおいても関心を集めているのは、それが女性の経験をとらえているからではないのである。むしろ、他者から切り離された自立した個人が合理的な判断を行うという、健常者の成人男性を暗黙のうちに前提としてきた社会のありようをもう一度問い直し、このような前提が可能となるために人はどのような責任や関係性に支えられているのか、ということに光をあてようとしているからであろう。

これまで公的領域で想定されていたのは、自立した人間像だった。そこでは、他者をケアすることや、他者にケアされてきたことは、忘却されている。そうした存在を私的領域に排除することで、自立という概念は成り立ってきたといえるだろう。従来のホームレス研究においても、野宿者による抵抗が主張されるとき、前提になっていたのは、自らの必要とするものを自ら知り、それを自ら主張できる、他者から切り離された人間像だった。しかしこうした特定化された能力を持った主体が想定されている限り、本書で見てきたような女性たちのあり方は、見落とされてきたのである。逆にいうなら、こうした存在のありようを切り落とすことで、自立した主体という想定が成り立っていたともいえる。そしてそれゆえに、女性が排除されてきたと考えられるのである。

しかしながら第1章でも述べたように、客体としての人間像に対抗する形で出てきた、自立した主体としての人間像は、ホームレス研究だけではなく、売春をめぐる女性学の研究のなかにも見られるものだった。このように他者から切り離された主体を想定し、その抵抗に着目するという、女性ホームレスの見落としにつながってきたとここで批判してきたものと同型の言説が、なぜ男性を前提とした研究だけではなく、女性学のなかでも見られたのかについてもまた、検討しておかなければならない。

これは、権利の主張をするリベラリズムと、フェミニズムの相克として、長きにわたって女性学のなかで議論されてきたテーマと同じだろう。権利の主張をする主体が構築されてしまっていること、それによって切り落とされることの問題については、知識生産のあり方そのものに対する女性学の批判がよくあてはまるだろう。江原由美子が述べているように、これは既存の学問は男性を前提にして成り立ってきたものであり、女性について語るときにも、それら学問の言語を借用せざるをえないことからきているのだろう。この「知識生産という場に内在する問題」は、「男性の学者たちが、女性を支配するという利益動機に基づいて学問や専門的知識を生産してきたなどということを主張しているのではない。学問や専門的知識の生産の場における主題・概念・有意性・問題状況に即して知識生産を行う限り、それらの知識が必然的におびてしまう傾向」(江原 2000：126) なのである。このようにして、売春を語る女性学の言語も、男性と同様の自立した主体による権利の主張として現れてしまっていると考えられる。

5　自立能力の涵養

ここまで見てきた合理的に判断を行う人間像について、法学者の紙谷雅子は、以下のように述べている。「近代法は、「合理的な人間」を想定している。一貫した判断のもとで、自由に選択し、それに基づいて行動する理性的な人間であって、基本的には自らの利益、目的のために行動し、その結果に責任を負うという法主体についての理論が、自然な現実の認識を記述したものとして理解されており、それを前提に、近代法は成立している」(紙谷 1997：62)。これは、現実の人を表しているわけではなく、人はすべて平等に自由で自立した判断ができる存在としてその人格を尊重する、と宣言した近代の約束事である。

しかし当然、人はこのような存在として生まれるわけではない。フェミニズムは公私の分離を問題にしてきたが、公的領域において人がこのような自立した存在になるために、多大なケアの労力が、たいていは私的領域において注がれているからこそ、このような約束事が成立するのである。

第7章で見たエリさんは、路上で生命の危機にありながら、入院を拒絶していた。またヨリコさんは、生活保護を受給しては、幾度も野宿生活に戻るということを、本人自身もそれを苦痛だと思いつつ繰り返していた。こうした女性たちは、すでに自立した選択ができる主体であるとはいいがたい存在である。しかしながら自立した自由に選択ができる主体として人をあつかうという近代の約束事のもとでは、エリさんやヨリコさんのような人は、野宿者の抵抗や主体性に焦点をあてる研究はおろか、申請主義の社会保障の利用からも排除されてしまうのである。

彼女たちが自らの生活を自分で決定し、それを実現していくためには、「女のおしゃべり会」もその一端を担ってきたように、私的領域にとどまらない他者のかかわりやサポートが必要だろう。そしてそのなかで、彼女たちが取りうる選択肢が他者によって示され、半ば偶然ではあってもそのなかで彼女たちは選択を行い、行った選択を時間をかけて実現していくなかではじめて、彼女たちの自立能力といったものは生まれてくるのである。あらかじめすでに自立した人間がいるわけではない。むしろそれらのサポートがあってはじめて、彼女たちの自立能力は形成されるのである。笹沼弘志がいうように、「あるモノに出会い、それが自己の欲するものだと気づくことが多々あるように、むしろ、ニーズは後追い的に構成されるものである。精神的自律能力は、助言による選択肢の創出により、初めて涵養されるのである。まず精神的自律能力があってそのあとに選択がなされるのではなく、自覚なく選んでしまった「選択」という実践を通じて初めて精神的自律能力なるものが形成されるのである」（笹沼 2008：54–55）。

6　未来を構想すること

これまでのホームレス研究は、暗黙のうちにホームレスが男性であることを前提として成り立ってきた。そのため、労働して自立するという野宿者イメージにもとづいて、野宿者の抵抗や主体性に着目してきた。その結果、女性だけに限られるわけではないが、女性に多く見られる、他者をケアするがゆえに自立をなしえない人の存在や、意志決定の際には必ず入り込んでくる他者の存在、自立した存在になるまでにサポートが必要な人や、そうした人びとが変化していくプロセスが見えなくなっていた。これは私的領域にケアを押しやり、人間関係のネットワークから分離した男性を研究の前提にしていたからこそ、見落とされてきたといえるだろう。これまで女性ホームレスの研究がほとんどなかったのは、単に女性のホームレスが少ない、という理由だけではないのである。もちろんこのような人が野宿者のうちの過半数を占めるわけではないとしても、だからといってそうした存在が研究から排除されていいわけではない。

第1章でも述べたように、これまでの男性を中心としたホームレス研究でも、また女性ホームレスを対象にしたアメリカのパサロの研究でも、売春を対象とする女性学の研究でも、自らの意志で合理的な選択をする主体としての人間像が前提にされていた。しかし研究や法制度が主体としての人間を前提にしたアプローチを取る限り、本書で見てきたような女性たちの実践は、そこから排除されてしまうことになる。

法にはつねに排除される領域があることを認識したうえで、こうした限界をいまだ経験していない未来の可能性へ投機しようとしているのが、ユートピア的フェミニズムを提唱しているドゥルシラ・コーネルだろう。近代以降の政治は、すべての人に自由意志と選択する能力が備わった人格が存在することを前提にしてきたが、コーネルは、現実にはそうした人格は所与の前提として存在していないという。存在していないからこそ、私たちが人格になるために、どのような法システムが必要であるのかが、構想されなければならないのである。人格になるとは、私たちの内部で排除されてしまっているものを、もう一度自己としてまとめあげるプロセスである。そしてこのプロセスは、そうありたい自分を自由に想像する空間が確保されるなかでこそ遂行されるのであり、そのための領域を確保することが、法として追求されるべきことである（Cornell 1995）。

支援策を利用して野宿生活を脱却することなく路上にとどまり続ける、本書で見てきたような女性野宿者たちを、「自由意志と選択する能力が備わった人格によって」野宿生活を選択していると単純には考えられないからこそ、「女のおしゃべり会」のような取り組みは長く続けられている。そのなかで、なんらかのきっかけがあれば、他者とのかかわりのなかで、自分の未来を構想し、それを追求していく、人格として尊重されるための長いプロセスをともに歩むことが目指されている。それは、ただ法を慣習的に適用するのではなく、そのときに必要なものや関係が、他者の価値判断を押しつけられることなく、逡巡や失敗も認められるなかで、フォーマルにもインフォーマルにも模索されていってこそ、実現される過程だろう。こうした可能性を、模索していくことが必要なのである。それは、たとえ保護という名のもとでも、野宿や売春をやめよという呼びかけをすることではなく、野宿や売春をしていても、どのような自分でありたいのかを自由に想像し、それが尊重されるための領域を確保するよう、取り組んでいくことだろう。

ホームレスとは、張られているはずのセーフティネットからこぼれ落ちてしまった人びとである。こうした人びとに、ふたたび保護のもとに入るのか、それに抵抗するのかを迫るのではなく、その残余として存在してしまうようなものをすくいあげること。そしてそれを人格として尊重するために、どのような制度が必要なのかが絶えず模索されていくことが、ホームレスの人も含む私たちすべての人格のありようを、より豊かに問い直すことにつながっていくのだろう。路上にとどまり続ける人びとの声にいかに耳を傾けていくことができるのか、そこに私たちの未来の構想が賭けられている。

おわりに

これまで本書では、女性ホームレスに焦点をあてて、福祉政策やその生活世界を見てきた。そのなかで本書が目指してきたのは、第一に、これまで研究されることがほとんどなかった女性ホームレスについて、野宿者とより広い意味でのホームレスの両者を対象に、その固有の経験を描き出していくことだった。第二に、男性を前提にして成立してきたホームレス研究全体を、ジェンダーを分析視角として持ち込むことによって再検討し、女性をもあつかうことができるものにまで、研究枠組みを鍛えあげていくことだった。さらに本書では、人間の主体性のとらえ方について、女性ホームレスたちの日常的な実践から考察することを試みてきた。本書を締めくくるにあたって、本書の出発点であった理論的な問いに立ち戻り、本書の内容をたどり直しつつ、第1章で提起した問題点を検証していきたい。

第1章でも述べたように、野宿者の姿は日本においては、一九九〇年代はじめごろから広く見られるようになっている。この野宿者には、ほとんどが単身の男性であるという大きな特徴があり、女性は全体のわずか三%にすぎない。そのためこれまでの野宿者研究では、野宿者は男性であることが暗黙のうちに前提とされてきており、女性の研究はほとんど存在していなかった。しかし欧米の先進国では、ホームレスのうち女性が約三割を占めているといわれており、日本と比べて女性が多い。この違いは、おもにホームレスという言葉の定義が異なることからきている。日本ではホームレスとは野宿者だけを指すのに対し、欧米ではシェルターなどに暮らす定まった住居を持たない人を広く指す概念なのである。そしてこうした広い意味でのホームレスのなかには、女性が多く含まれてくる。

本書では全体を通して、第一の目的であった、これまでほとんど知られていない女性ホームレスの実態を明らかにしてきた。女性のホームレスが見えにくいのは、第2章で見たように、労働市場や社会保障政策が近代家族をモデルとして成り立っているために、そのモデルにあてはまらない女性世帯自体が、日本では形成されにくいということがある。しかしパートナーの男性稼得者を持たない貧困女性に対しては、その不利益を補うような福祉政策が存在しているために、女性は家を失っても、野宿者となるよりも福祉施設に滞在するなどして、見えにくい形で存在してきた。

第3章では、家を失ったホームレスの女性を施設内にとどめおくような、こうした福祉政策が生まれてきた歴史的過程を、大阪府を事例にして検討している。これらの福祉政策では、近代家族に適合的な順に待遇に差がつけられており、母子世帯の母がもっとも早くから保護の対象となる一方で、単身の女性ホームレスは売春婦になる可能性があるとして処罰の対象にされてきた。現在ではＤＶ被害者の保護が優先されるようになっているが、依然として家のない単身女性は売春防止法に規定された施設で保護されるのが一般的である。第4章ではこうした単身の女性ホームレスが滞在する福祉施設の実態を、フィールドワークにもとづいて明らかにしている。住まいを失って福祉による保護を受けることになった女性がどのような種類の施設で保護されるのか、そこでどのような生活に向けた支援が行われるのかは、稼働能力や健康状態など女性自身の事情だけではなく、施設の空きなど外的な要因でも左右され、ケースワーカーの裁量も大きい。したがって福祉制度を利用するか、利用せずに野宿生活にとどまり続けるのかという個々の女性の「選択」や、どのような生活が望ましいものとして目指されるのかは、さまざまな規範的言説がからみあうなかで決められていくものであり、そのなかではジェンダーを参照した言説は多くはなかった。つまり女性ホームレスを対象とした福祉政策は、体系としては女性たちに近代家族に適合的な女性役割を期待するものとなっているとしても、それらが運用される具体的な文脈を見てみれば、ジェンダーは数ある社会的期待のうちのひとつにすぎないことがわかる。同じことは、第5・6・7章の野宿生活の場面での女性野宿者の生活実態からもいえるだろう。

このようにホームレスのなかでも女性に焦点をあてて見ていくと、路上にいる野宿者のみに対象を限定してきたこれまでのホームレス研究の枠組みでは、その実態を十分にとらえきれないことがわかる。つまり女性を対象にしようとするなら、より広いホームレスの定義が採用されなければならないのである。このことは、本書の第二の目的であった、従来のホームレス研究の枠組み自体を、女性を研究対象に含めることで再検討するということとかかわってくる。女性ホームレスを研究しようとすることは、従来のホームレス研究に単に女性をつけ加えるだけではなく、男性を中心に成り立ってきた研究の前提自体を問い直すものでなければならない。ホームレスの定義以外にも、第2章で明らかにしたように、貧困の発生メカニズムは男性と女性とでは異なっており、女性がホームレスにいたるのにも、従来の研究のように男性に代表させて語ることのできない、固有の過程が存在していた。そして職業を中心にとらえるその分析方法も、女性を含めて考えるなら検討を要するものであることがわかった。さらに研究の視点自体が、男性を前提にして導き出されてきたものであり、この点も問い直されなければならない。

第1章でも述べたように、野宿者はそもそも寄せ場周辺においては、働けなくなった日雇労働者の末路としてつねに存在していた。当時の寄せ場研究では、それまで寄せ場を対象にしていた社会病理学をはじめとする研究が、寄せ場の問題の把握とその解決を志向していた結果、そこで暮らす人びとの存在を等閑視し、その低位性を強調することになっていたことを批判し、人びと自身の状況変革へ向けた主体性をとらえることが主張されてきた。その後一九九〇年代に不況が深刻化すると、野宿者の姿は寄せ場周辺を越えて都市一円に拡大していき、働けなくなった日雇労働者だけではなく、常用雇用者のあいだでも野宿生活に陥る人が増加していった。それにともなって寄せ場研究は、対象を日雇労働者から野宿者にシフトさせていったが、寄せ場研究の視点はそのまま野宿者研究に引き継がれていく。こうして社会学における野宿者研究では、野宿者自身の意志や主体性、彼らによる社会への抵抗が強調されるようになった。これによって野宿者問題を客観的に把握し分析しようとする研究者のポジショナリティが問われ、排除された人びとの側に立って社会を見る必要性が主張されるようになったことの意義は非常に大きい。しかしそれを認めたうえであえてここで問題にしたいのは、野宿者の主体性や抵抗が主張されるときに前提とされていたのは、賃労働をする野宿者であり、さらにいえば、一貫した自立的な意志のもとに合理的に行為を選択していく主体像だったということである。

このことは、本書の第三の目的であった、主体の問い直しという論点を導く。第5・6・7章のように女性野宿者たちの生活実践をミクロなレベルで見てみれば、その野宿生活は孤立したものではなく、他者に大きく関係づけられていた。とくに女性の美徳であるとされる他者に配慮するような「ケアの倫理」は、パートナーの男性やペットなどの親密な関係のあいだでは頻繁に見られるものであり、こうした関係は、彼女たちが野宿を続けるのかそこから脱するのかを決めていく際に、彼女たち自身の意志と切り離せないようなものとして存在していた。こうした関係のなかで行われる女性野宿者たちの選択は、他者に関係づけられた結果、施設に入ったり路上に戻ったりを繰り返すものであったり、周囲の人のはたらきかけや時間の経過のなかで、変化していくプロセスとして存在していた。

このような人びとの生活世界を微視的に見ていく前に、あらかじめ自立した主体を想定し、それを前提に野宿生活のなかに変革の意志や抵抗を見いだそうとする研究者の構えは、日々の変化のなかで現れる行為遂行的な生活実践、さらにはその結果としてある、あるときは野宿をし、あるときは福祉施設でホームレス状態を過ごすことを繰り返すような人びとの生活実践の一連のプロセスから、野宿をしているという場面だけを切り取ってしまうことになる。

ここでとりあげた既存のホームレス研究のような学問や、自立か排除かの二者択一を迫るような法の伝統は、個々人が選択できる自立した主体であることを前提に議論を進めるものであった。しかし本書で見てきたように、現実の女性ホームレスたちの多くは、選択ができる自立した理性的主体としての生を生きてはいない。むしろ現実にはそうではないからこそ、そのような理性的主体として選択し決定を下すことができるようになるために、いったいなにが必要なのかが、絶えず問われなければならないのだろう。主体とは、あらかじめ自立してあるようなものではなく、むしろ長いプロセスのなかで現れてくるもの、つまり野宿をやめて居宅生活に移るという選択を、その後長い時間のあいだ、失敗もしながら他者とのかかわりのなかで維持していく、その終わりのない過程のなかにこそ現れると考えるべきではないだろうか。その主体になるためのプロセスに必要なもの、その手がかりは、女性たちの実践に個別に向きあうことのなかにこそ、見えてくるものだと思われる。

注

はじめに

（1）大阪市西成区にある寄せ場。行政区分上は「あいりん地区」というが、通称を「釜ヶ崎」といい、本書ではこの呼称をおもに用いる。

第1章

（1）ホームレス自立支援法制定一〇年目にあたる二〇一二年には、この法はさらに五年間延長されることが決定された。
（2）女性は、危険を避けるために見えにくいところで野宿する傾向があること、また二〇一二年の厚生労働省による概数調査では「性別不明」とされている人も三・五％いるが（厚生労働省 2012）、身を守るために性別を隠すこともある女性（Passaro 1996: 86）がそのなかにも含まれていると考えられることから、実際には野宿者のなかでの女性の割合はもう少し高いことが推測される。しかしそれでも女性の割合は、野宿者全体の一割にも満たないだろう。
（3）ほかにも、野依智子が女性と若年野宿者への聞き取りから、社会構造に組み込まれた「男性稼ぎ主モデル」から排除された人がホームレスになっていることについて考察している（野依 2011）。
（4）マーサ・バートとバーバラ・コーヘンの調査では、シェルターやスープ・キッチン（炊き出し）で一七〇〇人のホームレスの人にインタビューを行い、そのうち七三％が単身男性で、単身女性は九％、母子のホームレスが九％だった。男性と女性のホームレスの特徴として、男性は野宿生活を送り、女性はシェルターに入る傾向があった。また女性は非白人で、ホームレスの期間は男性より短い人が多かった。教育レベルがもっとも高かったのは単身女性で、もっとも低かったのは子どもを連れた女性だった。女性は結婚経験をより多く持ち、より精神疾患を抱え、男性は刑務所入所歴を持つ人の割合が高いなどの特徴が見られた（Burt and Cohen 1989）。

（5）『路上生活者実態調査』（都市生活研究会 2000）によれば、女性野宿者一四人のうち、単身者四人（二九％）、友人・知人と暮らす人二人（一四％）、配偶者・親族と暮らす人八人（五七％）、『野宿生活者（ホームレス）に関する総合的調査研究報告書』（大阪市立大学都市環境問題研究会 2001）では、女性二〇人のうち、単身者七人（三五％）、友人・知人と暮らす人一人（五％）、配偶者・親族と暮らす人一二人（六〇％）だった。

（6）私がかつて出会った女性野宿者のなかにも、在日コリアンでレズビアンであったことで、社会の周縁を歩み続けてきた人がいた。彼女がのちに入所することになった福祉施設は女性専用のものだったが、その施設の職員は、彼女のようなセクシュアル・マイノリティが一定の割合で入所してくるため、対応に頭を悩ませると語っていた。

（7）売買春をめぐる「人権派」と「権利派」の両方の議論を架橋しようとしている、青山薫（2007）のような研究も出てきている。

（8）無料低額宿泊所とは、低所得者に無料または低額で住居を提供する、第二種社会福祉事業の施設であり、届出をすれば比較的簡単にできるため、近年ＮＰＯを中心にさまざまな団体によって開設されている。

（9）日中は寝場所を片付け荷物だけその場に残し、夜は戻って来て決まった場所で寝る、定住型と放浪型の中間のようなタイプの生活を送る人もいる。

（10）東京都が二〇〇四年にはじめた事業で、都内の特定の公園でテントを建てて生活する野宿者に限って、テントを減らす目的で、都が空き部屋を借り上げて家賃三〇〇〇円で二年間にわたって貸与し、経済的自立をうながすものである。

第2章

（1）先進七カ国のホームレス政策を検討し、そこに定められているホームレスの定義を調査した長谷川貴彦によれば、もっとも狭い①の定義を採用していたのは日本のみで、②の定義はアメリカ、イギリス、ドイツ、ノルウェー、③はフィンランド、オーストラリアで採用されていたという（長谷川 2005）。

（2）労働住宅は、失業すればともに住居を失うことになるため、一般の住宅と比べて不安定である。野宿者の全国調査では、三三・四％の人が労働住宅から路上に出てきていることがわかっている（厚生労働省 2012）。

（3）ネットカフェ難民を対象に東京で行われた調査では、ネットカフェ以外によく利用するところとして、路上（二九・五％）、ファスト・フード店（二三・七％）、サウナ（二三・二％）などが挙げられている（厚生労働省職業安定局 2007）。

（4）福祉施設には、第一種社会福祉事業にもとづくものと、第二種社会福祉事業にもとづくものがある。第一種社会福祉事業とは、「利用者への影響が大きいため、経営安定を通じた利用者の保護の必要性の高い事業」のことを指し、表2にある入所施設はこの事業にもとづく施設である。第一種社会福祉事業の施設は、経営主体が行政および社会福祉法人であることが原則となっており、公的性格が強く、それゆえ施設運営やサービス提供にかかる費用は、市町村や地方公共団体から支払われる。第二種社会福祉事業とは、「比較的利用者への影響が少ないため、公的規制の必要性が低い事業」とされ、経営主体に制限はなく、届出をすれば開設できることになっている。そのためホームレスの人の受け皿として入所施設のニーズがあることに気づいたＮＰＯ法人などが多数参入し、この一〇年ほどのあいだにその数は増加してきている。

(5) ネットカフェ難民を対象にした調査においても、女性の割合は一七・四%であり(厚生労働省職業安定局 2007)、このことからも、路上に現れていない「隠れたホームレス」のなかには、女性が多く含まれることがわかる。

(6) たとえば日本以外の先進国の離婚率(人口一〇〇〇人に対する一年間の離婚数)は、アメリカ六・八、イギリス二・〇、スウェーデン二・五、ロシア四・五である(総務省統計局 2012)。

(7) 近年の日本における貧困の女性化について調べた木本喜美子らは、母子世帯や高齢単身女性の貧困は表面化してきているものの、アメリカのように貧困世帯の過半数を女性世帯が占めるという意味でいうなら、日本では貧困の女性化は依然として顕在化していないという。しかし既婚女性も、男性パートナーを失えば容易に貧困に陥るという日本の状況を考えるなら、広い意味では、日本でも貧困の女性化は現れていると述べている(Kimoto and Hagiwara 2010)。

(8) こうした対応は、生活に困窮している人をすべて対象にするという公的扶助の本来の理念に反するものであり、最近では深刻な経済不況の影響もあって、男性で稼働能力があっても仕事がない場合には、生活保護を受給することが以前よりも容易になってきている。

(9) 母子生活支援施設では、母子世帯に住居と生活支援を提供しているが、母子世帯総数と比べて数は少なく、利用している・利用したことがある人は三・〇%にとどまっている。

(10) なおここで見た三三人は、生活史を詳細にたどることができる人に限られているため、知的障害・精神障害があると思われる人があまり含まれていない。しかし女性のホームレスにはそうした人が比較的多いことも断っておきたい。

(11) 厚生労働省による二〇〇七年の「ホームレスの実態に関する全国調査」の分析結果では、クロス集計の際に、「分析の視点を明瞭化するために、男性サンプルだけに限っている」(ホームレスの実態に関する全国調査検討会 2007：4）とある。野宿者調査において男女別の集計が行われていないなか、これは男性野宿者のみの集計結果が公表された現時点で唯一の調査であるため、ここでの比較に用いるのにふさわしいと考えられる。

（12）階層移動の研究において、女性の地位は伝統的に、男性世帯主に代表されて把握されており、そのことに批判が集まってきた。その後、女性の地位をどのような指標で表すのが適切なのかについて議論が行われたが（赤川 2000 など）、いまだその方法は確立されていない。橋本摂子（2003）は、そもそも階層研究の主題自体が、職業を通じた不平等の発見にすぎず、女性の問題はそこからの排除と疎外という形でのみ位置づけられる、と述べている。

（13）実際にはホームレスにいたる要因は、複数のものが折り重なっていることも多いが、そのうち主要なものだけをとりあげて分類している。

第3章

（1）生活保護の捕捉率は、フランスでは九一・六%、ドイツでは六四・六%であり（生活保護問題対策全国会議 2011）、日本は他の先進諸国と比べてきわめて低い。

（2）藤目ゆきは、廃娼団体が階級支配を無視していたという点に加え、日本のアジア侵略に協力し、従軍慰安婦を黙認したことで植民地支配に荷担することになったという点についても批判している（藤目 1997）。

（3）婦人相談所と契約を結んだ福祉施設や民間シェルターに委託して一時保護が行われることもある。

（4）DV被害者の自立支援のために府営住宅を六カ月間利用できる制度もある。

（5）この生活ケアセンター事業は、二〇〇四年に策定された「大阪市野宿生活者（ホームレス）の自立の支援等に関する実施計画」のなかでも、女性野宿者への対応策として明記されている。

(6) 二〇〇一年を境に利用者が減少しているのは、二〇〇二年に大阪市が独自の一時保護事業をはじめたために、大阪市内の利用者がそちらに流れたことが要因だと思われる。

第4章

(1) ホームレス自立支援事業にもとづく施設は、建物の構造上、利用はほとんど男性に限定されているため、ここには含まなかった。

(2) 無料低額宿泊所のなかには、個室を基本とし、かつすぐれたケースワークを行うなど、低コストで良質なサービスを提供しているところもあることから、公的性格が強く、それゆえ政府が運営コストを負担している第一種社会福祉事業の施設の意義とはなにかも含めて、施設の役割と意義が整理される必要があることが、最近では指摘されている（水内 2010：53；藤田 2010：83；寺尾・奥田 2010：10 など）。

(3) 女性施設が足りないということで、二〇〇七年に一カ所新設されている。

(4) 使用しているデータは、更生施設と宿所提供施設については、特別区人事・厚生事務組合の『更生施設・宿所提供施設・宿泊所・路上生活者対策事業施設事業概要』(2010) および社会福祉法人新栄会の『二〇一〇年度版事業概要』、婦人保護施設については『婦人保護施設実態調査報告書二〇〇八年度・二〇〇九年度』（東京都社会福祉協議会婦人保護部会調査研究委員会 2010）、母子生活支援施設については『東京都の母子生活支援施設の現状と課題』（東京都社会福祉協議会母子福祉部会 2011）を参照して作成した。なお宿所提供施設については、男性専用の一施設のデータは除いている。

(5) 更生施設の場合には、「住所なし」のなかに夫の暴力から逃げている状態が含まれていると考えられる。現に三施設中一施設の統計では、「住所なし」の内訳について、「DV避難」が挙げられている。

(6) 婦人保護施設では、貯金をして居宅に移り、貯金が尽きると生活保護受給をするという人も少なくなく、退所直後には「自活」に分類される人でも、調査の行われた年度末に自活を続けている人は半分になっている。

（7）実際のところは類似したニーズを抱える女性が利用しているにもかかわらず、生活保護施設と婦人保護施設の定員充足率には大きな違いがある。その理由は、ひとつには、生活困窮者に最低限度の生活を保障するための生活保護と、売春婦・DV被害者の支援をするための婦人保護事業という、施設の根拠となる法の目的に照らした結果であると考えられる。このように法の目的を考慮して、生活困窮者のなかでも「性的な問題」を抱える女性は、生活保護施設よりも婦人保護施設の利用が適切だとケースワーカーに判断されることがあるという。二つめの理由として、地域にある社会資源や、サービス利用枠に空きがあるか、施設設備などによっても、利用される福祉制度は異なってくる。婦人保護施設は、地方では婦人相談所の一時保護所と併設され、地域で唯一女性のみが入所できる施設ということが多く、それゆえに暴力から逃げてきた一時保護の女性と、障害など複雑な問題を抱えることの多い措置入所の女性とが同一の空間に居合わせることで生じるトラブルを危惧して措置を避ける結果、婦人保護施設が空いてしまう事情があるという。一方、東京や大阪などの都市部では、婦人保護施設以外にも女性専用の生活保護施設などがあり、生活保護と婦人保護とどちらの福祉制度に振り分けされるかが問題となってくるが、施設の立地や施設の福祉実践の得意分野などに応じて、第3章で見た大阪府の例のように、ローカル・ルールが存在することもある。三つめの理由として、こうした制度を運用する福祉サービス提供者個々人の価値判断や知識によっても、問題の切り取り方や運用の仕方は異なってくる。措置をする人がどのようなケースワークが必要と考えるかという「見立て」をする際には、施設が個室か相部屋か、就労可能かどうか、施設の立地、必要な入所期間、「性的な問題」があるかなど、さまざまな要素が考慮されることになり、その運用のされ方や考え方は一様ではない。とくにＤＶ防止法が婦人保護事業の根拠法として位置づけられた二〇〇二年以降、婦人相談所の一部では、ＤＶ被害者の保護を優先し、それ以外の生活困窮状態にある女性の利用を排除する傾向があるとも聞く。四つめに、生活保護と婦人保護とでは措置機関が異なっているという問題がある。生活保護のケースワーカーが措置できるのは生活保護施設か、居宅保護あつかいとなる無料低額宿泊所や無届施設のみ、婦人保護施設に措置できるのは婦人相談所のみとなっている。そのため、たとえ生活保護のケースワーカーが「婦人保護施設に向いている」と考える女性がいたとしても、婦人保護施設へは措置権がないために、生活保護施設などに措置するのが一般的であるという。そして生活に困窮した女性は、まず婦人相談所ではなく福祉事務所に相談に行くことが多いことから、生活困窮状態にある女性は婦人保護ではなく生活保護を使うことが多くなることが考えられる。さらにもう一点考慮しなければならないのは、類似した女性を受け入れているにもかかわらず、婦人保護施設の設置基準が、生活保護施設より低くなっていることである。したがって、施設定員によって決められている職員配置で同様の問題を抱える女性に対応しようとすれば、職員配置規定の少ない婦人保護施設では、実際の入所者数を定員より減らさざるをえない。また、相部屋として使用されるべき部屋を、個室として利用したければ、入所者数を減らさざるをえないという、資源の乏しい婦人保護施設側の事情もあるのである。婦人保護施設が空いていることの問題やその背景については、丸山（2013）を参照。

（8）無料低額宿泊所の実態については、厚生労働省が二〇〇九年、二〇一一年にも調査を行っているが、ここでは私が調査した当時の無料低額宿泊所の実態のなかでのA宿泊所の特徴を見るために、二〇〇三年に出された東京都の調査を比較基準として使用している。

（9）現在のDV防止法では、配偶者以外の家族や親しい男性からの暴力は支援の対象範囲外であるが、ここでは配偶者からの暴力だけではなく、配偶者以外の家族からの暴力も「DV」というカテゴリーに含めている。A宿泊所のような民間施設は、息子や父親から暴力を受けているなど、DV防止法の対象とはならないために、公的な対応がされにくい人が利用する傾向があった。

（10）生活保護受給者が収入を得た場合には、収入に応じて保護費が減額される。しかし月八〇〇〇円までの収入なら全額控除され、保護費プラス収入分が手元に入ることになる。

第5章

（1）野宿生活をする女性であるいちむらは、暴力の経験やその恐怖について、多数記述している（いちむら 2006；2008a など）。

（2）野宿者の生活保護の単給を認めるか否かは地方自治体によって対応が大きく異なっており、慣習的に認められていない地域もある。

第6章

（1）依頼主に指定された馬券・車券などを、もぐりの業者から依頼主にかわって購入するという仕事。

第7章

（1）まれに男性の参加者があることもあるが、理由のある場合のみに限られる。

（2）アルミ缶は季節や地域によって異なるが、当時は一ｋｇあたり一〇〇円前後で売れていた。一ｋｇあたり一五〇円ほどに高騰した時期もあるが、二〇〇八年以降は不況の影響で、四〇円ほどにまで下がっている。

（3）『ビッグイシュー』とは、野宿者が街角で売る雑誌である。日本では二〇〇三年に野宿者の就労支援としてはじまった。当時は、野宿者が一冊九〇円で雑誌を仕入れ、定価の二〇〇円で販売し、差額の一一〇円が販売した野宿者の収入になるというシステムだった。現在は定価三〇〇円（そのうち一六〇円が野宿者の収入になる）に値上がりしている。販売は『ビッグイシュー』に登録された野宿者が、決められた場所で行う。

（4）この場合、生活保護の申請時には、書類上すでに野宿生活ではなくアパートに住んでいることになるため、施設に入所する必要はなく申請もスムーズだが、アパートでの生活をはじめるのに必要な敷金・家具代などの初期費用は生活保護からは支給されず、各自で負担することになる。

（5）簡易宿泊所の建物を転用して、生活保護受給者を入居させているところ。一〇年ほど前から釜ヶ崎に増えてきている。部屋だけ貸すところから、日常生活のサポートも行うところまでさまざまだが、このときヨリコさんが入居したのは、スタッフが必要に応じてケースワークや金銭管理なども行う、日常生活支援がある福祉マンションだった。

付録　貧困女性はどこにいるのか

『女性ホームレスとして生きる――貧困と排除の社会学』（世界思想社、二〇一三年）初版の刊行から八年の時が過ぎた。もともと本書は、二〇〇二年～二〇〇八年にかけておもに調査を行い、二〇一〇年に京都大学に提出した博士論文がベースとなっている。二〇二一年の今、女性ホームレスをとりまく環境や研究状況は、当時から変化している。そのため、二〇一三年以降、どのような変化があったのかを述べたうえで、本書の位置づけや意図をあらためて説明したい。

1　二〇一三年以降の変化

日本では二〇〇〇年代以降、産業構造が大きく変化したことによって、若年層を中心に非正規労働者が増加した。それにともなって貧困は広がりを見せ、深刻な社会問題として受けとめられるようになっていった。二〇〇〇年代後半以降、日本の子どもの七人に一人が貧困状態にあることなどが知られるようになったことから、とりわけ子どもの貧困に対して社会的注目が集まり、貧困に関する報道は、連日メディアをにぎわせるようになった。こうした状況を受けて、少しずつ貧困削減のための対策が取られるようになっているものの、本書が出版された二〇一三年以降、その状況に改善はほとんど見られていない。生活保護受給者の数は二〇一一年に戦後最多を記録したまま二〇〇万人台で横ばいの状態であり、貧困率も二〇〇〇年代以降は、おおむね一五%台と高いまま推移している（厚生労働省 2020）。

こうしたなかで、ネットカフェ難民や寮を追い出された非正規労働者など、野宿者にとどまらない広い意味でのホームレスの存在は、しだいに知られるようになってきた。こうした人びとを指す言葉として、「ハウジングプア」という言葉も用いられるようになってきている。二〇二〇年に行われた、一八歳以上の五万人を対象に、不安定居住状態に陥った経験があるかをたずねる調査では、六・二五%にその経験があることがわかり（ホームレス支援全国ネットワーク 2020）、一時的にでも住居を喪失したことがある人がかなりの数にのぼることが明らかになった。

しかし、ホームレスのなかでも路上生活をする野宿者に限っていえば、拡大している貧困とは異なる様相を見せている。日本で野宿者が増加しはじめたのは、バブル経済が崩壊した一九九〇年代初頭のことで、その数は一九九九年ごろにピークに達した。はじめて全国調査が行われた二〇〇三年には、野宿者の数は二万五二九六人とカウントされている。その後、その数は年々減り続け、直近の二〇二一年の調査では三八二四人と、ピーク時の一割ほどにまで減少している（厚生労働省 2021）。これは、野宿者対策がそれなりに功を奏したこと、二〇一五年には生活困窮者自立支援法が施行され、野宿者や野宿生活に陥るおそれのある人への支援策が拡充されたこと、稼働年齢層でも生活保護を受給することが以前に比べて容易になったことの結果だろう。つまり、貧困が大きな問題となっている一方で、野宿者に限っていえば、その数は大幅に減少しているのである。

こうした野宿者の数の変化とともに、野宿者の姿も変化した。直近の国の生活実態調査によると（厚生労働省 2017）、野宿者は年々高齢化し、六〇歳以上が六五・七％を占め、野宿期間が長期にわたる人の割合が増加し、一〇年以上の人も三四・六％にのぼる。これは、野宿生活を回避したい人は、そうなる直前、もしくは野宿をすることになっても早いうちに、支援策につながっているためだと考えられる。また、本書のもととなる調査をした時点ではもっとも一般的であった野宿の形態、つまり公園や河川敷でテントや小屋を常設して暮らす人の割合も年々減少し、三四・三％になっている。これは、公共空間にテントや小屋を建てて暮らすことへの圧力が強まったためだろう。したがって、本書で描いているような、公園である種のコミュニティをつくって暮らす野宿者の生活は、現在ではあまり見られなくなっている。

しかし、本人が望めば野宿生活から脱却できる道が広がっていくということは同時に、それでも野宿生活を続けている場合、その問題は本人の意志に還元されやすくなっているということである。そしてこの傾向は、本書を執筆した当時よりも強まっているといえるだろう。その意味で、本書の問題意識は、現在もなお有効であると思われる。そして当初、早期に解決するかに思われたホームレス問題は、実際にはそのようにはならず、二〇〇二年に一〇年間の時限立法として成立したホームレス自立支援法は、二〇一二年には五年間延長され、二〇一七年にはさらに一〇年間延長された。

女性野宿者に関していえば、本書の影響も少しはあったのだろうか、二〇一六年の直近の国の生活実態調査において、これまでにはなかった男女別の集計が公開されるようになっている。ここから、本書を執筆した当時にはわからなかった、女性野宿者の男性と比べたときの全体的な特徴を知ることができる（厚生労働省 2017）。ここからわかる女性野宿者の特徴は、本書で描いてきたことと大きくは異ならないが、たとえば寝場所に関しては、女性は男性と比べて一定の場所に定まっておらず、とくに「駅舎」で寝ている人、テントや小屋など常設の寝場所を持たない人の割合が高いことが特徴的である。少しでも安全な場所を求めてのことだろうか、寝場所を求めて動きまわる過酷な生活の様子がうかがわれる。また野宿をするようになった理由として、男性は仕事に起因するものが多いのに対して、女性は家庭の事情に起因するものが多いこと、女性は男性と比べて結婚歴のある者が多いことなどは、本書の第2章で検討した内容とほぼ一致している。野宿者調査において、男女別の集計がなされるようになったということは、ホームレスは男性であることを暗黙の前提としていた公的機関の認識が変化していることを示しており、今後も性差に配慮した調査がなされ、対応がなされていくことが望まれる。

二〇二〇年には、そこに新型コロナウイルスが襲い、多くの人びとの生活が打撃を受けた。生活に困窮する人の数は激増し、路上での炊き出しや相談会などに現れる人の数も増えているという。とくに今回は、雇用の調整弁になりやすい非正規労働者や、外出制限の影響を大きく受けたサービス業に就く割合が高い女性が、より生活に困窮している傾向にある。保育所・幼稚園や小学校が休園・休校になったことも、子育て中の女性に打撃を与え、仕事を休まざるをえなかったり仕事の継続が困難になったりする女性が相次いだ。二〇二〇年の自殺者は、男性は前年より減少しているのに対して、女性は急増しているという。この新型コロナウイルスの影響による生活困窮には、現在のところ、緊急小口資金の貸付などの一時的な制度がおもに対応しており、これが日本の貧困やホームレスの動向に、長期的にどのような影響を与えるのかは、もう少し時間が経ってみなければわからないが、貧困が今後も深刻な社会問題であり続けることは間違いないだろう。

2　女性の貧困

本書の出版と前後する時期から、女性の貧困についても、社会的注目が集まるようになっている。子どもの貧困への関心が高まるなかで、それが顕著に見られる母子世帯の生活がメディアでも頻繁にとりあげられるようになり、その窮状は、高齢女性とあわせて、本書の第2章でも触れたとおりである。女性の貧困に関して、本書の出版以降の変化としては、貧困ゆえに性的取引をする若い女性たちの存在が、広く知られるようになってきたことである。精神的に不安定で定時に勤務することが難しい女性や貧困状態にある女性たちが個人売春で生計を立てている実態や（荻上 2012）、生活に困窮して性的取引で生活費を稼ぐシングルマザー（鈴木 2014）、授業料の支払いや奨学金の負担を軽減するために性産業に足を踏み入れる女子大生（中村 2015）、ＪＫビジネスに取り込まれる若年女性（仁藤 2014）に関する書籍も相次いで出版され、寮や託児所つきの性産業が生活に困窮するシングルマザーの受け皿になっていることを報じた二〇一四年一月放送のＮＨＫ「クローズアップ現代」では、「福祉が性産業に敗北した」という言葉が話題になった。また、非正規労働をする単身女性の生活についても調査がなされ、その不安定な生活実態が明らかにされている（小杉・鈴木・野依・横浜市男女共同参画推進協会編 2017）。

こうしたなかで阿部彩は、男女それぞれの貧困を把握すべく、貧困率を男女別に集計している。それによれば、二〇〇七年の国民生活基礎調査にもとづく男性の相対的貧困率は一四・四％であるのに対し、女性は一七・四％であった（阿部 2010）。つまり、女性は男性と比べてより貧困であることがわかる。

このように女性が男性に比べてより貧困に陥りやすいのは、本書の第2章でも説明しているとおり、性別役割分業が社会システムに組み込まれているからである。労働や社会保障のあり方が、男性が稼ぎ主、女性は家事をおもにするという標準的な家族を前提にしており、それゆえ女性の労働は不安定で低賃金のものがほとんどになっていた。それでも戦後日本の社会では、世帯内に男性稼ぎ主がおり、未婚女性は父親に、既婚女性は夫に扶養されるのが標準的だったため、未婚女性の場合は親の収入、既婚女性の場合は正社員もしくは自営業の夫の収入によって、生活基盤は維持されていると考えられていた。こうした前提があるなかで貧困に陥りやすいのが、世帯に男性稼ぎ主がいない女性、つまり先述したような母子家庭の母や単身女性たちだった。

しかし女性の方が男性に比べてより貧困なのだとすれば、なぜ野宿者に限ってみると、女性は男性より少ないのか。本書のなかでは、「なぜ女性の野宿者は少ないのか」と問うているこの疑問は、現在ならこのように問わなければならないだろう。すなわち、女性が男性に比べてより貧困に陥りやすいことが数値としても明らかになっている今、貧困であるにもかかわらずホームレスになっていない女性たちは、いったいどこにいるのだろうか。

こうした女性たちは、本書の第2章でも説明しているとおり、DV被害にあっていても貧困になることを恐れて家を出られなかったり、福祉制度を利用して低水準の生活をしていたりする。また本書では触れられなかったが、性的取引に従事することで、生活費や住まいを得ていることも考えられる。つまり、ホームレスになるかわりに家のなかにいる女性が多く、困難を抱えながらも、野宿生活に陥る一歩手前でふみとどまっているのである。なかでももっとも多いと思われる、家を出られない女性たちの抱えている困難については、本書の出版以降、貧困者の相談を受けている認定NPO法人自立生活サポートセンター・もやいの調査をすることになって、あらためて認識するようになった。

もやいの調査では、男性と女性の相談者の比較を行ったが、女性の方がより貧困であるに違いないという当初の私の予想は、完全に裏切られることになった。女性の相談者は男性に比べて、ホームレスの人が少なく、仕事をしている人が多く、所持金額も多く、相談後に生活保護申請をする人も少なかったのである（丸山編 2018）。つまり女性の場合、男性よりも生活が安定した層の人たちが相談に来ていることが推測される。このことは、女性が男性よりも貧困に陥るリスクをより深刻に受けとめ、所持金が尽き、家を失ってホームレスになる前に、そうなる恐れを感じて早い段階で相談に訪れているとも解釈することができる。しかし相談内容を個別に検討していくと、女性は男性に比べて生活が安定していると、単純には考えられないことが見えてくる。たとえば、つぎのようなケースである（相談者のプライバシーに配慮して、細部には改変を加えている）。

四〇代の女性。難聴で身体障害者手帳三級、月額四〇〇〇円の心身障害者福祉手当を受給している。夫と中学生の息子と暮らしているが、息子はいじめにあい不登校。夫からは月三万円で家計をすべてまかなうように言われ、食費や教材費を払うことができない。しかし夫は自分の趣味の本やプラモデルには月三万円使う。本人は難聴に加え、糖尿病、偏頭痛などもあって働けないが、夫は治療費もくれず、病院にも行くなと言う。以前に生活費の不足と、けがの治療費を払うために本人名義の借金をしたが返済できず、自己破産している。

夫は本人にも息子にも暴言を吐くため、離婚したい。

五〇代女性。現在アパートで夫、中学生の娘と暮らしている。娘に知的障害があり、本人は専業主婦。生活費は自営業の夫の収入。現在住んでいるアパートは、最近亡くなった実親の遺産で、四人きょうだいのため、相続でもめている最中。夫から暴力をふるわれており、エスカレートしているため、娘を連れて家を出たい。しかし本人名義の貯金はなく、娘が環境の変化に適応できるかも心配である。

四〇代女性のケースでは、夫は自分の趣味のものは自由に購入しているのに対して、妻は必要最低限の生活費すら渡してもらえず、生活費や医療費を捻出するために借金し、離婚を考えている。五〇代女性のケースでは、夫の暴力があって家を出たいが、専業主婦で無収入、資産はあるが簡単には分割できず、娘の障害も心配で家を出られない。これらのケースに代表されるように、家庭内で夫から身体的・精神的暴力を受けていて、そこから逃れたいと相談に来ている場合、その時点では世帯収入があるため、女性は貧困であるとはみなされず、相談記録上も、収入があり居所もあるという結果になってしまうのである。したがって、事例を詳細に検討しない限り、その貧困状態は見えてこない。

このように、一定の収入がある世帯主の男性がいれば、女性は貧困に陥ることはないという制度上の前提があったにもかかわらず、実際には先述のケースのように、夫が一定以上の収入を得ていたとしても、世帯のなかでお金が不平等に配分されているために、妻（や子ども）だけが貧困に陥ることがあるのである。しかし従来の貧困研究では、このような世帯のなかで特定の個人だけが困窮している状態は、十分にとらえられてこなかった。というのも、貧困は世帯を単位として把握するのが一般的な方法だからである。よって、先のケースのような妻は、離婚して世帯の外に出ない限り、貧困であるとは認定されない。つまり、「貧困にもなれない」のである。そしてこのような「経済的ＤＶ」ともいうべき経験をしているのは、結婚歴のある女性の八・六％にのぼり（内閣府男女共同参画局 2021）、決して少数ではないことがわかっている。さらに、妻自身の収入が少なく夫に経済的に依存しているといった、多くの夫婦に見られる状態は、夫婦の関係が破綻して別居や離婚をすることになれば、女性が貧困に陥る確率が高い。しかし現在主流になっているような世帯を単位にした貧困の把握の仕方では、このような「貧困リスク」は問題にされないということになる。

したがって、女性の貧困を考えるとき、母子世帯や単身女性など女性が世帯主の場合だけではなく、結婚が継続している世帯にも見られるような「世帯のなかに隠れた貧困」も問題にしなければならないのではないだろうか。これが、本書を書いて以降の、私の新たな問題意識である。そのためには、ジェンダー・ブラインドな従来の貧困のとらえ方を見直すこと、そして世帯というブラックボックスを開き、そのなかで何が行われているかを見ていく必要がある。そのための方法として、一般的な生活様式からの乖離の程度を把握するため個人の生活水準をとらえやすい剝奪指標を用いる方法や、お金だけではなくそれと代替可能な時間も組み合わせて貧困を把握する方法などが試みられているが（丸山 2020）、それらはよりジェンダーに留意した形で世帯のなかの個人の経済状態や生活水準をとらえようとするものである。そうすることで女性の貧困を、女性世帯主の世帯に顕著に現れているものだけではなく、世帯のなかに隠れた形のものまで含めて、より大きな視野から把握することができるだろう。

3　ホームレスの主体性

つぎに、本書の主要なテーマであったホームレスの主体性についての考えを、あらためてここで整理しておきたい。本書は、ジュディス・バトラーの主体をめぐる議論に多くを負っている（Butler 1992＝2000）。バトラーは主体を、法に呼びかけられた結果、生み出されるものとしてとらえている。規則や規範を含む法の言説実践は、人にそれにしたがうのか背くのかを否応なく「選択」することを迫る力を持つものであり、主体はあらかじめ存在するわけではなく、法の呼びかけに反応する結果として産出されると考えるのである。またこうした議論のなかでバトラーは、主体にかわって、言説実践の媒体としてのエイジェンシーという概念を導入する。これは言語によって形成され、言語を使用する媒体という意味で、完全に能動的なものでも完全に受動的なものでもなく、構造に規定されていると同時に、構造を新たにつくり出していくものである。バトラーがこのように考えたのは、主体が存在することを否定しているからではなく、主体があたかも自然に存在するかのようにして構築されてしまっている、その前提にあるものを問題化したいためであった。

ホームレスの人びとの主体性を否定したいのではなく、主体を所与の前提とすることで、見えなくなってしまっているものは何かを考えようとしていた私にとって、バトラーのこの議論は非常に示唆に富むものだった。日本のホームレス研究では、ホームレスは逸脱者であるとみなされることへの反発として、ホームレスの人びとはむしろ社会の支配的な価値観に適合的で、労働して自立して生きているということが強調されてきた。またホームレスの人びとは私たちが生きる社会の問題を問い返すような存在として、意図的であれ非意図的であれ、社会に対して「抵抗」しているように見える姿が、ラディカルなホームレス運動と結びついて、ロマンティックに語られてきた。しかしこれは、あらかじめ自立した主体を想定し、野宿生活のなかに現れる、主体的に見える部分だけをとりあげているように、私には思われた。そしてこのような視点こそが、女性ホームレスの存在を、研究の視野の外に追いやることにつながってしまったのではないか。これが本書の主張である。本書で私が描いてきたのは、さまざまな制約と具体的な文脈のなかで、彼女たちがときどきの状況に応じて取る反応の過程である。そこには、主体的に見えるようなことも、主体的であるようには見えないことも、合理的に見えるような結果を生むことも、とても合理的には思われないような結果を生むものも含まれる。その過程すべてを含んだものとして人間の実践をとらえるということが、エイジェンシーをとらえるということではないだろうか。そしてホームレスの主体性とは、そのような過程のなかで、その一部として現れるものではないだろうか。

本書において、このようにホームレスの主体性を記述したのは、本書がホームレスのなかでも、とくに女性を対象にしていたことに由来している。マイノリティを対象に研究をしていると、そうした人びとが自ら社会に対して声をあげることの尊さとその勇気には、深く感動を覚えるものであり、私自身もそれは同じである。しかしそれゆえに、弱者の「主体性」や「抵抗」を描きたいと研究者が考えるのであれば、そこには見逃せない問題があるのではないか、それは、そのようにもなれないさらなる弱者を排除することになってしまうのではないか、そのような疑問がぬぐえなかったのである。そして私には、そうして排除されてしまったのが、ホームレスの女性たちであるように感じられた。それゆえに、マイノリティの調査研究をする者が陥ってしまいがちなこうした研究枠組みを、フェミニズムを経由することでもう一度考え直したい、そう考えたのだった。

そうしてたどりついたのが、本書に対して岸政彦が寄せてくれた解説で的確に評してくれているように、女性ホームレスたちが置かれている構造的状況と、それに対する彼女たちのときどきの反応の過程を、彼女たちの生きている文脈のなかで描き出す、ということだった。それはときには抵抗の形を取り、ときには服従となって現れ、そのどちらともいえないような場合もあり、決してわかりやすい物語ではない。ただそのように行為する彼女たち自身の論理を、他の人にも理解可能な形で説明すること、これが彼女たちの生活の一端に、一時的にではあれかかわったフィールドワーカーがすべきことだと考えた。

女性ホームレスたちの行為には、一見矛盾していたり、非合理的に思われるようなものが含まれている。野宿生活はつらいと幾度も言いながら、望めば脱却できるその生活をやめようとしない。人生のなかで、野宿をしている今の生活が一番いいと語る。公園を出て施設に入っても、そこからまた公園に戻って来たりする。岸はこのような行為をするにいたった人びと自身の論理に、「他者の合理性」という言葉を与え、それを理解可能な形で説明することこそが、質的調査が目指すべきことだと述べている。この点については、本書の出版以降、私が岸らとともに書いた『質的社会調査の方法——他者の合理性の理解社会学』（岸・石岡・丸山 2016）に、岸による詳しい解説がある。そこには、本書のもととなった調査の実際のプロセスや、アイディアをまとめるにいたった経緯を裏話的に書いているため、そちらも本書とあわせて参照いただけるとうれしい。

4 「女」の位置

また本書では、ホームレスの女性たちの「女であること」をどのようにとらえているかという点についても、誤解が生じやすい部分であるため、あらためてここで説明しておきたい。

本書のような、ある対象のなかでも女性だけをとくにとりあげた研究に対しては、女性を男性とは本質的に異なる存在として描くことによって、性別カテゴリーを再生産し、男性／女性という二分法を強化する、ジェンダー本質的なものだという批判がされることがある。道徳や関係性についての女性の語りの特徴を、男性と対比させてとりあげたキャロル・ギリガンの『もうひとつの声』に対して、フェミニズムのなかで評価が大きくわかれたのも、まさにこの点が争点になっていた。ギリガン自身は、序文において、「男女の一般化された形態を示すために、男女それぞれの声を比較するのではありません。むしろ、男女の声を比較することによって、その背後にある二通りの異なる考え方の相違を明らかにしたうえで、その相違をどのように解釈すべきかという問題に焦点をあてたい」（Gilligan 1982＝1986: xii–xiii）と述べている。つまりギリガンは、男女という性別カテゴリーに固有の実態よりも、それをどう解釈するかという認識の方を、問題にしようとしたのだった。それにもかかわらず、彼女が示したのは女性という性別に固有の特徴であり、したがってそれは男性／女性という二分法を強化するジェンダー本質的なものだと批判されてきた。

本書の主要な関心も、女性に固有の実態を明らかにしたいという実証主義的なものであると同時に、女性を排除して成り立ってきた従来の研究の前提にあるものを問いたいという、認識論的なものでもあった。本書で指摘した女性ホームレスの「状況依存性」や「非合理性」は、女性が構造的に置かれてきた位置ゆえに、女性により顕著に見られるものである。しかし当然、それらは女性に本質的に備わった性質でも、女性だけにあるものでもなく、男性にも見られるものであり、本書でも第6章、第8章でそのように述べている。ただ従来の研究でその当然のことが書かれてこなかったのは、研究の拠って立つ基盤に、一貫した自律的な意志のもとに合理的に行為を選択していく、いわば「男性的な」人間像があったからではないか。いいかえれば、男性にも当然見られるはずの「状況依存性」や「非合理性」が、男性を前提として行われてきた従来の研究では描かれてこず、女性を研究対象にすることによってはじめて、人間があたりまえに持つそうした性質に新たに光があたったのであり、その光のあて方、つまり認識の枠組みを、本書では問題にしたかったのである。

とはいえ、ホームレスの女性に固有の実態を明らかにしたいということも、もちろん本書の大きな関心事だった。ただそれをする際、「女」をどのようなものとしてとらえるか、これが大きな問題となる。第5章に登場するたった四人の女性たちでさえ、その生活史は多様であり、女性ホームレスをひとつの集団としてとらえ、その共通性を指摘することは容易ではなかったということもある。しかしそれ以上に、「女性の固有性」を描くことは、本書の問題設定とは根本的に相容れないものだと考えた。すなわち本書は、既存のホームレス研究が男性を暗黙のうちに想定することによって、女性を排除してきたことを問おうとするものだが、そこでひとつの「女性に固有のホームレス像」を示すならば、女性ホームレスのなかでもそこには入らないさらなるマイノリティをまた排除してしまうことになる。それでは、本書で批判しているものと同じ轍を踏むことになってしまうのである。したがって、女性という性別カテゴリーに固有のものを描くことと、本書のそもそもの問題設定は根本的には両立しえず、やはり本書では、「女性に固有のもの」を描くことそのものを避けなければならない、そのように考えた。

では、随所に出てくる女性ホームレスたちの「女」であることを、どのようにとらえればよいのか。そこで本書が取ったのが、ジェンダーを実践としてとらえるという視点である。ジェンダーを身体や人格に備わった実体だと考えるのであれば、「男」と「女」というあらかじめ二分された性別カテゴリーがあることを前提に、人が有するある程度一貫したアイデンティティなどを記述していく、ということになるだろう。しかしジェンダーを実践として、すなわち人びとが身体や人格や行為に相互に意味を与えあっている、その言説の作用としてとらえるのであれば、性別にかかわる言説が用いられる具体的な場面に着目し、その場面を記述していくことになり、「女」というひとつの集団の共通性を前提にしなくてよいことになる。こうしたジェンダーのとらえ方をすることによって、「女」を本質主義的に規定しその固有性を描くことから、逃れられるのではないかと考えた。

その一方で、本書では、多様な女性ホームレスのうち、一部の女性たちにとくに依拠しながら議論を進めてしまっている点がある。先述したように、女性ホームレスと一括りにいっても、生活史や生活の様子、アイデンティティはさまざまであり、男並みに働きそれを自ら誇りに思う、いわゆる「男性的な」人もいれば（典型的なのは第7章のミドリさん）、他者に影響され状況に流されがちな、いわゆる「女性的な」人もいる（第5・6章のタマコさん、第7章のケイコさん、イッコさんなど）。そして本書では、「男性的な」人のありようを、もちろん描いてはいるのだが、その軸足をおもに「女性的な」人に置いてしまっている、このことは本書の反省点として認めざるをえない。女性ホームレスのエスノグラフィを書きたいという当初のもくろみからすれば、この「男性的な」女性ホームレスもいるというフィールドの現実に、もう少しふみとどまって書くという方向もありえたかもしれない、今ふりかえってみるとそうも思う。しかしそのようにはならなかった理由は、やはり既存のホームレス研究が女性を排除してきたことを問題にしたいという、本書の問題設定ゆえなのである。

本書で意図していたのは、フィールドワークで見る具体的な現実と、社会学／フェミニズムの理論的な関心を、なんとかうまくつなげたいということでもあった。しかし私にとっては、ホームレスの女性の実態を描くことよりも、女性が既存のホームレス研究から排除されてきたことを問題にすることの方が、より切実であったかもしれず、その点で実証よりも理論の方に傾きすぎたきらいがあったかもしれない。私が本書で目指していた、女性ホームレスたちのエスノグラフィを書きたいということ、そして理論と実証を統合したいということとの両者に、本書が果たしてどこまで成功しているのか、それは本書を手に取ってくださった方の判断にゆだねたいと思う。

初版あとがき

女性ホームレスに関する研究に着手しはじめてから、一一年が経った。釜ヶ崎をはじめて訪れてからは、一四年になる。

当時学部三回生だった私は、大学で見かけた一枚のビラに興味を引かれて、釜ヶ崎に関わっていた学生団体主催のツアーに参加した。屋台が立ち並ぶその通りは、歩いている人、立ち話をしている人、車座になって酒を飲んでいる人、道端でひっくり返って寝ている人で、ごった返していた。そこを自転車や野良犬が悠然と通りすぎる。笑い声や話し声、怒声が聞こえ、やたらと人が話しかけてくる。その雑然とした空間に、一瞬アジアの国を旅行しているような錯覚に陥った。人間が人間らしい。食べることも、寝ることも、排泄することも、喜びも、悲しみも、怒りも、そんな人間らしい行為や感情がここにはあふれている、そう思った。それだけで、私は釜ヶ崎が好きになった。

すっかりそこが気に入った私は、ボランティアについての卒業論文のフィールドとして、釜ヶ崎で行われていた炊き出しに通うようになった。私自身も毎週そこへボランティアとして参加しながら、他の参加者にも動機をたずね、ボランティアの意義を考えるというその調査は、多くの人の温かさに助けられ、ただ純粋に、楽しかった。大学の日常では出会わないさまざまな人の生に触れるなかで、私は大学院に進学することを決心した。

しかしその後は、思い出すのもつらい日々だった。私は、親しくなった一人の日雇労働者から好意を寄せられ、すぐにお断りをしたのだが、彼はそれを恨みに思い、いくつかの行き違いも重なって、私を「殺してやる」というようになった。それは卒業論文を提出する少し前のことだった。彼の生活の場でもあった釜ヶ崎の人々に相談をすることは、家も職も失ってたどりついたその街でやり直そうとしていた彼の生活を壊すことになりかねない。それでも卒業論文だけは完成させなければならないと、私は恐々フィールドに足を運び、お世話になった方々に書きあげた論文を見せ、それから逃げるようにして調査地を去った。三年間毎週のように通い、その後も訪れたいと思っていた大事なフィールドをそのような形で去らなければならず、私ははじめての調査に失敗したという挫折感でいっぱいだった。その後しばらく、男性の大きな声が聞こえると、彼が来たのではないかと体が震えるようになった。

それでも私には、まだ帰る家があり、釜ヶ崎に行かないという選択もできた。しかしときどき見かける女性野宿者には、そのような選択肢もないだろう。男性ばかりの街で、女性野宿者はどんな困難を抱え、どのように生きているのだろうか。今ふりかえると、本書につながるこうした疑問を追っていく過程と、私自身が自らの女性性を理解し、釜ヶ崎で経験したことを整理する過程とは、深くからまりあいながら進んでいったように思う。しかし調査に失敗したという挫折感のなかで、私は自分のしていることになにか価値があるとはとても思えず、女性野宿者に出会ってはいても、自分が話を聞いてもいいと思えるようになるまでには、かなり時間がかかった。そんな私に手を差し伸べてくれたのが、冒頭で述べた女性だった。

そしてそれ以来、おぼつかない足どりながらも多くの女性たちに出会うことができ、そこで聞かせていただいた話を、なんとか一冊の本にまとめることができた。

本書は、京都大学大学院文学研究科に提出し、二〇一〇年一一月に学位を授与された博士論文『ホームレスとジェンダーの社会学』に加筆修正をしたものである。ホームレスをめぐる状況は変化がはげしく、時代にそぐわなくなっている部分もあるが、私の力不足から、十分な修正はできなかった。博士論文は、章ごとに次の既発表論文が土台となっている。執筆に際して加筆修正を施しているが、修正の度合いは章によって異なる。

第1章　書き下ろし
第2章　「ジェンダー化された排除の過程——女性ホームレスという問題」青木秀男編『ホームレス・スタディーズ——排除と包摂のリアリティ』ミネルヴァ書房、二〇一〇年
第3章　「貧困政策における女性の位置——戦前・戦後の大阪の事例研究」『述』二、一五二—一七一頁、二〇〇八年
第4章　書き下ろし（博士論文に加筆修正をするにあたり、次の論文と同じ資料を使用しており、記述やデータに重複がある。「貧困の広がりと婦人保護施設の役割」宮本節子・須藤八千代編『女性を支援するということ——婦人保護施設という場所』明石書店、近刊）

第5章　書き下ろし
第6章　「野宿者の抵抗と主体性――女性野宿者の日常的実践から」『社会学評論』五六（四）、八九八―九一四頁、二〇〇六年
第7章　「自立の陰で――ホームレスの自立支援をめぐって」『現代思想』三四（一四）、一九六―二〇三頁、二〇〇六年
第8章　「ストリートで生きる女性たち――女性野宿者の実践」関根康正編『ストリートの人類学』国立民族学博物館調査報告』八〇、一八五―二〇一頁、二〇〇九年、および「自由でもなく強制でもなく」『現代思想』三四（九）、二一一―二二二頁、二〇〇六年
おわりに　書き下ろし
なお、「はじめに」は本書をまとめるにあたって新たに書き下ろした。

京都大学大学院文学研究科の先生方には、学部生時代から博士論文の審査まで、多大なお世話になった。とりわけ松田素二先生のおおらかなご指導のもとでのびのびと研究できたことは、大変な幸運だったと思う。松田先生から教えていただいたフィールドワーカーとしての姿勢は、私の研究の根幹となっている。学部・修士時代にご指導いただいた宝月誠先生は、「あなたも野宿をしてきなさい」という言葉で、私の背中を押してくださった。落合恵美子先生には、女性研究者として、多くの励ましをいただいた。また大変ご迷惑をおかけしたが、太郎丸博先生には査読の労をとっていただき、感謝の念に堪えない。

また博士課程在学中にはトロント大学のシルヴィア・ノヴァックさん、博士課程を出てからは東洋大学の西澤晃彦さん、イギリスに滞在中にはラフバラ大学のルース・リスターさんの温かいご好意で、恵まれた研究環境を与えていただいた。二〇一〇年には立命館大学産業社会学部に職を得たが、多様な研究関心を有する先生方からさまざまな刺激をいただける職場であることに、感謝している。

多くの時間を共有した京都大学文学研究科社会学研究室の方々とのつながりは、私にとってとても貴重な財産である。青木秀男先生はじめホームレス研究会のみなさんと切磋琢磨しあえる関係にあったことも、マイナーな研究テーマを孤独に追っていた私にとって、本当にありがたいものだった。酒井隆史さん、関根康正先生、須藤八千代先生とその主催される研究会では、数多くの大切な出会いをいただいた。

さらに、お一人ずつお名前をあげることはかなわないが、ホームレス支援や女性支援に関わる多くの方々に、調査の過程で本当にお世話になった。なかでも、A宿泊所と運営するNPOの方々は、路上で出会う女性しか知らなかった私に、二四時間生活につきあう施設での支援の場の奮闘ぶりを教えてくださった。また「女のおしゃべり会」の嶋田ミカさん、森石香織さん、小川裕子さん、亡き矢島祥子さんが、女性野宿者にかかわる同志として、友人として、変わらずつきあってくれたことは、いつも私の大きな心の支えになっていた。そして長く続いた学生生活を辛抱強く見守ってくれた母と、その半ばで心配しながら世を去らなければならなかった亡き父にも、感謝している。

いちむらみさこさんは、女性野宿者のリアリティを伝える素敵な装画を本書に描いてくださった。世界思想社の峰松亜矢子さんには、たびたびのスケジュールの遅延でご心配をおかけした。峰松さんの丁寧なお仕事のおかげで、本書をなんとかまとめることができた。また出版にあたっては、立命館大学学術図書出版推進プログラムから助成をいただいた。記して感謝したい。

そして最後に、私に辛抱強く話を聞かせてくれた女性たちに、心からお礼を述べたい。本当にありがとうございました。

二〇一三年二月

丸山里美

増補新装版へのあとがき

増補新装版をしめくくるにあたって、最後に、本書に登場する女性たちの、その後の生活の様子を紹介しておきたい。

東京のB公園で出会ったエイコさんは、当時で一〇年ほど野宿生活を続けていたが、その後、長く拒否していた生活保護を受給し、アパートで暮らすようになった。二〇〇四年から東京都が「公園等生活者地域生活移行支援事業」として、公園にテントを建てて暮らす野宿者を対象に、二年間月三〇〇〇円で住居を貸し付け、就労機会を与えるという政策をはじめたためである。B公園でも、その事業を利用して野宿生活を脱していく野宿者が出てくると思われた矢先、エイコさんはそうなると仲間が少なくなって寂しいからと、長年続けた野宿生活に終止符を打つことに決めた。そして住まいとしてB公園からすぐ近くのアパートを探してきて、そこで生活保護を受けて暮らすようになった。以降もエイコさんは、日中はほとんどの時間、もといたB公園にやって来て、以前からの知り合いと話したりして過ごすようになった。他者とのつながりを求めていたエイコさんの態度は、終始一貫していた。

それから二年後、エイコさんは、アパートの部屋で、脳卒中で倒れて亡くなっているのが発見された。エイコさんは、のちにすぐ近くに暮らすようになったユウコさんと頻繁に行き来をしており、姿が見えないからおかしいと、大家さんに鍵を開けてもらって部屋に入ったユウコさんに発見されたのである。お葬式には、野宿生活中にできた野宿者や元野宿者、野宿者支援活動をしていた友人たちが集まり、多くの人に見送られてエイコさんは旅立った。

ユウコさんは一時、夫の暴力から逃れてB公園を離れたが、また戻って来て夫とともにテントで生活していた。そして「地域生活移行支援事業」がはじまると、それを利用して、夫とともに、B公園近くのアパートに移って生活をはじめた。近所に住むエイコさんとは、日々おかずをやりとりするなど頻繁に行き来をしていたため、エイコさんの異変に気づいたのもユウコさんだった。フジコさんは、B公園での暮らしが半年ほど経ったころ、ある日突然、周囲の人には何も言わず、夫とともに姿を消した。

タマコさんは、その後も夫とともにB公園のテントで生活していたが、「地域生活移行支援事業」がはじまると、それを利用して、B公園からは少し離れたところにあるアパートで、夫とともに暮らしはじめた。そして事業の利用者に都が斡旋する清掃の仕事を、週に数日二人でして、生計を立てていた。アパートで暮らすようになっても、元野宿者の仲間たちとは仕事先で会うほか、携帯電話でも頻繁に連絡を取りあい、交流を続けていた。二年後に事業が終了すると、二人は同じアパートに住んだまま、生活保護を受給するようになった。それから一〇年以上が経つが、現在でも二人はそこで穏やかに暮らしており、今でもときおり連絡をくれる。

大阪のC公園で知りあったケイコさんは、病院を退院後、長年続けていた野宿生活に終止符を打って、アパートで生活保護を受給することになった。その後、隣人などとの間にトラブルもあったが、「女のおしゃべり会」のサポートも受けながら、その生活をなんとか続けていた。しかし数年経ったころ、ある歌手に入れ込みはじめ、その追っかけをするようになって、連絡が取れないことが増え、ある日すべての家財道具をおいて失踪した。ミドリさんとイツコさんとは、その後、連絡が取れなくなっている。

「女のおしゃべり会」は、その後は女性野宿者に対する支援は直接的には行っていないが、かかわりのあった女性たちとの交流は続けている。現在でも連絡が取れる女性たちは、本書には登場していない人も含めて、みな野宿生活を脱し、生活保護を受給している。「女のおしゃべり会」は、そうした元野宿者の女性たちに対して、入院や転居、介護の手続きが必要になったときにそのサポートを行ったり、日常生活の悩みの相談に乗ったり、定期的に集まって近況を話しあい交流することを、二〇年近く続けてきた。高齢者が多いため、コロナ禍の現在は、集まりは一時休止中だが、元野宿者の女性たちに個人的に連絡を取ることは続けている。

本書は、二〇一三年に初版を出版して以来、私の当初の想像を超えて、たくさんの方に手に取っていただいた。また、第三三回山川菊栄賞、第三回福祉社会学会学術賞、第五回日本都市社会学会若手奨励賞、第二四回橋本峰雄賞をいただくという栄誉にも恵まれた。二〇一九年には、本書の英語版である *Living on the Streets in Japan: Homeless Women Break their Silence* を、杉本良夫さんと訳者の Stephen Filler さんのご協力を得て、Trans Pacific Press より出版することができた。これは、本書が女性ホームレスという、あまりにも数が少ないがゆえに、これまで見過ごされてきた人びとの存在に着目したゆえであろう。お話を聞かせてくださった女性たちとの出会いに、あらためて感謝する次第である。

増補新装版の出版にあたり、新たに「付録　貧困女性はどこにいるのか」を書き下ろした。また増補新装版には、学生時代からの研究会仲間で、敬愛する岸政彦さんが、すばらしい解説を寄せてくださった。日ごろから本書をさまざまなところで紹介してくださっている岸さんに、あつく御礼を申し上げる。

二〇二一年七月

丸山里美

ロジ』48(1)：21-37。
上野千鶴子，1995，「差異の政治学」井上俊他編『岩波講座現代社会学 11 ジェンダーの社会学』岩波書店，1-26。
海野恵美子，1999，「日本での「貧困の女性化」についての1考察——高齢女性の貧困の統計的検討」『社会福祉学』39(2)：155-171。
Urban Institute et al. eds., 1999, *Homelessness: Programs and the People They Serve: Findings of the National Survey of Homeless Assistance Providers and Clients*, U. S. Dept. of Housing and Urban Development, Office of Policy Development and Research.
Waterston, Alisse, 1999, *Love, Sorrow, and Rage: Destitute Women in a Manhattan Residence*, Temple University Press.
Watson, Sophie, 1999, "A Home is Where the Heart is: Engendering Notions of Homelessness", Patricia Kennett and Alex Marsh eds., *Homelessness: Exploring the New Terrain*, The Policy Press, 81-101.
Watson, Sophie and Helen Austerberry, 1986, *Housing and Homelessness: A Feminist Perspective*, Routledge & Kegan Paul.
Williams, Jean Calterone, 2003, *"A Roof Over My Head": Homeless Women and the Shelter Industry*, University Press of Colorado.
山口恵子，1998，「新宿における野宿者の生きぬき戦略——野宿者間の社会関係を中心に」『日本都市社会学会年報』16：119-134。
山根純佳，2007，「男性ホームヘルパーの生存戦略——社会化されたケアにおけるジェンダー」『ソシオロジ』51(3)：91-106。
湯澤直美，2000，「母子生活支援施設における女性支援の視点」『コミュニティ福祉学部紀要』2：117-129。
全国厚生事業団連絡協議会・全国救護施設協議会，2003，『保護施設におけるホームレス受入に関する検討会報告書』。

年金・組合管掌健康保険・国民健康保険・老人保健 事業年報総括編（平成18年度版）』。

総務省統計局，2012，『世界の統計』。

Spivak, Gayatri C., 1988, "Can the Subaltern Speak ?", Carry Nelson and Lawrence Grossberg eds., *Marxism and the Interpretation of Culture*, University of Illinois Press, 271-313.（＝1998，上村忠男訳『サバルタンは語ることができるか』みすず書房。）

須藤八千代，2000，「社会福祉と女性観」杉本貴代栄編『ジェンダー・エシックスと社会福祉』ミネルヴァ書房，94-112。

――――，2010，「「女性福祉」論とフェミニズム理論――社会福祉の対象論を手がかりに」『社会福祉研究』12：25-32。

杉本貴代栄，1993，『社会福祉とフェミニズム』勁草書房。

――――，1997，『女性化する福祉社会』勁草書房。

――――，2004，『福祉社会のジェンダー構造』勁草書房。

鈴木大介，2014，『最貧困女子』幻冬舎。

高原幸子，2006，『媒介者の思想』ふくろう出版。

玉井金吾，1986，「日本資本主義と〈都市〉社会政策――大阪市社会事業を中心に」杉原薫・玉井金吾編『大正／大阪／スラム――もうひとつの日本近代史』新評論，249-295。

寺尾徹・奥田知志，2010，「対談 貧困ビジネス論を超えて――ポストホームレス支援法体制を展望する」『ホームレスと社会』2：8-15。

特別区人事・厚生事務組合，2010，『更生施設・宿所提供施設・宿泊所・路上生活者対策事業施設 事業概要』。

特別区厚生部長会，2009，『厚生関係施設再編整備計画――改訂版』。

都市生活研究会，2000，『平成11年度 路上生活者実態調査』。

東光学園，1976，『東光学園の歩み　創立六十周年記念』。

東京都福祉保健局総務部編，2011，『2011 社会福祉の手引』。

東京都福祉局，2003，『宿泊所実態調査』。

東京都社会福祉協議会母子福祉部会，2011，『東京都の母子生活支援施設の現状と課題――平成22年度 東京都の母子生活支援施設実態調査報告書』東京都社会福祉協議会。

東京都社会福祉協議会婦人保護部会調査研究委員会，2010，『婦人保護施設実態調査報告書 2008年度・2009年度』。

妻木進吾，2003，「野宿生活――「社会生活の拒否」という選択」『ソシオする総合的調査研究報告書』。

大阪市役所社会部，1923，『大阪市社会事業概要』。

大阪社会事業史研究会，1985，『弓は折れず――中村三徳と大阪の社会事業』。

「夫（恋人）からの暴力」調査研究会，2002，『ドメスティック・バイオレンス　新版――実態・DV法解説・ビジョン』有斐閣。

Passaro, Joanne, 1996, *The Unequal Homeless: Men on the Streets, Women in Their Place*, Routledge.

Plummer, Ken, 1995, *Telling Sexual Stories: Power, Change and Social Worlds*, Routledge.（＝1998，桜井厚・好井裕明・小林多寿子訳『セクシュアル・ストーリーの時代――語りのポリティクス』新曜社。）

Ralston, Meredith L., 1996, *"Nobody Wants to Hear Our Truth": Homeless Women and Theories of the Welfare State*, Greenwood Press.

Rossi, Peter H., 1989, *Down and Out in America: The Origins of Homelessness*, The University of Chicago Press.

Rowe, Stacy and Jennifer Wolch, 1990, "Social Networks in Time and Space: Homeless Women in Skid Row, Los Angeles", *Annals of the Association of American Geographers*, 80(2): 184-204.

Russell, Betty G., 1991, *Silent Sisters: A Study of Homeless Women*, Hemisphere Publishing.

崎山政毅，2001，『サバルタンと歴史』青土社。

桜井厚，2002，『インタビューの社会学――ライフストーリーの聞き方』せりか書房。

笹沼弘志，2008，『ホームレスと自立／排除――路上に〈幸福を夢見る権利〉はあるか』大月書店。

Scott, Joan Wallach, 1999, *Gender and the Politics of History*, Revised Edition, Columbia University Press.（＝2004，荻野美穂訳『ジェンダーと歴史学　増補新版』平凡社。）

生活保護問題対策全国会議監修，尾藤廣喜・小久保哲郎・吉永純編，2011，『生活保護「改革」ここが焦点だ！』あけび書房。

生活保護の動向編集委員会編，2008，『平成20年版 生活保護の動向』中央法規。

社会福祉法人新栄会，2011，『事業報告書』。

社会保険庁編，2007，『政府管掌健康保険・船員保険・厚生年金保険・国民

185-203。

日本住宅会議編，2004，『住宅白書 2004-2005――ホームレスと住まいの権利』ドメス出版。

虹の連合，2007，『もう一つの全国ホームレス調査――ホームレス「自立支援法」中間年見直しをきっかけに』。

西村みはる，1985，「婦人保護事業における「要保護女子」の規定をめぐって」『社会福祉』25：33-44。

―――，1994，『社会福祉実践思想史研究』ドメス出版。

西躰容子，1998，「「ジェンダーと学校教育」研究の視角転換――ポスト構造主義的展開へ」『教育社会学研究』62：5-22。

西澤晃彦，1995，『隠蔽された外部――都市下層のエスノグラフィー』彩流社。

仁藤夢乃，2014，『女子高生の裏社会――「関係性の貧困」に生きる少女たち』光文社。

野依智子，2011，「ホームレス問題の再構築――「男性稼ぎ主」モデルの視点から」『唯物論研究年誌』16：102-108。

荻上チキ，2012，『彼女たちの売春（ワリキリ）――社会からの斥力，出会い系の引力』扶桑社。

岡野八代，2000，「主体なきフェミニズムは可能か」『現代思想』28(14)：172-186。

―――，2002，『法の政治学――法と正義とフェミニズム』青土社。

―――，2003，『シティズンシップの政治学――国民・国家主義批判』白澤社。

―――，2012，『フェミニズムの政治学――ケアの倫理をグローバル社会へ』みすず書房。

大阪婦人ホーム，1934，『基督教矯風会大阪市部年報　昭和 9 年度』。

大阪府女性相談センター，1984-2009，『事業概要』。

大阪府社会課，1920，『大阪社会事業要覧』。

大阪市，1953，『昭和大阪市史 第 6 巻 社会篇』。

―――，1966，『昭和大阪市史 続編 第 6 巻 社会編』。

大阪市立大学創造都市研究科・釜ヶ崎支援機構，2008，『「若年不安定就労・不安定住居者聞き取り調査」報告書――「若年ホームレス生活者」への支援の模索』。

大阪市立大学都市環境問題研究会，2001，『野宿生活者（ホームレス）に関

――――編，2018，『貧困問題の新地平――〈もやい〉の相談活動の軌跡』旬報社。

松田素二，1996，「書評に応えて」『ソシオロジ』41(2)：115-117。

――――，1999，『抵抗する都市――ナイロビ移民の世界から』岩波書店。

松沢呉一／スタジオ・ポット編，2000，『売る売らないはワタシが決める――売春肯定宣言』ポット出版。

May, Jon, Paul Cloke, and Sarah Johnsen, 2007, "Alternative Cartographies of Homelessness: Rendering Visible British Women's Experiences of 'Visible' Homelessness", *Gender, Place and Culture*, 14(2): 121-140.

南智子／佐藤悟志／ハスラー・アキラ／畑野とまと／松沢呉一／宮台真司，2000，「座談 性風俗と売買春」松沢呉一／スタジオ・ポット編『売る売らないはワタシが決める――売春肯定宣言』ポット出版。

宮下忠子，2008，『赤いコートの女――東京女性ホームレス物語』明石書店。

水内俊雄，2010，「居住保障とホームレス支援からみた生活保護施設」『都市問題』101(7)：51-63。

文貞實，2003，「野宿とジェンダー」『Shelter-less』19：120-155。

――――，2006，「女性野宿者のストリート・アイデンティティ――彼女の「無力さ」は抵抗である」狩谷あゆみ編『不埒な希望――ホームレス／寄せ場をめぐる社会学』松籟社，198-233。

麦倉哲著・ふるさとの会編，2006，『ホームレス自立支援システムの研究』第一書林。

内閣府男女共同参画局，2021，『男女間における暴力に関する調査報告書』。

中島明子・阪東美智子・大崎元・Sylvia Novac・丸山里美，2004，「東京における「ホームレス」女性の自立支援と居住支援」『住宅総合研究財団研究論文集』31：229-240。

中村淳彦，2015，『女子大生風俗嬢――若者貧困大国・日本のリアル』朝日新聞出版。

中根光敏，1999，「排除と抵抗の現代社会論――寄せ場と「ホームレス」の社会学にむけて」青木秀男編『場所をあけろ！――寄せ場／ホームレスの社会学』松籟社，75-98。

――――，2001，「寄せ場／野宿者を記述すること」『解放社会学研究』15：3-25。

中西祐子，2004，「フェミニストポスト構造主義とは何か――経験的研究手法の確立に向けての一考察」『ソシオロジスト：武蔵社会学論集』6(1)：

Press.（＝1999，吉川徹・轟里香訳『ホームレスウーマン――知ってますか，わたしたちのこと』東信堂。）

MacKinnon, Catharine A., 1987, *Feminism Unmodified: Discourses on Life and Law*, Harvard University Press.（＝1993，奥田暁子・加藤春恵子・鈴木みどり・山崎美佳子訳『フェミニズムと表現の自由』明石書店。）

丸山里美，2002，「路上にあらわれたジェンダー格差――Joanne Passaro, *The Unequal Homeless: Men on the Streets, Women in Their Place*」『京都社会学年報』10：239-246。

――――，2004，「Homeless Women in Japan」『京都社会学年報』12：157-168。

――――，2005，「数々の脱出（エクソダス）をつなぎあわせて――女性ホームレスたちとの出会いから」『現代思想』33(12)：206-215。

――――，2006a，「野宿者の抵抗と主体性――女性野宿者の日常的実践から」『社会学評論』56(4)：898-914。

――――，2006b，「自由でもなく強制でもなく」『現代思想』34(9)：211-221。

――――，2006c，「錆びた色をした都市の風景――ヨコハマメリーに寄せて」『情況』7(5)：213-215。

――――，2006d，「自立の陰で――ホームレスの自立支援をめぐって」『現代思想』34(14)：196-203。

――――，2008，「貧困政策における女性の位置――戦前・戦後の大阪の事例研究」『述』2：152-171。

――――，2009，「ストリートで生きる女性たち――女性野宿者の実践」関根康正編『ストリートの人類学　国立民族学博物館調査報告』80：185-201。

――――，2010，「ジェンダー化された排除の過程――女性ホームレスという問題」青木秀男編『ホームレス・スタディーズ――排除と包摂のリアリティ』ミネルヴァ書房，202-232。

――――，2013，「貧困の広がりと婦人保護施設の役割――増加する女性ホームレスの入所とその背景」須藤八千代・宮本節子編『婦人保護施設と売春・貧困・DV問題――女性支援の変遷と新たな展開』明石書店，253-286。

――――，2020，「ジェンダーから見た貧困測定――世帯のなかに隠れた貧困をとらえるために」『思想』1152：29-46。

タ一覧』。

小宮友根，2011，『実践の中のジェンダー――法システムの社会学的記述』新曜社。

小杉礼子・鈴木晶子・野依智子・横浜市男女共同参画推進協会編，2017，『シングル女性の貧困――非正規職女性の仕事・暮らしと社会的支援』明石書店。

厚生労働省，2002，『男女間の賃金格差問題に関する研究会報告』厚生労働省雇用均等・児童家庭局雇用均等政策課。

――――，2003，『ホームレスの実態に関する全国調査報告書』。

――――，2007a，『ホームレスの実態に関する全国調査報告書』。

――――，2007b，『平成 18 年度 全国母子世帯等調査結果報告』厚生労働省雇用均等・児童家庭局。

――――，2010，『平成 20 年 国民生活基礎調査』厚生労働統計協会。

――――，2011a，『住居のない生活保護受給者が入居する無料低額宿泊施設及びこれに準じた法的位置付けのない施設に関する調査結果について』社会・援護局保護課。

――――，2011b，『平成 22 年版 働く女性の実情』。

――――，2011c，『労働力調査』。

――――，2011d，『平成 22 年 社会福祉施設等調査結果の概況』大臣官房統計情報部社会統計課。

――――，2012，『ホームレスの実態に関する全国調査（概数調査）結果について』社会・援護局地域福祉課。

――――，2017，『ホームレスの実態に関する全国調査（生活実態調査）の結果』。

――――，2020，『2019 年　国民生活基礎調査の概況』。

――――，2021，『ホームレスの実態に関する全国調査（概数調査）結果』。

厚生労働省職業安定局，2007，『住居喪失不安定就労者等の実態に関する調査報告書』。

葛西リサ・塩崎賢明，2004，「母子世帯と一般世帯の居住状況の相違――住宅所有関係，居住面積，住居費，家賃分析」『日本建築学会計画系論文集』581：119-126。

葛西リサ・塩崎賢明・堀田祐三子，2005，「母子世帯の住宅確保の実態と問題に関する研究」『日本建築学会計画系論文集』588：147-152。

Liebow, Elliot, 1993, *Tell Them Who I Am: The Lives of Homeless Women*, The Free

要友紀子・水島希，2005，『風俗嬢意識調査——126人の職業意識』ポット出版。

片田孫朝日，2006，「ジェンダー化された主体の位置——子どものジェンダーへのポスト構造主義的なアプローチの展開」『ソシオロジ』50(3)：109-125。

川原恵子，2005，「福祉政策と女性の貧困——ホームレス状態の貧困に対する施設保護」岩田正美・西澤晃彦編『貧困と社会的排除——福祉社会を蝕むもの』ミネルヴァ書房，195-222。

————，2008，「ホームレス問題への福祉対応とジェンダー」大阪府立大学人間社会学研究科女性学研究センター編『第12期女性学連続講演会　社会的排除とジェンダー』大阪府立大学女性学研究センター，24-46。

————，2011，「福祉施設利用に見る女性の貧困」『貧困研究』6：67-78。

川喜田好恵，1999，「虐待される女性たち——ジェンダー社会の中の暴力」日本DV防止・情報センター編『ドメスティック・バイオレンスへの視点——夫・恋人からの暴力根絶のために』朱鷺書房，39-59。

菊池正治・清水教惠・田中和男・永岡正己・室田保夫編，2003，『日本社会福祉の歴史——制度・実践・思想』ミネルヴァ書房。

Kimoto, Kimiko and Kumiko Hagiwara, 2010, "Feminization of Poverty in Japan：A Special Case ?", Gertrude Schaffner Goldberg ed., *Poor Women in Rich Countries: The Feminization of Poverty Over the Life Course*, Oxford University Press, 202-230.

基督教婦人矯風会大阪支部，1929，『感謝に溢れて——大阪婦人ホーム拡張記念』。

————，1937，『歩み——大阪婦人ホーム三十年史』。

岸政彦・石岡丈昇・丸山里美，2016，『質的社会調査の方法——他者の合理性の理解社会学』有斐閣。

岸政彦・丸山里美，2014，「書評『女性ホームレスとして生きる——貧困と排除の社会学』」「書評に応えて」『ソシオロジ』59(2)：104-112。

北川由紀彦，2001，「野宿者の集団形成と維持の過程——新宿駅周辺部を事例として」『解放社会学研究』15：54-74。

————，2005，「単身男性の貧困と排除——野宿者と福祉行政の関係に注目して」岩田正美・西澤晃彦編『貧困と社会的排除——福祉社会を蝕むもの』ミネルヴァ書房，223-242。

国立社会保障・人口問題研究所，2009，『「生活保護」に関する公的統計デームレスの可視化と支援策に関する調査検討委員会。

———，2020，『不安定な居住状態にある生活困窮者の把握手法に関する調査研究事業 報告書』。

Huey, Laura and Eric Berndt, 2008, "'You've Gotta Learn How to Play the Game': Homeless Women's Use of Gender Performance as a Tool for Preventing Victimization", *The Sociological Review*, 56(2): 177-194.

いちむらみさこ，2006，『Dear キクチさん，——ブルーテント村とチョコレート』キョートットッ出版。

———，2008a，「殺す市民——カレーライスでつながり生き返れ！」『ロスジェネ』2: 58-65。

———，2008b，「ホームレスホーム」『女たちの 21 世紀』54: 37-39。

———，2009，「労働はやっぱり怖い——「働く女性たち」との対話のあとで」『女たちの 21 世紀』57: 22-24。

五十嵐兼次，1985，『梅田厚生館 1　鳴りひびく愛の鐘』。

———，1986，『梅田厚生館 2　あの鐘の音いつまでも』。

生田武志，2007，『ルポ最底辺——不安定就労と野宿』筑摩書房。

今井小の実，2004，「社会福祉と女性史」林千代編『女性福祉とは何か——その必要性と提言』ミネルヴァ書房，24-42。

岩田正美，1995，『戦後社会福祉の展開と大都市最底辺』ミネルヴァ書房。

———，2000，『ホームレス／現代社会／福祉国家——「生きていく場所」をめぐって』明石書店。

———，2005，「政策と貧困——戦後日本における福祉カテゴリーとしての貧困とその意味」岩田正美・西澤晃彦編『貧困と社会的排除——福祉社会を蝕むもの』ミネルヴァ書房，15-42。

———，2008，『社会的排除——参加の欠如・不確かな帰属』有斐閣。

———，2009，「「住居喪失」の多様な広がりとホームレス問題の構図——野宿者の類型を手がかりに」『季刊　社会保障研究』45(2): 94-106。

泉原美佐，2005，「住宅からみた高齢女性の貧困——「持ち家」中心の福祉社会と女性のハウジング・ヒストリー」岩田正美・西澤晃彦編『貧困と社会的排除——福祉社会を蝕むもの』ミネルヴァ書房，95-117。

泉尾愛児園，1919，『泉尾愛児園事業報告』。

紙谷雅子，1997，「ジェンダーとフェミニスト法理論」辻村みよ子他編『岩波講座現代の法 11　ジェンダーと法』岩波書店。

———，2001，『ジェンダー秩序』勁草書房。

———，2002，『自己決定権とジェンダー』岩波書店。

———編，1995，『性の商品化——フェミニズムの主張 2』勁草書房。

Fraser, Nancy, 1989, *Unruly Practices: Power, Discourse and Gender in Contemporary Social Theory*, Polity Press.

藤目ゆき，1997，『性の歴史学——公娼制度・堕胎罪体制から売春防止法・優生保護法体制へ』不二出版。

藤田孝典，2010，「求められる無料低額宿泊所の規制——シェルター機能への特化を」『都市問題』101(7)：78-83。

Gilligan, Carol, 1982, *In a Different Voice: Psychological Theory and Women's Development*, Harvard University Press.（＝1986，岩男寿美子監訳・生田久美子・並木美智子訳『もうひとつの声——男女の道徳観のちがいと女性のアイデンティティ』川島書店。）

Goldberg, Gertrude Schaffner and Eleanor Kremen eds., 1990, *The Feminization of Poverty: Only in America ?*, Praeger.

Golden, Stephanie, 1992, *The Women Outside: Meanings and Myths of Homelessness*, University of California Press.

長谷川貴彦，2005，「OECD 諸国におけるホームレスの定義及びモニタリングに関する調査——OECD 諸国におけるホームレス政策に関する研究（その 1）」『日本建築学会計画系論文集』588：141-146。

橋本摂子，2003，「〈社会的地位〉のポリティクス——階層研究における "gender inequality" の射程」『社会学評論』54(1)：49-63。

林千代，1990，「性の商品化について」東京都生活文化局『性の商品化に関する研究』東京都生活文化局婦人青少年部婦人計画課，3-24。

———，2008，「総合的な女性支援策の必要性」林千代編『「婦人保護事業」50 年』ドメス出版，188-202。

———編，2004，『女性福祉とは何か——その必要性と提言』ミネルヴァ書房。

林千代・堀千鶴子編，2000，『婦人福祉委員会から婦人保護委員会へ——全国社会福祉協議会のとり組みに関する資料集』女性福祉研究会。

ホームレスの実態に関する全国調査検討会，2007，『「平成 19 年 ホームレスの実態に関する全国調査（生活実態調査）」の分析結果』。

ホームレス支援全国ネットワーク，2011，『広義のホームレスの可視化と支援策に関する調査報告書』ホームレス支援全国ネットワーク広義のホー

'Postmodernism'", Judith Butler and Joan W. Scott eds., *Feminists Theorize the Political*, Routledge, 3-21.（＝2000，中馬祥子訳「偶発的な基礎付け――フェミニズムと「ポストモダニズム」による問い」『アソシエ』3: 247-270。）

――――, 1997, *Excitable Speech*: *A Politics of the Performative*, Routledge.（＝2004，竹村和子訳『触発する言葉――言語・権力・行為体』岩波書店。）

Chakrabarty, Dipesh, 1995, "Radical Histories and the Question of Enlightenment Rationalism: Some Recent Critiques of Subaltern Studies", *Economic and Political Weekly*, 30(14): 751-759.（＝1996，臼田雅之訳「急進的歴史と啓蒙的合理主義――最近のサバルタン研究批判をめぐって」『思想』859: 82-107。）

中央法規，2012，『社会保障の手引 平成24年版――施策の概要と基礎資料』。

Cornell, Drucilla, 1995, *The Imaginary Domain: Abortion, Pornography & Sexual Harassment*, Routledge.（＝2006，仲正昌樹監訳『イマジナリーな領域――中絶，ポルノグラフィ，セクシュアル・ハラスメント』御茶の水書房。）

――――, 1998, *At the Heart of Freedom: Feminism, Sex, and Equality*, Princeton University Press.（＝2001，石岡良治・久保田淳・郷原佳以・南野佳代・佐藤朋子・澤敬子・仲正昌樹訳『自由のハートで』情況出版。）

――――, 1999, *Beyond Accommodation: Ethical Feminism, Deconstruction, and the Law*, Rowman & Littlefield Publishers.（＝2003，仲正昌樹監訳・岡野八代・望月清世・久保田淳・藤本一勇・郷原佳以・西山達也訳『脱構築と法――適応の彼方へ』御茶の水書房。）

Delacoste, Frédéric and Priscilla Alexander eds., 1987, *Sex Work: Writings by Women in the Sex Industry*, Cleis Press.（＝1993，角田由紀子・山中登美子・原美奈子・山形浩生訳『セックス・ワーク――性産業に携る女性たちの声』現代書館。）

de Certeau, Michel, 1980, *Arts de Faire*, Union Générale d'Éditions.（＝1987，山田登世子訳『日常的実践のポイエティーク』国文社。）

Edgar, Bill and Joe Doherty eds., 2001, *Women and Homelessness in Europe: Pathways, Services and Experiences*, The Policy Press.

江原由美子，2000，『フェミニズムのパラドックス――定着による拡散』勁草書房。

参考文献

※増補新装版の刊行にあたり，文献を追加しています。

阿部彩，2010，「日本の貧困の動向と社会経済階層による健康格差の状況」内閣府男女共同参画局『生活困難を抱える男女に関する検討会報告書』。

Abramovitz, Mimi, 1996, *Regulating the Lives of Women: Social Welfare Policy from Colonial Times to the Present*, South End Press.

赤川学，2000，「女性の階層的地位はどのように決まるか？」盛山和夫編『日本の階層システム 4　ジェンダー・市場・家族』東京大学出版会，47-63。

Althusser, Louis, 1970, "Idéologie et appareils idéologiques d'État", *La Pensée*, 151：3-38.（＝1993，柳内隆訳「イデオロギーと国家のイデオロギー装置」柳内隆・山本哲士『アルチュセールの〈イデオロギー〉論』三交社。）

青木秀男，1989，『寄せ場労働者の生と死』明石書店。

青山薫，2007，『「セックスワーカー」とは誰か――移住・性労働・人身取引の構造と経験』大月書店。

浅倉むつ子・岩村正彦・紙谷雅子・辻村みよ子編，1997，『岩波講座現代の法 11　ジェンダーと法』岩波書店。

Axinn, June, 1990, "Japan：A Special Case", Gertrude Schaffner Goldberg and Eleanor Kremen eds., *The Feminization of Poverty: Only in America ?*, Praeger, 91-105.

Bogue, Donald Joseph, 1963, *Skid Row in American cities*, Community and Family Study Center, University of Chicago.

Bridgeman, Rae, 2003, *Safe Heaven: The Story of a Shelter for Homeless Women*, University of Toronto Press.

Burt, Martha R. and Barbara E. Cohen, 1989, "Differences among Homeless Single Women, Women with Children, and Single Men", *Social Problems*, 36 (5)：508-524.

Butler, Judith, 1990, *Gender Trouble: Feminism and the Subversion of Identity*, Routledge.（＝1999，竹村和子訳『ジェンダー・トラブル――フェミニズムとアイデンティティの攪乱』青土社。）

――――，1992，"Contingent Foundations：Feminism and the Question of

解説　出会わされてしまう、ということ

岸　政彦

社会学は何をしているのか。質的調査は何をしているのか。私はそれは、ひとことで乱暴に言えば、「一概に言えなくしている」ということだと思う。ふつうは研究というものは、あるいは学問というものは、答えを見つけることが仕事だと思われている。「答えなどない」という答えも含めて、何らかの一定の結論を出すことが目的だと思われている。

しかし、こういうことがある。私は沖縄のことを三〇年近く勉強しているのだが（それにしては大して詳しくなっていないのだが）、それはひたすら、自分の考えや結論や答えがひっくり返される経験だった。

まず沖縄には基地がある。戦争もあった。だから、そういうことを何とかしたいと思った。しかし実際にフィールドワークに入ってみると、沖縄戦を自ら経験しながら、基地で働いて子や孫を育てた人びとがいて、そういう人びとは基地に対して必ずしも反対ではなかった。なるほど、そういう現実もあるのだな、と思って、さらに聞き取りを続けていると、基地に対して必ずしも否定的ではないような沖縄の方がふと、「ここは植民地だからね」と言ったことがあった。

何周回っても終わりがない。

あるいは、文化の問題。沖縄には固有の文化がある。画一化され商業化され尽くした本土の文化にうんざりした私たちは、沖縄に固有の文化や慣習や風景が多く保持されていることに喜ぶ。そしてそれを大事にしたい、大事にしてほしいと願う。しかしこれも、何度も通っているとひっくり返る。まずそれはすでに観光化され、商業化されている。そして沖縄独自のものは、実はさまざまな文化が混じり合い、現在進行形で姿を変えつつある。そしてそもそも、ほとんどの沖縄の人びとは、言うまでもないが、毎日「沖縄料理」を食べているわけではなく、街には普通にマクドもあればファミマもある。イオンも、でかいものがいくつかある。しかしさらに、ここでもまた、そうやって沖縄の独自のものを見失いそうになりながらも、確かに沖縄的だな、と思う風景や言葉に出会うことがある。私の友人はまだ三〇代だが、新婚で住むマンションを探しているときに、「あそこは出るからね」と冗談混じりに言った。沖縄戦の激戦地だったのだ。こういう感覚。あるいは、タクシーの運転手のおじいちゃんたちの、あまりにも自由で勝手なノリ。東京ではありえないといつも思う。

沖縄には基地や貧困などの社会問題がある。しかし同時に沖縄の人びとは、ただ被害者であるのではない。そこには積極的で肯定的な意味づけや、あるいはたくましく生き延びて家族を養うという「闘い」がある。しかしさらに、やはりそこには社会問題が存在する。ただの被害者というものは存在しない。しかし同時に、楽な人生などというものもない。

こうして、調査の現場で私たちは、果てしなくぐるぐる、ぐるぐる回り続ける。そしてそのうち、そうしたぐるぐるを描こうという気になる。実際にいくつかのエスノグラフィには、こうした「調査者の困惑」が書かれている。しかし私はそういうものもまた、どこかやはり、自己満足的だなと思ってしまう。私たちは現場の話を読みたいのであって、現場で困惑する調査者の話を読みたいわけではないのだ。丸山里美は、本書の冒頭で描かれたような現場での出会いにおける困惑と畏れを乗り越え（簡単に乗り越えられるものではないが）、それでも現場の状況の、「複雑であること」を書こうとした。だから丸山の本は、読まれるべき本である。

ホームレスという問題がある。そしてそのなかに女性がいる。丸山はこの、女性のホームレスを描こうとした。まず、たとえ少数であっても、彼女たちが存在する以上、それは描かれなければならない。調査し、データを集め、聞き取りをし、彼女たちが確かに存在して、そしてそれぞれの人生を生きているという現実を書き残さなければならないのだ。そしてもうひとつ、ある現場について考えるだけではなく、ある現場の女性について考えることは、その現場の語り方自体を根底から変えてしまうことでもある。丸山はジョーン・スコットの次のような言葉を引用する。

> 「女についての研究はたんに新しい研究主題を追加するにとどまらず、既存の学問分野がもつ前提や基準の批判的再検討を余儀なくさせる」（p. 10）

沖縄でも部落でも障害者でも、そしてホームレスでも、そのなかの女性について考えることは、単に「そこが足りないから追加する」ということなのではまったくない。それは私たちの「話法」を根底から変えてしまうのである。丸山が本書で目指したことは、こういうことだった。

それではそれは、どのような語り方なのだろうか。

まず社会問題があり、そこでは不正義や不公正、そして暴力的な抑圧や排除が起きている。そしてそれを経験している人びとがいる。だからまず私たちは、そのことに対して怒りを抱き、その現場に入る。そのとき、その現場の人びとは、まずは被害者として描かれる、あるいは想像されることになる。

こうした現場の語り方を、「被害の語り」と呼ぼう。

しかし、いちど長期間にわたるフィールドワークをおこない、現場で多くの人びとに会い、その話を聞くと、かれらは決して「被害の現実」だけを生きているのではないことに気づく。かれらはたくましくその場所を作り替え、意味を再定義し、そして暴力や権力に対して果敢に抵抗しているのだ。

こうした語りは「抵抗の語り」と呼べるだろうか。

私たちは、たとえそこには現実に暴力や排除がはびこっているとしても、人びとを「かわいそうな犠牲者」としてしか描かないような「被害の語り」を捨て去る。そしてそのかわり、まさに暴力や排除のただなかで生きる人びとの、たくましい抵抗のあり方を描きたくなる。

抵抗を描きたくなることには理由があって、それはそれが、どこか書き手や読み手に安心をもたらすからだ。被害の語りだけで綴られた物語を受け入れ続けることには限界がある。私たちはそれには耐えられない。しかし、実はその人びとは強く、主体的で、たくましいのだと言われると、私たちは安心できる。だから抵抗の語りは、ひとつには当事者に「寄り添い」、その主体性を理論言語のなかで回復するための記述法なのであり、そして同時に、書き手と読み手を安心させるような、幸せな物語なのだ。

丸山はさらに、この抵抗の語りを、ある種の男性性と同一視する。寄せ場やホームレスの世界におけるたくましい抵抗の語りは、実は要するに、寄せ場やホームレスの世界におけるたくましい男性たちの抵抗の語りだったのである。丸山はこの視点から、先行研究を痛烈に批判する。長くなるが引用しよう。

女性ホームレスをとりあげることによって、男性を中心に成り立ってきたホームレス研究全体になにをつけ加えるのかを問うことは、ホームレスの定義や調査項目の設定を検討するという、いわば操作的なことがらだけに及ぶものではない。それは、従来の研究が持つ、より認識論的な問題ともつながっているように思われる。いいかえれば、これまでの研究で女性があつかわれてこなかったことには、単に女性のホームレスが少ないということ以上の、研究が拠って立つ基盤に骨がらみの問題があるように思われるのである。それは、ホームレスの主体性や抵抗に目を向けるという研究の視点そのものが、男性を前提にして成立してきたものであり、そこにすでに女性の排除が胚胎されていたのではないか、ということである。（p. 11）

繰り返すが、寄せ場労働者やホームレスの抵抗の語りは、「男性の」寄せ場労働者やホームレスの抵抗の語りだったのである。しかし丸山によれば、女性ホームレスの生活史や暮らし方を見つめると、まったく違う風景が現れる。

〔引用者注：抵抗の語りによって〕想定されているのは、一貫した自立的な意志のもとに、合理的に行為を選択していく主体像だからである。だが野宿者の生活世界の実相に迫っていく以前に、あらかじめ自立した主体を想定し、野宿生活のなかに変革の意志や抵抗を見いだそうとする研究者の構えは、関係性のなかにある主体のありようを見落とすとともに、あるときは野宿をし、あるときは福祉施設でホームレス状態を過ごすことを繰り返すような人びと〔引用者注：女性ホームレス〕の、ときに偶発的な生活実践の一連のプロセスから、野宿をしているという場面だけを切り取ることになってしまう。……しかし構造に規定される客体としての人間像と、それに対抗して主張された自立的な主体という人間像、この二者択一のいずれかの見方では、すくいとることのできない現実があるのではないか。(pp. 13-14)

丸山が目指すのは、「社会構造のさまざまな諸条件と、こうした制約のなかで「選びとられる」彼女たちの行為の固有の論理を、詳細に見ていくこと」である (p. 24)。私たちはすべて、あるときには構造の被害者、犠牲者となって、理不尽な暴力や排除を耐え忍ぶしかない。しかしあるときはそれにたくましく抵抗するかもしれない。そしてまた別の状況では、甘受するでも抵抗するでもなく、自分たちの狡知を活用し、そのつどのミクロな迂回や離脱によって、なんとか生き延びていこうとする。犠牲になること、抵抗することも含めて、丸山はこう言っているのだ。私たちは何かを「選びとっている」のだ、と。

こうして、被害の語りから抵抗の語りへ、そしてさらにその先の、「選択の理論」へと向かう。それは現実の豊かな多様性と流動性を描くと同時に、現実の厳しさや生き辛さを描くための理論枠組みである。犠牲者から抵抗の主体へ、そしてさらに「選択する人びと」の物語へ。

本書の中心である第5章は、女性が野宿することの「困難」から始まる (p. 150)。そこには当然ながら、性的な暴力とその可能性も含まれている。そこから丸山は、女性ホームレスたちの「生活戦術」を描く。どのように雨風をしのぐのか。どこで寝るのか。どのように食事を得るのか。どのように他のホームレスたちと関係を結ぶのか。ここでは彼女たちがどうやって「ホームレスになっていく」のかが描かれる。そして同時に、彼女たちは、たとえば男性パートナーと一緒に暮らしたり、あるいは「女であることを引きあいに出して、困難やそれに対処する工夫を語るようなことがらも存在していた」（p. 170）。こうして彼女たちは、「ホームレスになる」だけでなく、同時に「女性ホームレスになっていく」のである。

圧巻はやはり第6章における、野宿の経験の生活史であろう。本書冒頭で書かれた、フィールドに入ったばかりの居心地悪さや後ろめたさを徐々に乗り越え、女性たちと関係を結びながら、丸山自身も野外や公園での女性たちの暮らしに接していくなかで浮かび上がってきた野宿という現実における豊かな多様性と創発性が、ここで見事に描かれているのだ。

たとえば、読み書きができなかった「エイコさん」、知的障害を抱えた「タマコさん」。ふたりはさまざまないきさつを経て公園で暮らすようになってから、ホームレスの仲間やボランティアなどの人びとつながり、自らの存在を肯定する（と言って言い過ぎなら、「受け入れる」）ようになる。つまり公園という空間は、彼女たちにとって、困難や（ときには性的なものも含めた）暴力を内包しながらも、完全に絶望的な場所ではなかったのである。公園で野宿をしている、という、表面的なところだけ見ていたら、彼女たちのこの、公園という場に対する積極的な意味づけは、決して理解することができなかっただろう。

こうした彼女たちの変化は、必ずしも野宿生活でなければ得られなかったものではないだろうが、二人の人生ではじめてのできごとで、ここにはこれまで弱者であり続けてきた人の世界が書き換えられていく可能性が見られる。これは野宿生活の与えた、無視できない創造的な側面だといえるだろう。(pp. 179-180)

この記述はともすれば危険なものにもなりかねない。「公園の暮らしにも良いところがある」という、楽観的な話として読まれかねないのだ。しかし本書のこの部分に至るまでのプロセスで、丸山はすでに十分に、野宿生活というものの過酷さを描き切っている。その記述を経てこの部分に至るとき、読者は深い感銘をおぼえるだろう。

そしてさらに、こうした公園に対する積極的な意味づけは、そのまますぐに「公園での主体的な生活」へとつながったりしないということも描かれる。たとえばある女性は一時的に「婦人保護施設」へと入所するが、そのあとすぐに、男性パートナーのいる公園へと戻ってくる。その「選択」は決して孤立した、自立的なものではなく、もっと状況や関係性に依存したものだ。

ユウコさんは、福祉制度や施設に不満を持っていたわけではない。むしろ婦人保護施設に対しては、職員も寮内の人間関係も「すごいよかった」とよい印象ばかりが語られ、B公園に戻ってからも施設が懐かしくて遊びに行ったことがあるとも言った。それでも彼女は、暴力をふるい「働きもしない」夫のもとに、「だんなにも食べさせなきゃいけない」と戻って来てしまう。(p. 195)

施設から公園に戻ってきたユウコさんは単に「男性に依存する被害者」でもなく、「たくましい抵抗者」でもない。すこしでも現場で深く調査に入ったものならすぐにわかるだろうが、私たち自身を含めた人びとの選択とは、常にこのようなものなのだ。私たちの行為選択とは常に、その立場とその状況であればそうすることも「仕方ない」、あるいは「当然だ」、というようなものなのである。

要するに、私たちがしていることには、常に必ず、理由というものが存在するのである。私たちの人生における行為選択には少なくとも、状況というものがあり、いきさつというものがあり、文脈というものがある。そしてその選択はいつも「時間」のなかでなされる。現在の選択は過去の蓄積によって規定され、不確定な未来を確定させていく。

私はこの理由のことを、「他者の合理性」と呼んでいる。丸山の記述には、行為の合理性を「男性性」と同一視しているようなところもあるが（p. 13）、それはおそらく「完全な合理性」として合理性を捉えているからだろう。しかし私は、もっと状況や文脈に依存的で、その利得も経済的なものだけではないような、そんな合理性を「他者の合理性」と呼んでいる。それは一見すると不合理だが、深く知れば「そうすることにも理由があるのだ」ということを理解させてくれるような合理性である。公園に対して積極的に意味づけをしたり、施設から公園に戻ってきてしまったりすることにも理由があるのだ、ということを、本書は強力に伝えてくれる。

最初の問いに戻ろう。社会学の、あるいは質的調査の目的とは何か。私たちは何をしているのだろうか。まず私は、それは「一概に言えなくしていくこと」だと述べた。そしてさらに、もうひとつの目的がある。その答えは、丸山里美の本書『女性ホームレスとして生きる――貧困と排除の社会学』という、これまでに日本語で書かれた社会学のなかでももっとも重要なものの一冊のなかにある。社会学の、質的調査のもうひとつの目的とは、「理由を書くこと」である。たくましいでもかわいそうでもなくただ、人びとの行為には、生活には、そして人生には「理由がある」のだ。いま現在人びとがおこなっていることの理由を、人びと自身の言葉を通じて描く。丸山里美が目指して、そして見事に成功した本が、本書である。

この本を読むと、ただもう、人びとはそこで生きているのだな、という深い感動をおぼえる。丸山の著作に登場する人びとには「顔」がある。私はこの本を何度も何度も読んだが、エイコさんやタマコさんと、まるで知り合いのような気がしている。しかし私のような男性は、「普通に」暮らしていれば、エイコさんやタマコさんのような女性と知り合いになることは、めったにないだろう。そうしためったにない出会いをもたらしてくれるのが本書である。丸山里美の本によって、私たちは、エイコさんやタマコさんと「出会わされてしまう」。丸山のエスノグラフィには、そのような力がある。

きしまさひこ／立命館大学大学院先端総合学術研究科教授　社会学

本書は二〇一三年三月に刊行された『女性ホームレスとして生きる――貧困と排除の社会学』に、著者による「付録」と岸政彦氏による「解説」を収録した増補新装版である。刊行にあたり本文の若干の記述を修正し、参考文献を増補した。

丸山里美（まるやま　さとみ）

1976年生まれ。京都大学大学院文学研究科博士課程単位取得認定退学。博士（文学）。専攻は社会学。現在，京都大学大学院文学研究科准教授。著書に，*Living on the Streets in Japan: Homeless Women Break their Silence*（Trans Pacific Press，2019年），『生活史論集』（分担執筆，ナカニシヤ出版，2022年），『女性たちで子を産み育てるということ――精子提供による家族づくり』（共著，白澤社，2021年），『集合的創造性――コンヴィヴィアルな人間学のために』（分担執筆，世界思想社，2021年），『貧困問題の新地平――〈もやい〉の相談活動の軌跡』（編著，旬報社，2018年），『質的社会調査の方法――他者の合理性の理解社会学』（共著，有斐閣，2016年）などがある。

女性ホームレスとして生きる〔増補新装版〕
――貧困と排除の社会学

2021年9月20日　第1刷発行　　定価はカバーに
2023年1月30日　第3刷発行　　表示しています

著者　丸山里美
発行者　上原寿明

世界思想社
京都市左京区岩倉南桑原町56　〒606-0031
電話　075(721)6500
振替　01000-6-2908
http://sekaishisosha.jp/

ISBN978-4-7907-1759-1

『女性ホームレスとして生きる〔増補新装版〕』
読者にお薦めの本

子どもたちがつくる町――大阪・西成の子育て支援
村上靖彦

「日雇い労働者の町」と呼ばれる大阪・西成。生活保護受給率は、23%にのぼる。でも、しんどくたって、今日も元気に子どもは遊ぶ。この町の個性的な支援者5人へのインタビューが描く、誰も取り残さない支援の地図！

本体 2,500 円（税別）

集合的創造性――コンヴィヴィアルな人間学のために
松田素二 編

人が危機と困難に立ち向かう時、問題解決力の核心には創造性がある。これまで創造性は、心理学や教育学を中心に、個人的な性質や能力として研究されてきた。本書は社会学＝人類学的なアプローチにより、集合的、共同的な創造の在り方を提起する。

本体 2,800 円（税別）

ハンセン病療養所を生きる――隔離壁を砦に
有薗真代

「俺たちは被害者だけど、敗北者ではない」――ハンセン病を得た人々が、集団になることではじめてできた活動とは何か。動けない「不自由」な者の「自由」とはどのようなものか。障害を越え、隔離壁を越え、人間の魂を耕し続けた人々の記録。

本体 2,800 円（税別）

ジェンダーで学ぶ社会学〔全訂新版〕
伊藤公雄・牟田和恵 編

男／女の二色刷から、個性の光る多色刷の社会へ――「育つ」から「シューカツする」、そして「ケアする」までの身近なできごとを、ジェンダーの視点から見なおし、「あたりまえ」をくつがえす。好評ロングセラーを全面改訂。

本体 1,800 円（税別）

価格は，2023 年 1 月現在